职业教育计算机应用技术专业系列教材

计算机网络基础

主　编　王学斌
副主编　李　甲　李莹莹
参　编　王正硕　王建财

机械工业出版社

本书共分九章，详细介绍了计算机网络的基础知识与理论，包括计算机网络概论、网络数据通信基础、网络体系结构与协议、网络设备、局域网技术、局域网组建技术、Internet技术、网络服务与应用技术、网络安全等内容。通过本课程的学习，中职学生可掌握计算机网络的基本概念和理论知识、体系结构和基本应用技术，局域网中常用网络连接设备的使用，常见网络协议的原理、作用及配置方法，互联网技术和接入方法，网络安全的定义和特性、防火墙技术、计算机病毒的防治等。每章均设置实训环节，便于学生理论联系实际，扎实掌握相关知识。

本书突出对计算机网络的基本知识和基本概念的讲解，理论论述充分，内容深入浅出，语言形象，通俗易懂；注重概念理解和技术实现，将基本内容与网络的新理论、新发展密切结合起来。

本书既可作为中职计算机网络技术、计算机应用等专业的教材，也可作为计算机爱好者的扩展读物。

为方便教学，本书配备电子课件等教学资源。凡选用本书作为教材的教师均可登录机械工业出版社教育服务网 www.cmpedu.com 注册后免费下载。如有问题请致信 cmpgaozhi@sina.com，或致电 010-88379375 联系营销人员。

图书在版编目（CIP）数据

计算机网络基础 / 王学斌主编. —北京：机械工业出版社，2022.5
职业教育计算机应用技术专业系列教材
ISBN 978-7-111-70596-3

Ⅰ.①计… Ⅱ.①王… Ⅲ.①计算机网络-中等专业学校-教材 Ⅳ.①TP393

中国版本图书馆 CIP 数据核字（2022）第 067202 号

机械工业出版社（北京市百万庄大街22号 邮政编码100037）
策划编辑：梁　伟　赵志鹏　　责任编辑：赵志鹏　刘益汛
责任校对：史静怡　刘雅娜　　封面设计：马精明
责任印制：李　昂
北京中科印刷有限公司印刷
2022年7月第1版·第1次印刷
210mm×297mm·11印张·221千字
标准书号：ISBN 978-7-111-70596-3
定价：38.00元

电话服务　　　　　　　　网络服务
客服电话：010-88361066　　机　工　官　网：www.cmpbook.com
　　　　　010-88379833　　机　工　官　博：weibo.com/cmp1952
　　　　　010-68326294　　金　书　网：www.golden-book.com
封底无防伪标均为盗版　　机工教育服务网：www.cmpedu.com

前　言

人类步入了信息时代，信息时代离不开互联网技术的发展。计算机网络已经融入社会生活的各个方面，影响着人们的日常生活。随着社会的发展，网络技术日新月异，新产品层出不穷，推动社会信息化向前发展。学习和掌握网络技术对于认识社会中的变化具有十分重要的作用。了解和掌握计算机网络相关知识和技术，已经成为现代信息化社会生存的基本条件之一。

本书将计算机网络的理论与相关实训进行有机整合，注重培养学生的基本网络技能，促进学生对于网络基础知识的了解，内容上实用、适用、精练。

全书共有9章，主要介绍了计算机网络概论、网络数据通信基础、网络体系结构与协议、网络设备、局域网技术、局域网组建技术、Internet技术、网络服务与应用技术以及网络安全。

本书由山东省冠县职业教育中心的王学斌担任主编，李甲、李莹莹担任副主编，王正硕、王建财参与了本书的编写。具体编写的分工为：王学斌编写第1章、第7章和第8章，李甲编写第3章、第4章和第9章，李莹莹编写第2章、第5章和第6章，王正硕、王建财参与了实训和习题部分的编写。本书由王学斌统稿。

由于编者水平有限，错误与不当之处敬请各位专家、老师和广大读者批评指正。

编　者

目 录

前 言

第1章　计算机网络概论 ·· 001
第1节　认识计算机网络 ·· 001
第2节　网络的拓扑结构 ·· 012
第3节　计算机网络的组成 ··· 019
实　训　绘制学校的网络拓扑图 ·· 024
习　题 ·· 026

第2章　网络数据通信基础 ··· 027
第1节　数据通信概述 ··· 027
第2节　数据的传输 ··· 030
第3节　数据编码形式 ··· 033
第4节　差错控制编码 ··· 035
实　训　分析数据的传输 ·· 036
习　题 ·· 037

第3章　网络体系结构与协议 ·· 038
第1节　网络体系结构概述 ··· 038
第2节　开放系统互联参考模型 ··· 039
第3节　TCP/IP 的体系结构 ··· 043
实　训　路由器及其基本配置 ·· 044
习　题 ·· 045

第4章　网络设备 ·· 046
第1节　网络传输介质 ··· 046
第2节　网络互联设备 ··· 049
实　训　制作双绞线 ··· 055
习　题 ·· 055

第 5 章　局域网技术 ··· 057

第 1 节　局域网概述 ··· 057
第 2 节　网络操作系统 ·· 064
实　训　DVD 启动并安装 Windows Server 2012 R2 ······················· 071
习　题 ··· 079

第 6 章　局域网组建技术 ··· 080

第 1 节　组建双机互联网络 ··· 080
第 2 节　组建中小型办公网络 ··· 089
第 3 节　组建小型无线局域网 ··· 094
实　训　组建以无线路由器为中心的家庭无线局域网 ····················· 098
习　题 ··· 105

第 7 章　Internet 技术 ··· 106

第 1 节　Internet 概述 ·· 106
第 2 节　Internet 地址 ·· 110
第 3 节　Internet 接入方式 ·· 117
实　训　建立名称为"校园联通"的拨号连接并拨号上网 ················· 123
习　题 ··· 126

第 8 章　网络服务与应用技术 ··· 127

第 1 节　WWW 服务 ·· 127
第 2 节　电子邮件 ··· 139
第 3 节　FTP 服务 ··· 144
第 4 节　DHCP 服务 ·· 147
实　训　使用 Outlook Express 收发电子邮件 ································ 150
习　题 ··· 151

第 9 章　网络安全 ·· 152

第 1 节　网络安全概述 ··· 152
第 2 节　防火墙技术 ·· 161
第 3 节　计算机病毒防护 ·· 163
实　训　使用网络扫描和监视软件 ·· 166
习　题 ··· 167

参考文献 ·· 168

第 1 章

计算机网络概论

> **学习目标**
> 1. 理解计算机网络的概念。
> 2. 了解计算机网络的形成与发展。
> 3. 掌握计算机网络的功能。
> 4. 理解计算机网络的分类。
> 5. 理解计算机网络的拓扑结构。
> 6. 掌握计算机网络的组成。
> 7. 能够绘制计算机网络的拓扑结构图。

第 1 节 认识计算机网络

一、什么是计算机网络

计算机网络（Computer Networks），是指将不同地理位置的具有独立功能的多台计算机及其外部设备，通过通信线路连接起来，在网络操作系统、网络管理软件及网络通信协议的管理和协调下，实现资源共享和信息传递的计算机系统。

（一）计算机网络按广义定义

计算机网络也称计算机通信网。关于计算机网络的最简单定义是：一些相互连接的、以共享资源为目的的、自治的计算机的集合。早期的面向终端的网络严格说不是计算机网络，只能称为联机系统。但随着技术的发展和硬件价格的下降，许多终端逐渐具有一定的智能，"终端"和"自治的计算机"逐渐没有了严格的界限。若把微型计算机（Microcomputer）作为终端使用，早期的那种面向终端的网络也可称为计算机网络。计算机网络示意图如图 1-1 所示。

从逻辑功能上看，计算机网络是以传输信息为基本目的，用通信线路将多个计算机连接起来的计算机系统的集合，一个计算机网络包括传输介质和通信设备。

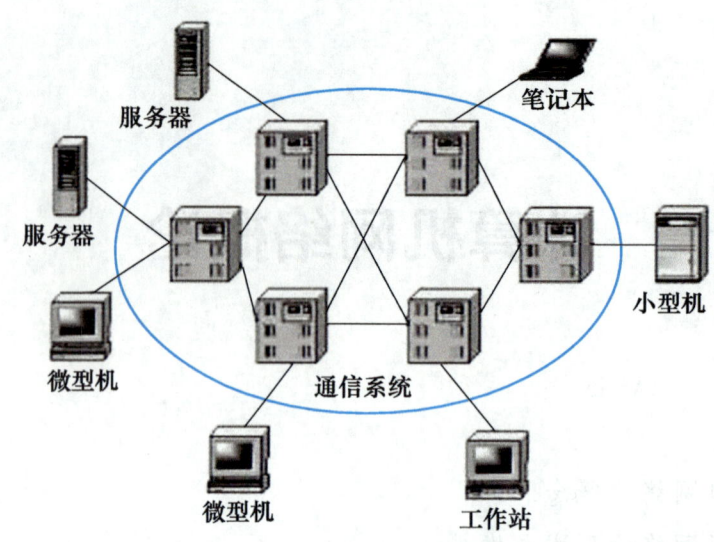

图1-1 计算机网络示意图

从用户角度看,计算机网络存在着一个能为用户自动管理资源的网络操作系统。由它调用完成用户所调用的资源,而整个网络像一个大的计算机系统一样,对用户是透明的。某校园网结构示意图如图1-2所示。

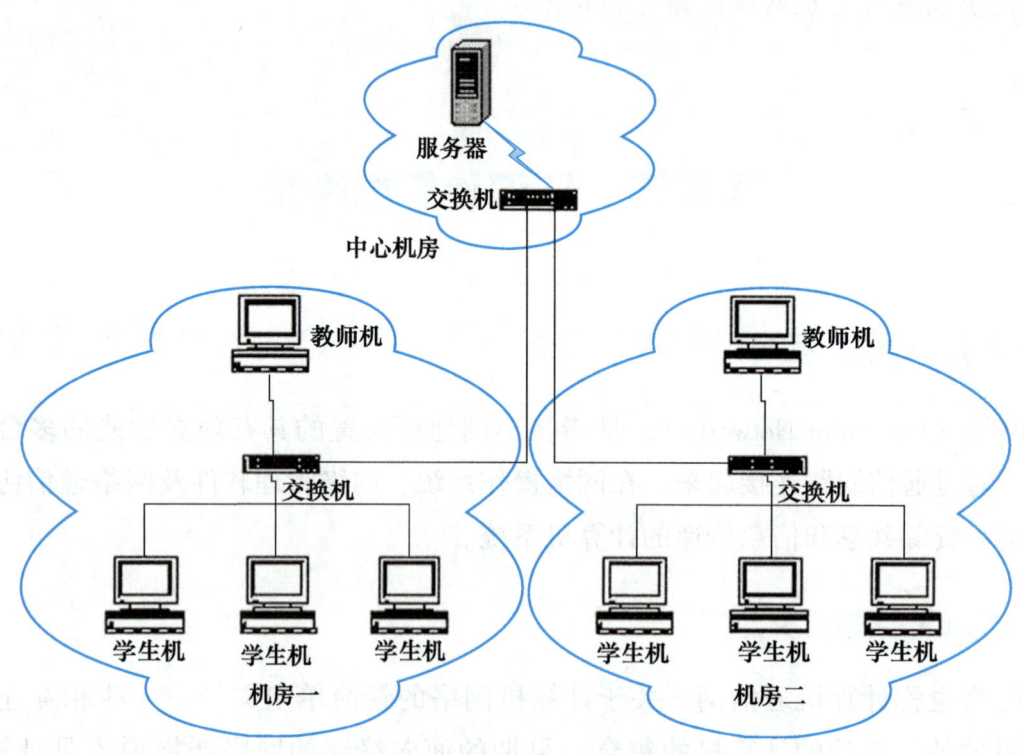

图1-2 某校园网结构示意图

从整体上说,计算机网络就是把分布在不同地理区域的计算机与专门的外部设备用通信线路互联成一个规模大、功能强的系统,从而使众多的计算机可以方便地互相传递信息,共享硬件、软件、数据信息等资源。

最简单的计算机网络只有两台计算机和连接它们的一条链路,即两个结点和一条链路。

（二）计算机网络按连接定义

计算机网络就是通过线路互连起来的、自治的计算机集合，确切地说就是将分布在不同地理位置上的具有独立工作能力的计算机、终端及其附属设备用通信设备和通信线路连接起来，并配置网络软件，以实现计算机资源共享的系统。

（三）计算机网络按需求定义

计算机网络是由大量独立的、但相互连接起来的计算机来共同完成任务的系统。计算机网络实际应用实例如图1-3所示。

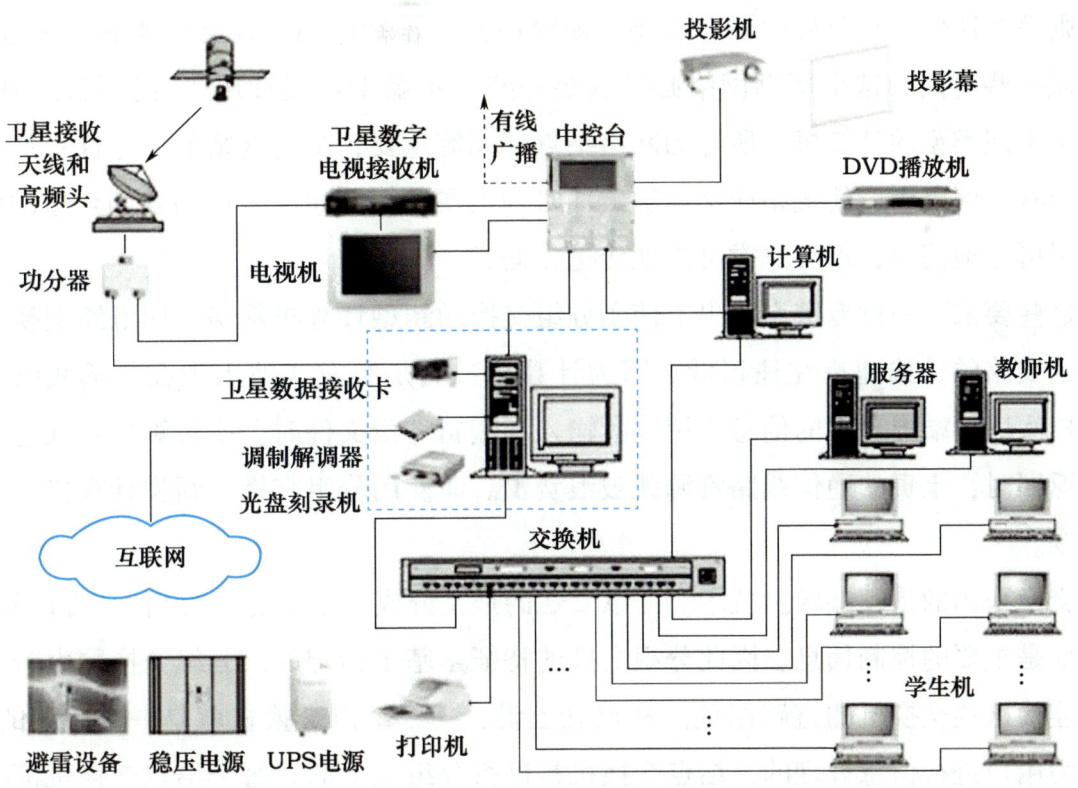

图1-3 计算机网络实际应用实例

二、计算机网络的形成与发展

计算机网络经历了四个发展阶段：

第一代计算机网络——远程终端联机阶段。

第二代计算机网络——分组交换阶段。

第三代计算机网络——因特网阶段。

第四代计算机网络——信息高速公路阶段。

（一）远程终端联机阶段

这个阶段，人们开始将彼此独立发展的计算机技术与通信技术结合起来，完成了数据通信与计算机通信网络的理论研究和实践探索。远程终端联机方式为计算机网络的出现做好了技术准备，奠定了理论基础。面向终端的单主机互联系统如图1-4所示。

（二）分组交换阶段

20世纪60年代，美国国防部领导的远景研究规划局（ARPA）提出要研制一种崭新的网络对付来自外部的核攻击威胁。当时，传统的电路交换的电信网虽然已经四通八达，但战争期间，一旦正在通信的电路有一个交换机或链

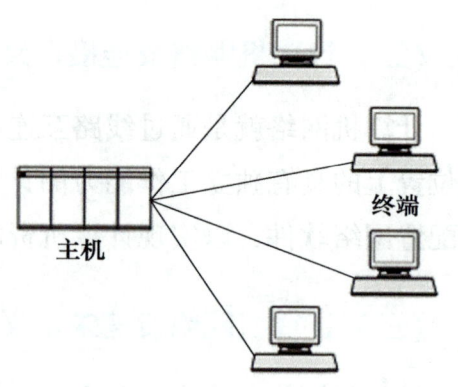

图1-4　面向终端的单主机互联系统

路被毁，则整个通信电路就要中断，如要立即改用其他迂回电路，还必须重新拨号建立连接，这将要延误一些时间。这个新型网络必须满足一些基本要求：能够用于计算机之间的数据传送；能连接不同类型的计算机；所有的网络结点都同等重要，提高网络的生存性；计算机在通信时，必须有迂回路由，使链路或结点被破坏时，正在进行的通信能自动找到合适的路由；网络结构要尽可能地简单，但要非常可靠地传送数据。

根据这些要求，一批专家设计出了使用分组交换的新型计算机网络。用电路交换传送计算机数据，其线路的传输速率往往很低。因为计算机数据是突发式地出现在传输线路上的。例如，当用户阅读终端屏幕上的信息或用键盘输入和编辑一份文件时，或计算机正在进行处理而结果尚未返回时，宝贵的通信线路资源就被浪费了。而使用分组交换的新型计算机网可有效解决这个问题。

分组交换采用的是存储转发技术。把欲发送的报文分成一个个的"分组"，在网络中传送。分组的首部是重要的控制信息，因此分组交换的特征是基于标记的。分组交换网由若干个结点交换机和连接这些交换机的链路组成。从概念上讲，一个结点交换机就是一个小型的计算机，但主机是为用户进行信息处理的，结点交换机是进行分组交换的。每个结点交换机都有两组端口，一组是与计算机相连，链路的速率较低。一组是与高速链路和网络中的其他结点交换机相连。既然结点交换机是计算机，那输入和输出端口之间是没有直接连线的，它的处理过程是：将收到的分组先放入缓存，结点交换机暂存的是短分组，而不是整个长报文，短分组暂存在交换机的存储器（即内存）中而不是存储在磁盘中，这就保证了较高的交换速率；再查找转发表，找出到某个目的地址应从哪个端口转发，然后由交换机构将该分组传递给适当的端口转发出去。各结点交换机之间经常交换路由信息，是为了进行路由选择，当某段链路的通信量太大或中断时，结点交换机中运行的路由选择协议能自动找到其他路径转发分组。分组交换使得通信线路资源利用率提高：当分组在某一段链路时，其他段的通信链路并不被通信的双方所占用，即使是这段链路，只有当分组在此链路传送时才被占用，在各分组传送之间的空闲时间，该链路仍可为其他主机发送分组。可见，采用存储转发的分组交换的实质是采用了在数据通信的过程中动态分配传输带宽的策略。

(三) 因特网阶段

因特网（Internet）是指国际互联网，是一组全球信息资源的总汇。Internet 是由许多子网互联而成的一个逻辑网，每个子网中连接着若干台计算机（主机）。Internet 以相互交流信息资源为目的，基于一些共同的协议，并通过许多路由器互联成，它是一个信息资源和资源共享的集合。

Internet 的基础结构大体经历了三个阶段的演进。

（1）从单个网络 ARPAnet 向互联网发展　1969 年美国国防部创建了第一个分组交换网 ARPAnet。ARPAnet 只是一个单个的分组交换网，所有连接在它上的主机都直接与就近的结点交换机相连，它规模增长很快。到 20 世纪 70 年代中期，人们认识到仅使用一个单独的网络无法解决所有的通信问题。于是，ARPA 开始研究网络互联的技术，这就导致后来的互联网的出现。1983 年，TCP/IP 成为 ARPAnet 的标准协议。同年，ARPAnet 分解成两个网络，一个是进行试验研究用的科研网 ARPAnet，另一个是军用的计算机网络 MILnet。1990 年，ARPAnet 因试验任务完成正式宣布关闭。

（2）建立三级结构的因特网　1985 年，美国国家科学基金会 NSF 就认识到计算机网络对科学研究的重要性。1986 年，NSF 围绕六个大型计算机中心建设了计算机网络 NSFnet，它是三级网络，分主干网、地区网和校园网。它代替 ARPAnet 成为 Internet 的主要部分。1991 年，NSF 和美国政府认识到因特网不应限于大学和研究机构，于是支持地方网络接入。许多公司的纷纷加入，使网络的信息量急剧增加，美国政府就决定将因特网的主干网转交给私人公司经营，并开始对接入因特网的单位收费。

（3）多级结构因特网的形成　1993 年开始，美国政府资助的 NSFnet 逐渐被若干个商用的因特网主干网替代，这种主干网也叫因特网服务提供者 ISP。考虑到因特网商用化后可能出现很多的 ISP，为了使不同 ISP 经营的网络能够互通，美国在 1994 年创建了 4 个网络接入点 NAP，分别由 4 个电信公司经营。20 世纪初，美国的 NAP 达到了十几个。NAP 是最高级的接入点，它主要是向不同的 ISP 提供交换设备，使它们相互通信。虽然因特网已经很难对其网络结构给出很精细的描述。

因特网接入示意图如图 1-5 所示。

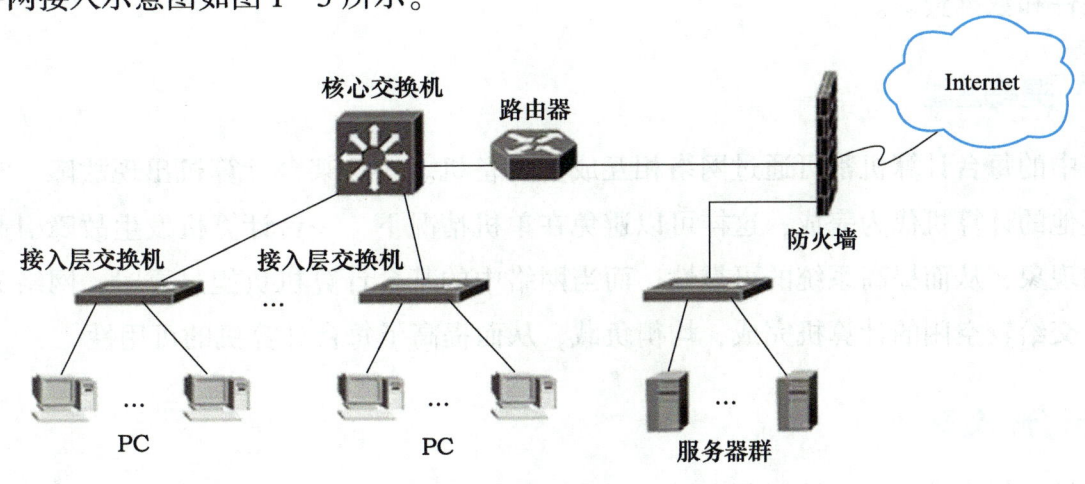

图 1-5　因特网接入示意图

（四）信息高速公路阶段

信息高速公路（Information Highway）是把信息的快速传输通道比喻为高速公路。信息高速公路是一个高速度、大容量、多媒体的信息传输网络。其容量之大，一条信道就能传输大约 500 个电视频道或 50 万路电话。另外，信息来源、内容和形式也是多种多样的，网络用户可以在任何时间、任何地点以声音、数据、图像或影像等多媒体方式相互传递信息。信息高速公路实质上是高速信息电子网络，它是一个能给用户随时提供大量信息，由通信网络、计算机、数据库以及日用电子产品组成的完备网络体系。开发和实施信息高速公路计划，不仅促进信息科学技术的发展，而且有助于改变人们的生活、工作和交往方式。构成信息高速公路的核心，是以光缆作为信息传输的主干线，采用支线光纤和多媒体终端，用交互方式传输数据、电视、语音、图像等多种形式信息的千兆比特的高速数据网。信息高速公路的路面是用光纤铺成的，光纤的频带特别宽，这就使得光纤通信系统的通信容量特别大。一根细如发丝的光纤能够同时传送 500 个电视频道的图像信号或者 50 万路电话的语音信号。一根光纤的信息容量，可以顶得上几千根金属导线，而且光纤的抗干扰能力特别强，信号通过时的衰减特别小。建立信息高速公路就是利用数字化大容量的光纤通信网络，在政府机构、大学、研究机构、企业以至普通家庭之间建成计算机网络。信息高速公路的建成，将改变人们的生活、工作和相互沟通的方式，使人们可以加快科技交流，提高工作质量和效率，享受影视娱乐、遥控医疗，实施远程教育，举行视频会议，实现网上购物等。

三、计算机网络的功能

计算机网络的功能主要包括实现资源共享，提高系统的可靠性，提供负载均衡与分布式处理能力。

（一）资源共享

计算机网络最本质的功能是，凡是入网用户均能享受网络中各个计算机系统的全部或部分软件、硬件和数据资源。

（二）提高性能

网络中的每台计算机都可通过网络相互成为后备机。一旦某台计算机出现故障，它的任务就可由其他的计算机代为完成，这样可以避免在单机情况下，一台计算机发生故障引起整个系统瘫痪的现象，从而提高系统的可靠性。而当网络中的某台计算机负担过重时，网络又可以将新的任务交给较空闲的计算机完成，均衡负载，从而提高了每台计算机的可用性。

（三）分布处理

通过算法将大型的综合性问题交给不同的计算机同时进行处理。用户可以根据需要合理选择网络资源，就近快速地进行处理。

四、计算机网络的性能

计算机网络的性能一般是指几个重要的性能指标。但除了这些重要的性能指标外，还有一些非性能特征，它们对计算机网络的性能也有很大的影响。

（一）计算机网络的性能指标

性能指标可用来从不同的方面来度量计算机网络的性能。

1．速率

计算机发送出的信号都是数字形式的。比特（bit）是计算机中数据量的单位，也是信息论中使用的信息量的单位。bit 来源于 binary digit，意思是一个二进制数字，因此一个比特就是二进制数字中的一个 1 或 0。网络技术中的速率指的是连接在计算机网络上的主机在数字信道上传送数据的速率，它也称为数据率（data rate）或比特率（bit rate）。速率是计算机网络中最重要的一个性能指标。速率的单位是 bit/s（比特每秒）（即 bit per second）。现在人们常用更简单的但是很不严格的记法来描述网络的速率，如 100M 以太网，它省略了单位 bit/s，意思是速率为 100Mbit/s 的以太网。

2．带宽

带宽有以下两种不同的意义。

1）带宽本来是指某个信号具有的频带宽度。信号的带宽是指该信号所包含的各种不同频率成分所占据的频率范围。例如，在传统的通信线路上传送的电话信号的标准带宽是 3.1kHz（从 300Hz 到 3.4kHz，即话音的主要成分的频率范围）。这种意义的带宽的单位名称是赫。

2）在计算机网络中，带宽用来表示网络的通信线路所能传送数据的能力，因此网络带宽表示在单位时间内从网络中的某一点到另一点所能通过的最高数据率。这种意义的带宽的单位名称是比特每秒，单位符号为 bit/s。

3．吞吐量

吞吐量表示在单位时间内通过某个网络（信道、接口）的数据量。吞吐量经常用于对网络数据量的测量，以便知道实际上到底有多少数据量能够通过网络。显然，吞吐量受网络的带宽或网络的额定速率的限制。例如，对于 100Mbit/s 的以太网，其额定速率是 100Mbit/s，那么这个数值也是该以太网吞吐量的绝对上限值。但是，对 100Mbit/s 的以太网，其典型的吞吐量可能只有 70Mbit/s。有时吞吐量还可用每秒传送的字节数或帧数来表示。

4．时延

时延是指数据（一个报文或分组，甚至比特）从网络（或链路）的一端传送到另一端所需的时间。时延是很重要的性能指标，有时也称为延迟或迟延。网络中的时延是由以下几个不同的部分组成的。

(1) 发送时延　发送时延是主机或路由器发送数据帧所需要的时间，也就是从发送数据帧的第一个比特算起，到该帧的最后一个比特发送完毕所需的时间。

因此发送时延也叫作传输时延。发送时延的计算公式是：

$$发送时延 = 数据帧长度（bit）/ 信道带宽（bit/s）$$

由此可见，对于一定的网络，发送时延并非固定不变，而是与发送数据的帧长（单位是比特）成正比，与信道带宽成反比。

(2) 传播时延　传播时延是电磁波在信道中传播一定的距离需要花费的时间。传播时延的计算公式是：

$$传播时延 = 信道长度（m）/ 电磁波在信道上的传播速率（m/s）$$

电磁波在自由空间的传播速率是光速，即 3.0×10^8 m/s。电磁波在网络传输媒体中的传播速率比在自由空间要略低一些。

(3) 处理时延　主机或路由器在收到分组时要花费一定的时间进行处理，例如分析分组的首部，从分组中提取数据部分，进行差错检验或查找适当的路由等，这就产生了处理时延。

(4) 排队时延　分组在经过网络传输时，要经过许多的路由器。分组在进入路由器后要先在输入队列中排队等待处理。在路由器确定了转发接口后，分组还要在输出队列中排队等待转发。这就产生了排队时延。

这样，数据在网络中经历的总时延就是以上四种时延之和：

$$总时延 = 发送时延 + 传播时延 + 处理时延 + 排队时延$$

5. 传播时延带宽积

把传播时延和带宽相乘，就得到另一个很有用的度量：传播时延带宽积，即：

$$传播时延带宽积 = 传播时延 \times 带宽$$

6. 往返时间（RTT）

在计算机网络中，往返时间是一个重要的性能指标，它表示从发送方发送数据开始，到发送方收到来自接收方的确认（接收方收到数据后便立即发送确认）总共经历的时间。

当使用卫星通信时，往返时间（RTT）相对较长。

7. 利用率

利用率有信道利用率和网络利用率两种。信道利用率指某信道有百分之几的时间是被利用的（有数据通过），完全空闲的信道的利用率是零。网络利用率是全网络的信道利用率的加权平均值。

（二）计算机网络的非性能特征

1. 费用

费用即网络的价格（包括设计和实现的费用）。网络的性能与其价格密切相关。一般说来，网络的速率越高，其价格也越高。

2. 质量

网络的质量取决于网络中所有构件的质量，以及这些构件是怎样组成网络的。网络的质量影响到很多方面，如网络的可靠性、网络管理的简易性，以及网络的一些性能。但网络的性能与网络的质量并不是一回事。例如，有些性能也还可以的网络，运行一段时间后就出现了故障，变得无法再继续工作，说明其质量不好。高质量的网络往往价格也较高。

3. 标准化

网络的硬件和软件的设计既可以按照通用的国际标准，也可以遵循特定的专用网络标准。最好采用国际标准的设计，这样可以得到更好的互操作性，更易于升级换代和维修，也更容易得到技术上的支持。

4. 可靠性

可靠性与网络的质量和性能都有密切关系。速率高的网络，其可靠性不一定会差。但速率高的网络要可靠地运行，往往更加困难，同时所需的费用也会较高。

5. 可扩展性和可升级性

网络在构造时应当考虑到今后可能会需要扩展（即规模扩大）和升级（即性能和版本的提高）。网络的性能越高，其扩展费用往往也越高，难度也会相应增加。

6. 易于管理和维护

网络如果没有良好的管理和维护，就很难达到和保持所设计的性能。

五、计算机网络的分类

计算机网络具有的不同性质特点即属性分类。计算机网络通俗地讲就是由多台计算机（或其他计算机网络设备）通过传输介质和软件物理（或逻辑）连接在一起组成的。总的来说计算机网络的组成基本上包括：计算机、网络操作系统、传输介质（可以是有形的，也可以是无形的，如无线网络的传输介质就是空间）以及相应的应用软件四部分。

虽然计算机网络类型的划分标准各种各样，但是从地理范围划分是一种通用的网络划分标准。按这种标准可以把计算机网络划分为局域网、城域网、广域网和互联网四种。虽然局域网是一个较小区域内的网络互联，城域网是不同地区的网络互联，但计算机网络的划分并没有严格意义上地理范围的区分，这只是一个定性的概念。

（一）局域网

局域网（Local Area Network，LAN）是我们最常见、应用最广的一种网络。局域网随着整个计算机网络技术的发展和提高得到充分的应用和普及，几乎每个单位都有自己的局域网，甚至有的家庭都有自己的小型局域网。很明显，所谓局域网，就是在局部地区范围内的网络，它覆盖的地区范围较小。局域网在计算机数量配置上没有太多的限制，少的可以只有两台，多的可达几百台。一般来说在企业局域网中，工作站的数量在几十到两百台次。网络所涉及的地理距离一般在10公里以内。局域网一般位于一个建筑物或一个单位内，不存在寻径问题，不包括网络层的应用。中小型企业局域网示意图如图1-6所示。

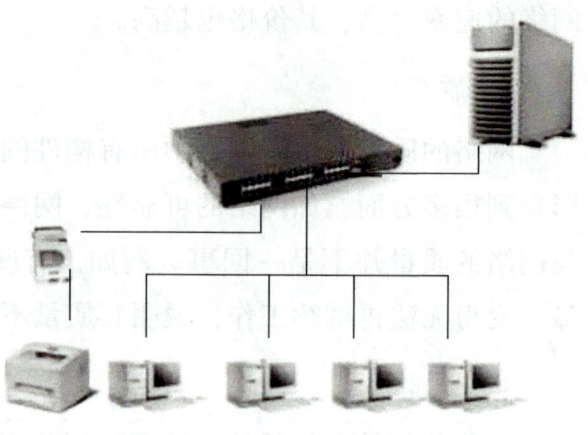

图1-6　中小型企业局域网示意图

局域网的特点是：连接范围窄、用户数少、配置容易、连接速率高。目前局域网最快的速率要算现今的10G以太网了。IEEE的802标准委员会定义了多种主要的局域网：以太网（Ethernet）、令牌环网（Token Ring）、光纤分布式接口网络（FDDI）、异步传输模式网（ATM）以及无线局域网（WLAN）。

（二）城域网

城域网（Metropolitan Area Network，MAN）一般来说是指在一个城市，但不在同一地理小区范围内的计算机互联。这种网络的连接距离可以在10～100km，它采用的是IEEE802.6标准。MAN与LAN相比，扩展的距离更长，连接的计算机数量更多，在地理范围上可以说是LAN网络的延伸。在一个大型城市或都市地区，一个MAN网络通常连接着多个LAN网，如连接政府机构的LAN、医院的LAN、电信的LAN、公司企业的LAN等。由于光纤连接的引入，使MAN中高速的LAN互连成为可能。城域网如图1-7所示。

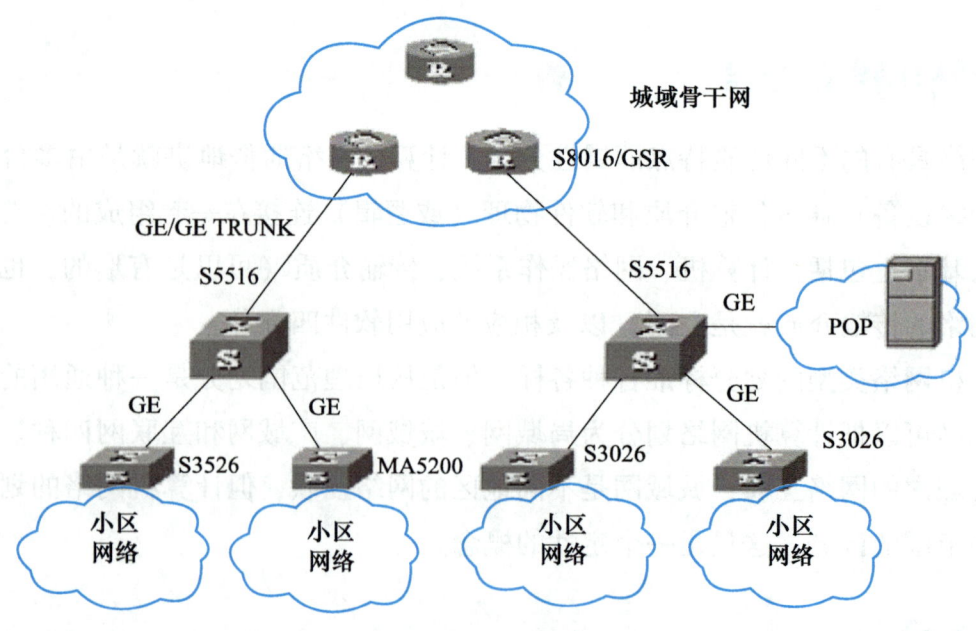

图1-7　城域网

城域网多采用ATM技术做骨干网。ATM是一个用于数据、语音、视频以及多媒体应用程序的高速网络传输方法。ATM包括一个接口和一个协议，该协议能够在一个常规的传输信道上,在比特率不变及变化的通信量之间进行切换。ATM 也包括硬件、软件以及与 ATM 协议标准一致的介质。ATM 提供一个可伸缩的主干基础设施,以便能够适应不同规模、速度以及寻址技术的网络。ATM 的最大缺点是成本太高,所以一般应用在邮政、银行、医院等。

(三) 广域网

广域网(Wide Area Network,WAN)也称为远程网,所覆盖的范围比城域网(MAN)更广,它一般是在不同城市之间的 LAN 或者 MAN 网络互联,地理范围在几百千米到几千千米。因为距离较远,信息衰减比较严重,所以这种网络一般要租用专线,通过 IMP(接口信息处理)协议和线路连接起来,构成网状结构,解决循径问题。这种广域网因为所连接的用户多,总出口带宽有限,所以用户的终端连接速率一般较低,通常为 9.6Kbps ~ 45Mbps,如 CHINANET、CHINAPAC 和 CHINADDN 网。广域网如图 1-8 所示。

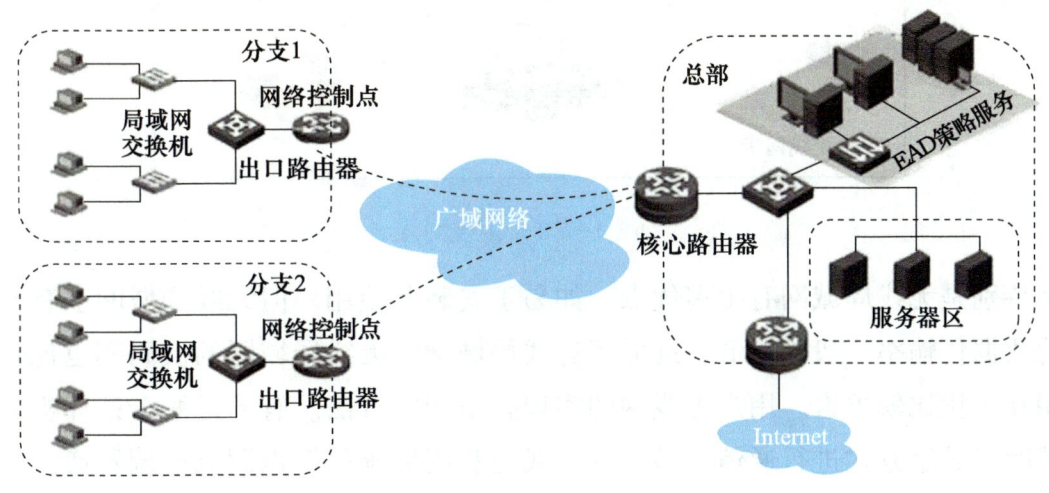

图 1-8 广域网

WAN、MAN 和 LAN 的关系如图 1-9 所示。

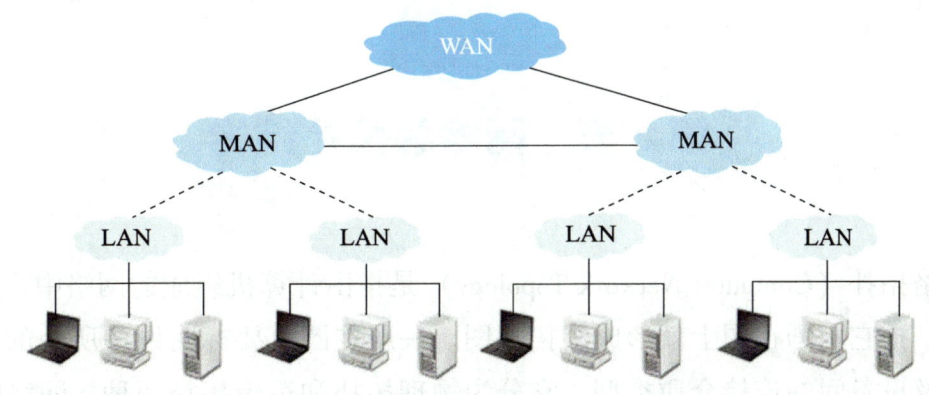

图 1-9 WAN、MAN 和 LAN 的关系

(四) 无线网

随着笔记本计算机(Notebook Computer)和个人数字助理(Personal Digital Assistant,PDA)等便携式计算机的日益普及和发展,人们经常要在路途中接听电话、发送传真和电子邮件、阅读网上信息以及登录到远程终端等。然而在汽车或火车上是不可能通过有线介质与办公

室或者家庭的网络相连接的，这时候就会用到无线网（Wireless Network）了。虽然无线网与移动通信经常是联系在一起的，但这两个概念并不完全相同。例如，当便携式计算机通过 PCMCIA 卡接入电话插口，它就变成有线网的一部分。另一方面，有些通过无线网连接起来的计算机的位置可能又是固定不变的，如在不便于通过有线电缆连接的大楼之间就可以通过无线网将两栋大楼内的计算机连接在一起。无线网如图 1-10 所示。

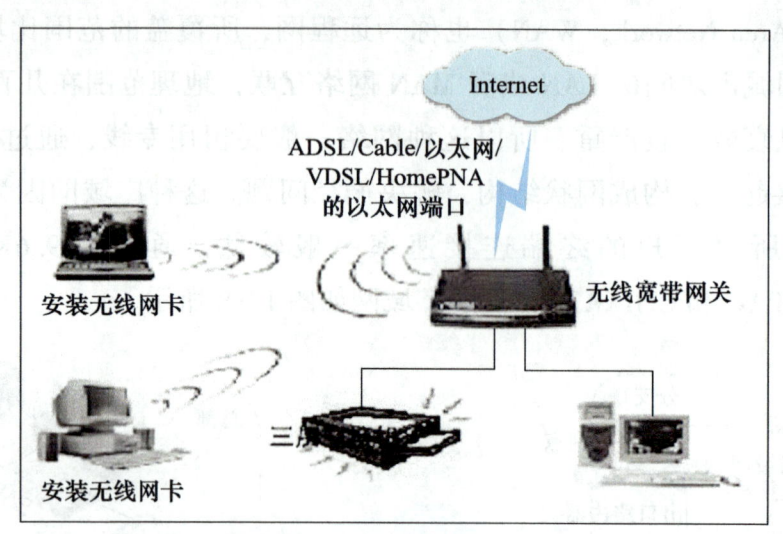

图 1-10　无线网

无线网特别是无线局域网有很多优点，如易于安装和使用。但无线局域网也有许多不足之处：如它的数据传输率一般比较低，远低于有线局域网；无线局域网的误码率也比较高，而且站点之间相互干扰比较厉害。用户无线网的实现有不同的方法。有的是两个计算机之间直接通过无线局域网以数字方式进行通信。另一种方式是利用传统的模拟调制解调器通过蜂窝电话系统进行通信。无线网络是当前国内外的研究热点，无线网络的研究是由巨大的市场需求驱动的。无线网的特点是使用户可以在任何时间、任何地点接入计算机网络，而这一特性使其具有强大的应用前景。

第 2 节　网络的拓扑结构

计算机网络拓扑（Computer Network Topology）是指由计算机组成的网络中设备的分布情况以及连接状态，把它们画在图上就形成了拓扑图。一般在图上要标明设备所处的位置、设备的名称类型，以及设备间的连接介质类型。它分为物理拓扑和逻辑拓扑两种。网络的拓扑结构示意图如图 1-11 所示。

计算机网络的拓扑结构，是指网上计算机或设备与传输媒介形成的结点与线的物理构成模式。网络的结点有两类：一类是转换和交换信息的转接结点，包括结点交换机、集线器和终端控制器等；另一类是访问结点，包括计算机主机和终端等。线则代表各种传输媒介，包括有形的和无形的。

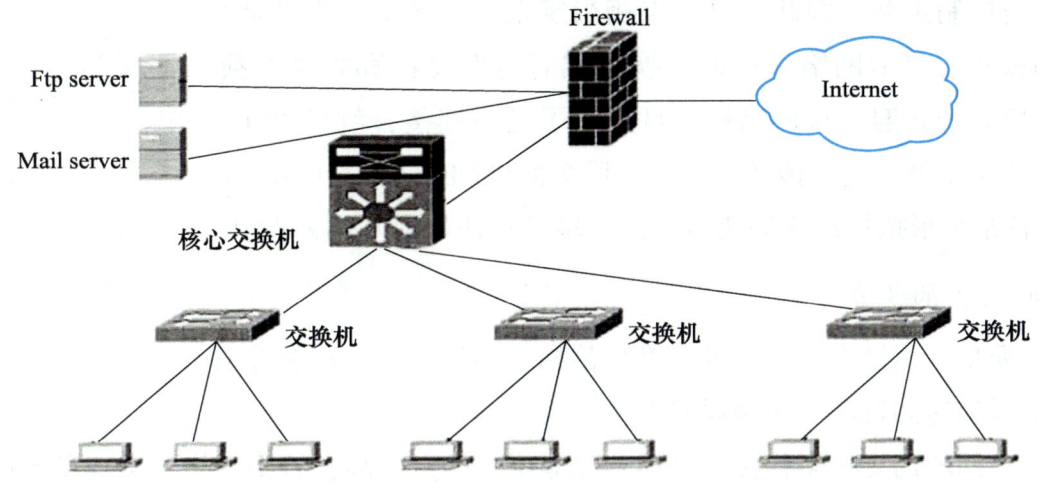

图1-11 网络的拓扑结构示意图

1. 计算机网络拓扑结构的组成

计算机网络拓扑结构由结点、链路和通路等组成。

1）结点：又称网络单元，是指网络系统中各种数据处理设备、数据通信控制设备和数据终端设备。常见的结点有服务器、工作站、集线器和交换机等设备。

2）链路：两个结点间的连线，可分为物理链路和逻辑链路两种，前者指实际存在的通信线路，后者指在逻辑上起作用的网络通路。

3）通路：是指从发出信息的结点到接收信息的结点之间的一串结点和链路，即一系列穿越通信网络而建立起的结点到结点的链路。

2. 计算机网络拓扑结构的选择性

拓扑结构的选择往往与传输媒体的选择及媒体访问控制方法的确定紧密相关。在选择网络拓扑结构时，应该考虑的主要因素有下列几点：

1）可靠性。尽可能提高可靠性，以保证所有数据流能准确接收；还要考虑系统的可维护性，使故障检测和故障隔离较为方便。

2）费用。建网时需考虑适合特定应用的信道费用和安装费用。

3）灵活性。需要考虑系统在今后扩展或改动时，能容易地重新配置网络拓扑结构，能方便地处理原有站点的删除和新站点的加入。

4）响应时间和吞吐量。要为用户提供尽可能短的响应时间和最大的吞吐量。

一、网络的物理拓扑

计算机网络的物理拓扑结构主要有：星形拓扑、总线型拓扑、环形拓扑、树形拓扑、网状拓扑和混合型拓扑。

（一）星形拓扑

1. 星形拓扑的概念

星形拓扑是由中央结点和通过点到点通信链路接到中央结点的各个站点组成。中央结点执行集中式通信控制策略，因此中央结点相当复杂，而各个站点的通信处理负担都很小。星形网络采用的交换方式有电路交换和报文交换，尤以电路交换更为普遍。这种结构一旦建立了通道连接，就可以无延迟地在连通的两个站点之间传送数据。专用交换机 PBX（Private Branch Exchange）就是星形拓扑结构的典型实例。星形拓扑如图 1-12 所示。

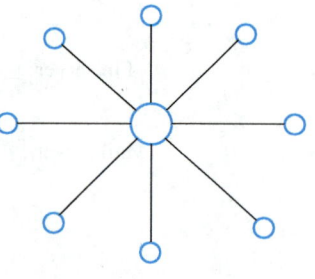

图 1-12　星形拓扑

2. 星形拓扑的优点

1）结构简单，连接方便，管理和维护都相对容易，而且扩展性强。

2）网络延迟时间较小，传输误差低。

3）在同一网段内支持多种传输介质，除非中央结点故障，否则网络不会轻易瘫痪。

4）每个结点直接连到中央结点，故障容易检测和隔离，可以方便地排除有故障的结点。

因此，星形拓扑结构是应用最广泛的一种网络拓扑结构。

3. 星形拓扑的缺点

1）安装和维护的费用较高。

2）共享资源的能力较差。

3）一条通信线路只被该线路上的中央结点和边缘结点使用，通信线路利用率不高。

4）对中央结点要求相当高，一旦中央结点出现故障，则整个网络瘫痪。

4. 星形拓扑的应用

星形拓扑结构广泛应用于网络的智能控制集中于中央结点的场合。

从目前的趋势看，计算机的发展已从集中的主机系统发展到大量功能很强的微型机和工作站，在这种情况下，传统的星形拓扑的使用会有所减少。

（二）总线型拓扑

1. 总线型拓扑的概念

总线型拓扑结构采用一个信道作为传输媒体，所有站点都通过相应的硬件接口直接连到这一公共传输媒体上，该公共传输媒体即称为总线。任何一个站点发送的信号都沿着传输媒体传播，而且能被所有其他站点所接收。总线型拓扑如图 1-13 所示。

因为所有站点共享一条公用的传输信道，所以一次只能由一个设备传输信号。通常采用分布式控制策略来确定哪个站点可以发送。发送时，发送站将报文分成分组，然后逐个依次发送这些分组，有时还要与其他站点来的分组

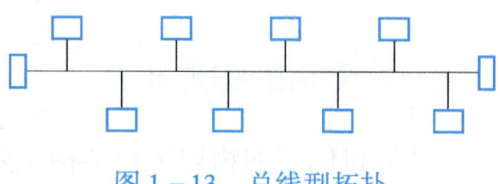

图 1-13　总线型拓扑

交替地在媒体上传输。当分组经过各站时，其中的目的站会识别到分组所携带的目的地址，然后复制下这些分组的内容。

2. 总线型拓扑的优点

1）所需要的电缆数量少，线缆长度短，易于布线和维护。

2)结构简单,有较高的可靠性,传输速率高,可达100Mbit/s。

3)易于扩充,增加或减少用户比较方便,结构简单,组网容易,网络扩展方便。

4)多个结点共用一条传输信道,信道利用率高。

3. 总线型拓扑的缺点

1)传输距离有限,通信范围受到限制。

2)故障诊断和隔离较困难。

3)分布式协议不能保证信息的及时传送,不具有实时功能。由于站点必须是智能的,要有媒体访问控制功能,从而增加了站点的硬件和软件开销。

(三)环形拓扑

1. 环形拓扑的概念

在环形拓扑中各结点通过环路接口连在一条首尾相连的闭合环形通信线路中,环路上任何结点均可以请求发送信息。请求一旦被批准,便可以向环路发送信息。环形网中,数据可以是单向传输,也可以是双向传输。由于环线公用,一个结点发出的信息必须穿越环中所有的环路接口,信息流中目的地址与环上某结点地址相符时,信息被该结点的环路接口所接收,而后信息继续流向下一环路接口,一直流回到发送该信息的环路接口结点为止。环形拓扑如图1-14所示。

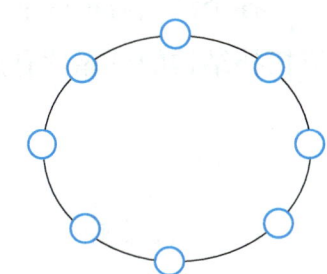

图1-14 环形拓扑

2. 环形拓扑的优点

1)电缆长度短。环形拓扑网络所需的电缆长度和总线型拓扑网络相似,但比星形拓扑网络要短得多。

2)增加或减少工作站时,仅需简单的连接操作。

3)可使用光纤。光纤的传输速率很高,十分适合于环形拓扑的单方向传输。

3. 环形拓扑的缺点

1)结点的故障会引起全网故障。这是因为环上的数据传输要通过接在环上的每一个结点,一旦环中某一结点发生故障就会引起全网的故障。

2)故障检测困难。这与总线型拓扑相似,因为不是集中控制,故障检测需在网上各个结点进行,因此就不容易检测故障。

3)环形拓扑结构的媒体访问控制协议都采用令牌传递的方式,在负载很轻时,信道利用率相对来说就比较低。

(四)树形拓扑

1. 树形拓扑的概念

树形拓扑可以认为是多级星形结构组成的,只不过这种多级星形结构自上而下是呈三角形分布的，就像一棵树一样，最顶端的枝叶少些，中间的多些，而最下面的枝叶最多。树的最下端相当于网络中的边缘层，树的中间部分相当于网络中的汇聚层，而树的顶端则相当于网络中的核心层。它采用分级的集中控制方式，其传输介质可有多条分支，但不形成闭合回路，每条通信线路都必须支持双向传输。树形拓扑如图 1-15 所示。

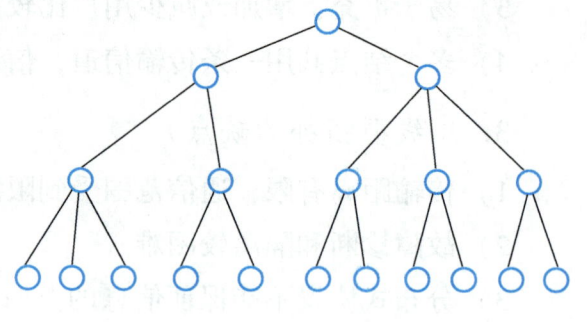

图 1-15　树形拓扑

2．树形拓扑的优点

1）易于扩展。这种结构可以延伸出很多分支和子分支，这些新结点和新分支都能容易地加入网内。

2）故障隔离较容易。如果某一分支的结点或线路发生故障，很容易将故障分支与整个系统隔离开来。

3．树形拓扑的缺点

各个结点对根的依赖性太大，如果根发生故障，则全网不能正常工作。从这一点来看，树形拓扑结构的可靠性有点类似于星形拓扑结构。

（五）网状拓扑

1．网状拓扑

网状拓扑在广域网中得到了广泛的应用。由于结点之间有许多条路径相连，可以为数据流的传输选择适当的路由，从而绕过失效的部件或过忙的结点。提供上述功能的网络协议也较复杂，但由于它的可靠性高，仍然受到用户的欢迎。网状拓扑的一个典型应用是在 IBGP 中。为保证 IBGP 对等体之间的连通性，需要在 IBGP 对等体之间建立全连接关系，即网状网络。假设在一个 AS 内部有 n 台路由器，那么应该建立的 IBGP 连接数就为 $n(n-1)/2$ 个。网状拓扑如图 1-16 所示。

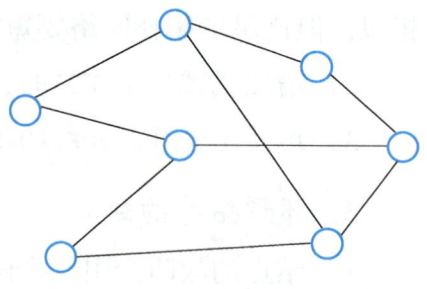

图 1-16　网状拓扑

2．网状拓扑的优点

1）不受瓶颈问题和失效问题的影响。

2）结点间路径多，碰撞和阻塞减少。

3）局部故障不影响整个网络，可靠性高。

3．网状拓扑的缺点

1）结构比较复杂，成本也比较高。

2）网络关系复杂，建网较难，不易扩充。

3）网络控制机制复杂，必须采用路由算法和流量控制机制。

(六)混合型拓扑

1. 混合型拓扑

混合型拓扑是将两种单一拓扑结构混合起来，取两者的优点构成的拓扑。一种是星形拓扑和环形拓扑混合成的"星—环"拓扑，另一种是星形拓扑和总线型拓扑混合成的"星—总"拓扑。这两种混合型拓扑有相似之处，如果将总线型拓扑的两个端点连在一起也就变成了环形拓扑。在混合型拓扑结构中，汇聚层设备组成环形或总线型拓扑，汇聚层设备和接入层设备组成星形拓扑。混合型拓扑结构如图1-17所示。

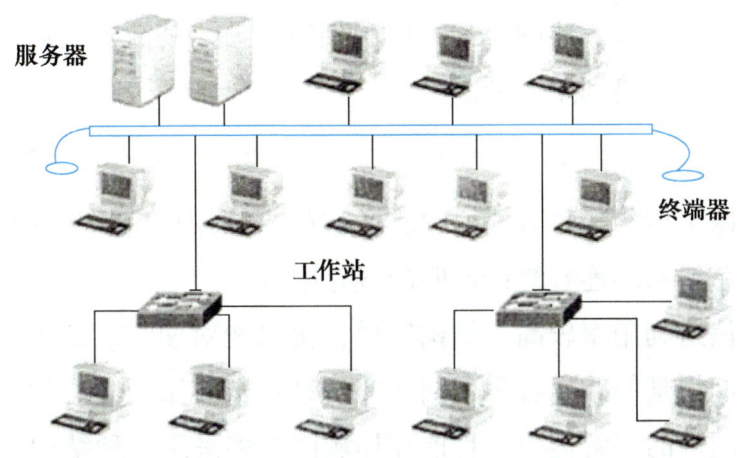

图1-17 混合型拓扑结构

2. 混合型拓扑的优点

1）故障诊断和隔离较为方便。一旦网络发生故障，只要诊断出有故障的网络设备，将该网络设备和全网隔离即可。

2）易于扩展。要扩展用户时，可以加入新的网络设备，也可以在设计时，在每个网络设备中留出一些备用的可插入新站点的连接口。

3）安装方便。网络的主链路只要连通汇聚层设备，然后再通过分支链路连通汇聚层设备和接入层设备。

3. 混合型拓扑的缺点

1）需要选用智能网络设备，实现网络故障自动诊断和故障结点的隔离，网络建设成本比较高。

2）像星形拓扑结构一样，汇聚层设备到接入层设备的线缆安装长度会增加较多。

二、网络的逻辑拓扑

逻辑拓扑描述的是设备之间如何通过物理拓扑进行通信。

物理拓扑与逻辑拓扑是各自独立的。例如，所有类别的以太网在设备之间通信时使用的是逻辑总线型拓扑，无论线缆的物理布局如何都是如此。物理拓扑图由于是根据网络设备的实际物理地址进行扫描而得出，所以它更加适合网络设备层管理。一旦网络中出现故障或者即将出现故障，物理拓扑图可以及时详细地告诉网络管理者是哪一台网络设备出了问题。例如，当网络中某台交换机出现了故障，通过物理拓扑图，网管可知网络里众多的交换设备中是哪一台交换设备的哪一个端口出现了问题，通过这个端口连接了哪些的网络设备，便于网络维护。而对于逻辑拓扑来说，更加注重的是应用系统的运行状况，它反映的是实际应用的情况。

1. 星形结构

星形结构是以一个结点为中心的处理系统，各种类型的入网机器均与该中心结点有物理链路直接相连。

星形结构的优点是结构简单、建网容易、控制相对简单。其缺点是属于集中控制，主结点负载过重，可靠性低，通信线路利用率低。

2. 总线结构

总线结构是比较普遍采用的一种方式，它将所有的入网计算机均接入到一条通信线上，为防止信号反射，一般在总线两端连有终结器匹配线路阻抗。

总线结构的优点是信道利用率较高，结构简单，价格相对便宜。缺点是同一时刻只能有两个网络结点相互通信，网络延伸距离有限，网络容纳结点数有限。在总线上只要有一个点出现连接问题，会影响整个网络的正常运行。目前在局域网中多采用此种结构。

3. 环形结构

环形结构是将各台联网的计算机用通信线路连接成一个闭合的环。每台设备都直接连到环上，或通过一个接口设备和分支电缆连到环上。在初始安装时，环形拓扑网络比较简单。随着网上结点的增加，重新配置的难度也增加，对环的最大长度和环上设备总数有限制。

环形结构的优点是可以很容易地找到电缆的故障点。其缺点是受故障影响的设备范围大，在单环系统上出现的任何错误，都会影响网上的所有设备。

4. 树形结构

树形结构是分级的集中控制式网络，与星形结构相比，它的通信线路总长度短，成本较低，结点易于扩充，寻找路径比较方便，但除了叶结点及其相连的线路外，任一结点或其相连的线路故障都会使系统受到影响。

适用场合：只适用于低速、不用阻抗控制的信号，比如在没有电源层的情况下，电源的布线就可以采用这种拓扑。

其优点是可以对网络的基本拓扑进行取长补短，缺点是网络配置难度大。

5. 蜂窝拓扑结构

蜂窝拓扑结构是无线局域网中常用的结构。它以无线传输介质（微波、卫星、红外等）点到点和多点传输为特征，是一种无线网，适用于城市网、校园网、企业网等。

第3节　计算机网络的组成

一、计算机网络的逻辑组成

计算机网络的逻辑组成包括资源子网和通信子网两部分。资源子网由主机、终端、终端控制器、联网外设、各种软件资源与信息资源组成，负责全网的数据处理业务，向网络用户提供各种网络资源与网络服务。通信子网由通信控制处理机、传输介质与其他网络互联设备组成，完成网络数据传输、转发等通信处理任务。资源子网与通信子网如图1-18所示。

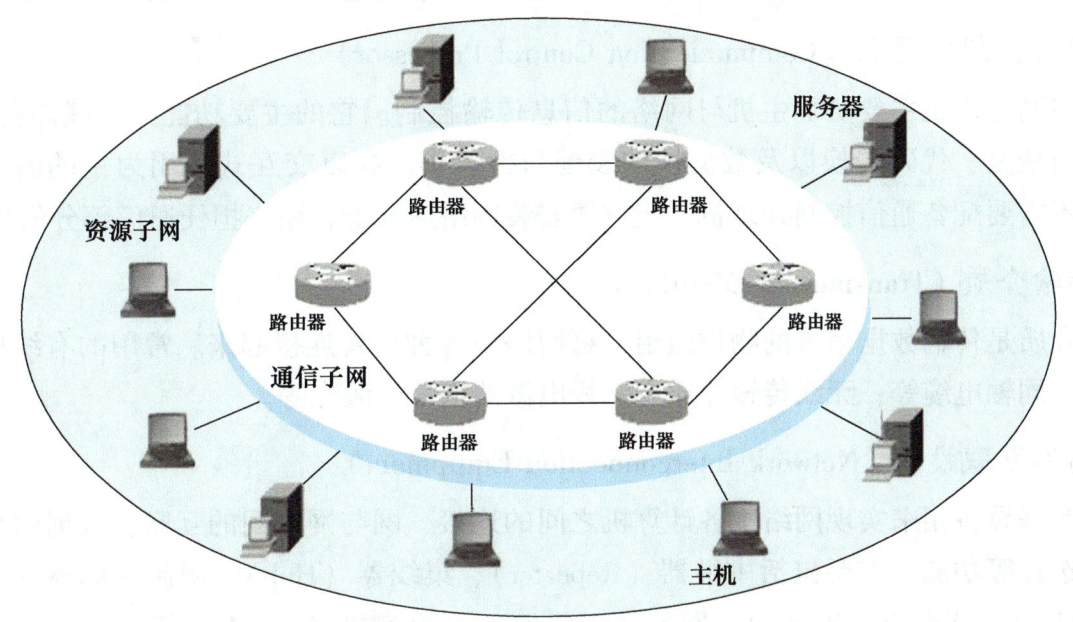

图1-18　资源子网与通信子网

（一）资源子网

资源子网即计算机系统，主要完成数据信息的收集、存储、处理和输出任务，并提供各种网络资源。计算机系统根据在网络中的用途可分为两类：主计算机和终端。

1. 主计算机（Host）

主计算机负责数据处理和网络控制，并构成网络的主要资源。主计算机又称主机，它主要由大型机、中小型机和高档微机组成，网络软件和网络的应用服务程序主要安装在主机中，在局域网中主机称为服务器（Server）。

2. 终端（Terminal）

终端是网络中数量大、分布广的设备，是用户进行网络操作、实现人机对话的工具。一台典型的终端虽然看起来很像一台PC机，有显示器、键盘和一个串行接口，但与PC机不同的是，终端没有 CPU 和主存储器。在局域网中，以 PC 机代替终端，既能作为终端使用又可作为独立的计算机使用，被称为工作站（Workstation）。

3．外围设备（Peripheral Equipment）

外围设备包括各种输入设备（如扫描仪、摄像头等）和输出设备（包括显示器、打印机、音箱、绘图机、投影仪等）。

4．软件资源（Software Resource）和信息资源（Information Resource）

软件资源是运行在计算机上的各种系统软件和应用软件的总称，信息资源是指在信息活动中积累起来的以信息为核心的各类信息活动要素的集合。

（二）通信子网

通信子网即数据通信系统，主要由通信控制处理机、传输介质和网络互联设备等组成。

1．通信控制处理机（Communication Control Processor）

通信控制处理机主要负责主机与网络的信息传输控制。它的主要功能是：线路传输控制、差错检测与恢复、代码转换以及数据帧的装配与拆装等。在以交互式应用为主的微机局域网中，一般不需要配备通信控制处理机，但需要安装网络适配器，用来担任通信部分的功能。

2．传输介质（Transmission Medium）

传输介质是传输数据信号的物理通道，将网络中各种设备连接起来。常用的有线传输介质有双绞线、同轴电缆等；无线传输介质有无线电微波信号、激光等。

3．网络互联设备（Network Interconnection Equipment）

网络互联设备用来实现网络中各计算机之间的连接、网与网之间的互联、数据信号的变换以及路由选择等功能，主要包括中继器（Repeater）、集线器（Hub）、调制解调器（Modem）、网桥（Bridge）、路由器（Router）、网关（Gateway）和交换机（Switch）等。

（三）网络软件

网络软件一方面授权用户对网络资源的访问，帮助用户方便、安全地使用网络，另一方面管理和调度网络资源，提供网络通信和用户所需的各种网络服务。网络软件一般包括网络操作系统、网络协议、通信软件以及管理和服务软件等。

1．网络操作系统（NOS）

网络操作系统是网络系统管理和通信控制软件的集合，它负责整个网络的软、硬件资源的管理以及网络通信和任务的调度，并提供用户与网络之间的接口。

常见的网络操作系统有：UNIX、Windows NT、Windows 2000 Server、Netware 和 Linux。UNIX 是唯一跨微机、小型机、大型机的网络操作系统。

2．网络协议

网络协议是实现计算机之间、网络之间相互识别并正确进行通信的一组标准和规则，它是计算机网络工作的基础。

在 Internet 上传送的每个消息需要通过三层协议：网络协议（Network Protocol），它负责将消息从一个地方传送到另一个地方；传输协议（Transport Protocol），它管理被传送内容的完整性；应用程序协议（Application Protocol），作为对通过网络应用程序发出的请求的应答，它将传输内容转换成人类能识别的形式。

一个网络协议主要由语法、语义、同步三部分组成。语法即数据与控制信息的结构或格式；语义即需要发出何种控制信息，完成何种动作以及做出何种应答；同步即事件实现顺序的详细说明。

二、计算机网络的硬件系统

网络硬件系统示意图如图 1-19 所示。

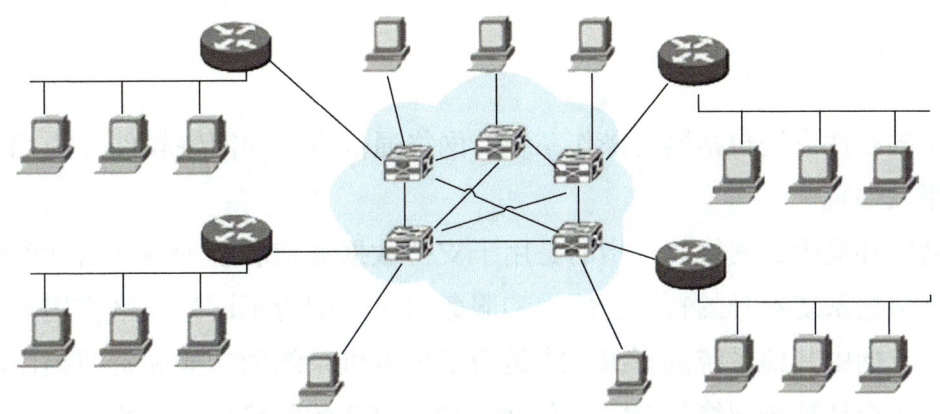

图 1-19　网络硬件系统示意图

（一）网卡（Network card）

网卡是工作在数据链路层的网路组件，是局域网中连接计算机和传输介质的接口，不仅能实现与局域网传输介质之间的物理连接和电信号匹配，还涉及帧的发送与接收、帧的封装与拆封、介质访问控制、数据的编码与解码以及数据缓存的功能等。网卡分为有线网卡和无线网卡。

（二）网线（Parvicostellae）

在局域网中常见的网线主要有双绞线、同轴电缆、光缆三种。

（三）集线器（Hub）

集线器的主要功能是对接收到的信号进行再生整形放大，以扩大网络的传输距离，同时把所有结点集中在以它为中心的结点上。它工作于 OSI 参考模型（开放系统互联参考模型）第一层，即物理层。集线器与网卡、网线等传输介质一样，属于局域网中的基础设备，采用 CSMA/CD（一种检测协议）访问方式。

（四）交换机（Switch）

交换机是一种基于 MAC 地址识别，能完成封装转发数据包功能的网络设备。交换机可以

"学习" MAC 地址，并把其存放在内部地址表中，通过在数据帧的始发者和目标接收者之间建立临时的交换路径，使数据帧直接由源地址到达目的地址。

（五）路由器（Router）

路由器的作用是连通不同的网络和选择信息传送的线路。选择通畅快捷的路径，能大大提高通信速度，减轻网络系统通信负荷，节约网络系统资源，提高网络系统畅通率，从而让网络系统发挥出更大的效益。

（六）防火墙（Firewall）

首先，防火墙对流经它的网络通信进行扫描，这样能够过滤掉一些攻击，以免其在目标计算机上被执行。其次，防火墙不仅可以关闭不使用的端口，还能禁止特定端口的流出通信，封锁特洛伊木马。最后，防火墙可以禁止来自特殊站点的访问，从而防止来自不明入侵者的所有通信。

三、计算机网络的软件系统

计算机网络的软件系统包括网络操作系统、网络通信协议和网络软件（应用级的提供网络服务功能的专用软件）。

在计算机网络环境中，网络软件指的是用于支持数据通信和各种网络活动的软件。计算机网络的系统通常根据系统本身的特点、能力和服务对象，配置不同的网络应用系统。其目的是为了本机用户共享网中其他系统的资源，或是为了把本机系统的功能和资源提供给网中其他用户使用。为此，每个计算机网络都制定一套全网共同遵守的网络协议，并要求网中每个主机系统配置相应的协议软件，以确保网中不同系统之间能够可靠、有效地相互通信和合作。

（一）网络操作系统

网络操作系统是用于管理网络资源，提供简单网络管理的系统软件。常见的网络操作系统有 UNIX、Netware、Windows NT、Linux 等。UNIX 是一种强大的分时操作系统，支持 TCP/IP，安全性、可靠性强，缺点是操作使用复杂。常见的 UNIX 操作系统有 SUN 公司的 Solaris、IBM 公司的 AIX、HP 公司 HP UNIX 等。Netware 是 Novell 公司开发的早期局域网操作系统，使用 IPX/SPX 协议，支持 TCP/IP，安全性、可靠性较强，其优点是具有 NDS 目录服务，缺点是操作使用较复杂。WinNT Server 是微软公司为解决 PC 做服务器而设计的，操作简单方便，缺点是安全性、可靠性较差，应用于中小型网络。Linux 是一个免费的网络操作系统，源代码完全开发，是 UNIX 的一个分支，内核基本和 UNIX 一样，具有 WinNT 的界面，操作简单，缺点是应用程序较少。

（二）网络通信协议

计算机网络分为用户实体和资源实体两种基本形式。用户实体（如用户程序和终端等）以直接或间接方式与用户相联系，反映用户所要完成的任务和服务请求，资源实体（如设备和软件系统等）与特定的资源相联系，为用户实体访问相应的资源提供服务。网络中各类实体通常按照共同遵守的规则和约定彼此通信、相互合作，完成共同关心的任务。这些规则和约定称为计算机网络协议（简称网络协议），网络协议通常是由语义、语法和变换规则三部分组成。语义规定了通信双方彼此之间准备"讲什么"，即确定协议元素的类型；语法规定通信双方彼此之间"如何讲"，即确定协议元素的格式；变换规则用以规定通信双方彼此之间的"应答关系"。

网络通信协议是网络中计算机交换信息时的一种约定，它规定了计算机在网络中互通信息的规则。互联网采用的协议是 TCP/IP，该协议也是应用最广泛的协议，其他常见的协议还有 Novell 公司的 IPX/SPX 等。

计算机网络大都按层次结构模型去组织计算机网络协议。IBM 公司的系统网络体系结构 SNA 是由物理层、数据链路控制层、通信控制层、传输控制层、数据流控制层、表示服务层和最终用户层等组成，是影响最大、功能最全、发展前景最好的网络层次模型，是国际标准化组织（ISO）所建议的开放系统互联（OSI）基本参考模型。就其整体功能来说，可以把 OSI 网络体系模型划分为通信支撑平台和网络服务支撑平台两部分。通信支撑平台由 OSI 底四层（即物理层、数据链路层、网络层和运输层）组成，其主要功能是向高层提供与通信子网特性无关的、可靠的、端到端的数据通信功能，用于实现开放系统之间的互联与互通。网络服务支撑平台由 OSI 高三层（即会话层、表示层和应用层）组成，其主要功能是向应用进程提供访问 OSI 环境的服务，用于实现开放系统之间的互操作。应用层又进一步分成公共应用服务元素和特定应用服务元素两个子层。前者提供与应用性质无关的通用服务，包括联系控制服务元素、可靠传送服务元素、远地操作服务元素等；后者提供满足特定应用要求的各种能力，包括报文处理系统，文卷传送、存取与操作，虚拟终端，作业传送与操作，远地数据库访问等，用以向网络用户和应用系统提供良好的运行环境和开发环境，其主要功能包括统一界面管理、分布式数据管理、分布式系统访问管理、应用集成以及一组特定的应用支持，如电子数据交换（EDI）、办公文件体系（ODA）等。

（三）网络软件

网络软件包括通信支撑平台软件、网络服务支撑平台软件、网络应用支撑平台软件、网络应用系统、网络管理系统以及用于特殊网络站点的软件等。从网络体系结构模型不难看出，通信软件和各层网络协议软件是这些网络软件的基础和主体。

1. 通信软件

通信软件指的是用以监督和控制通信工作的软件。它除了作为计算机网络软件的基础组成部分外，还可用作计算机与自带终端或附属计算机之间实现通信的软件。通信软件通常由线路缓冲区管理程序、线路控制程序以及报文管理程序组成。报文管理程序通常由接收、发送、收发记录、差错控制、开始和终了五个部分组成。

2. 协议软件

协议软件是网络软件的重要组成部分，按网络所采用的协议层次模型（如开放系统互联基本参考模型）组织而成。除物理层外，其余各层协议大都由软件实现。每层协议软件通常由一个或多个进程组成，其主要任务是完成相应层协议所规定的功能，以及与上、下层的接口功能。

3．应用系统

应用系统是根据网络的组建目的和业务的发展情况，研制、开发或购置的应用系统。它的任务是实现网络总体规划所规定的各项业务，提供网络服务和资源共享。网络应用系统有通用和专用之分。通用网络应用系统适用于较广泛的领域和行业，如数据收集系统、数据转发系统和数据库查询系统等。专用网络应用系统只适用于特定的行业和领域，如会计核算、售票系统等。

当然，一个真正实用的、具有较大效益的计算机网络，除了配置上述各种软件外，通常还应在网络协议软件与网络应用系统之间，建立一个完善的网络应用支撑平台，为网络用户创造一个良好的运行环境和开发环境。功能较强的计算机网络通常还设立一些负责全网运行工作的特殊主机系统（如网络管理中心、控制中心、信息中心、测量中心等）。对于这些特殊的主机系统，除了配置各种基本的网络软件外，还要根据它们所承担的网络管理工作编制有关的特殊网络软件。

实训　绘制学校的网络拓扑图

参考以下实例，绘制你所在学校的网络拓扑图。

一、实训目的

1）熟悉网络拓扑结构。
2）理解网络的组成。

二、实训要求

1）掌握网络拓扑图的绘制方法。
2）理解网络的物理结构和逻辑结构。

三、实训小结

考察学校网络系统的组成和绘制学校网络拓扑图后，写出心得体会。

实例一：东南大学校园网主干拓扑结构图（见图1-20）

实例二：南京化工技工学校江苏电大化工分校网络拓扑图（见图1-21）

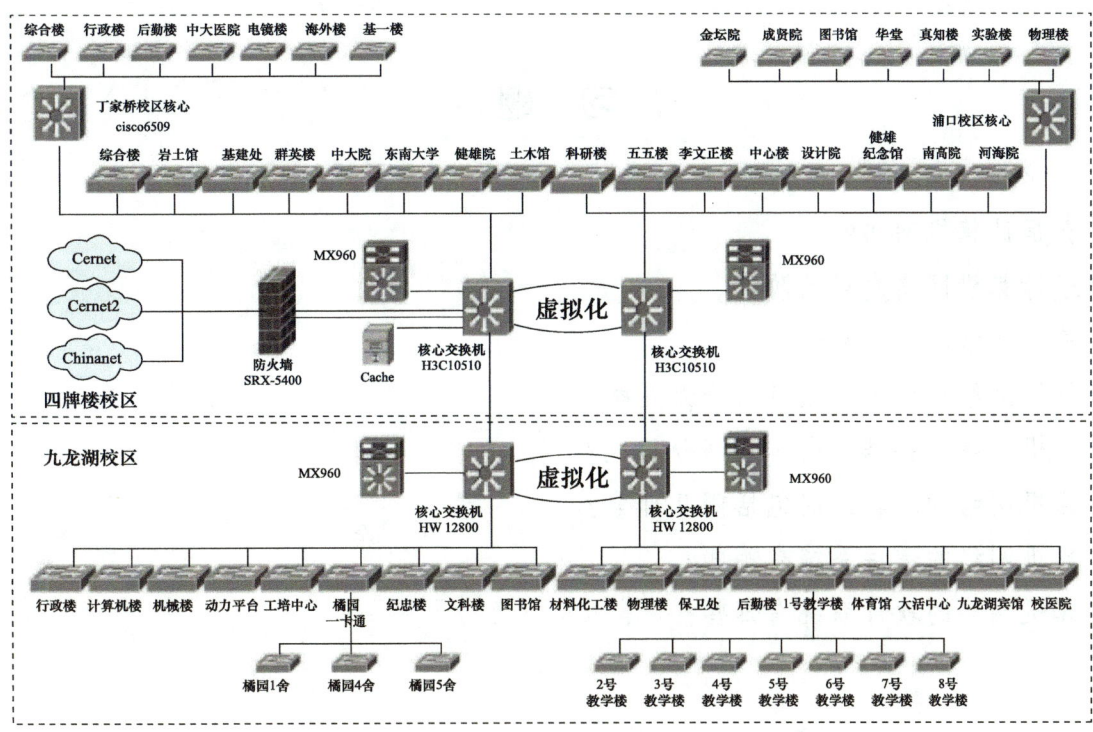

图 1-20　东南大学校园网主干拓扑结构图

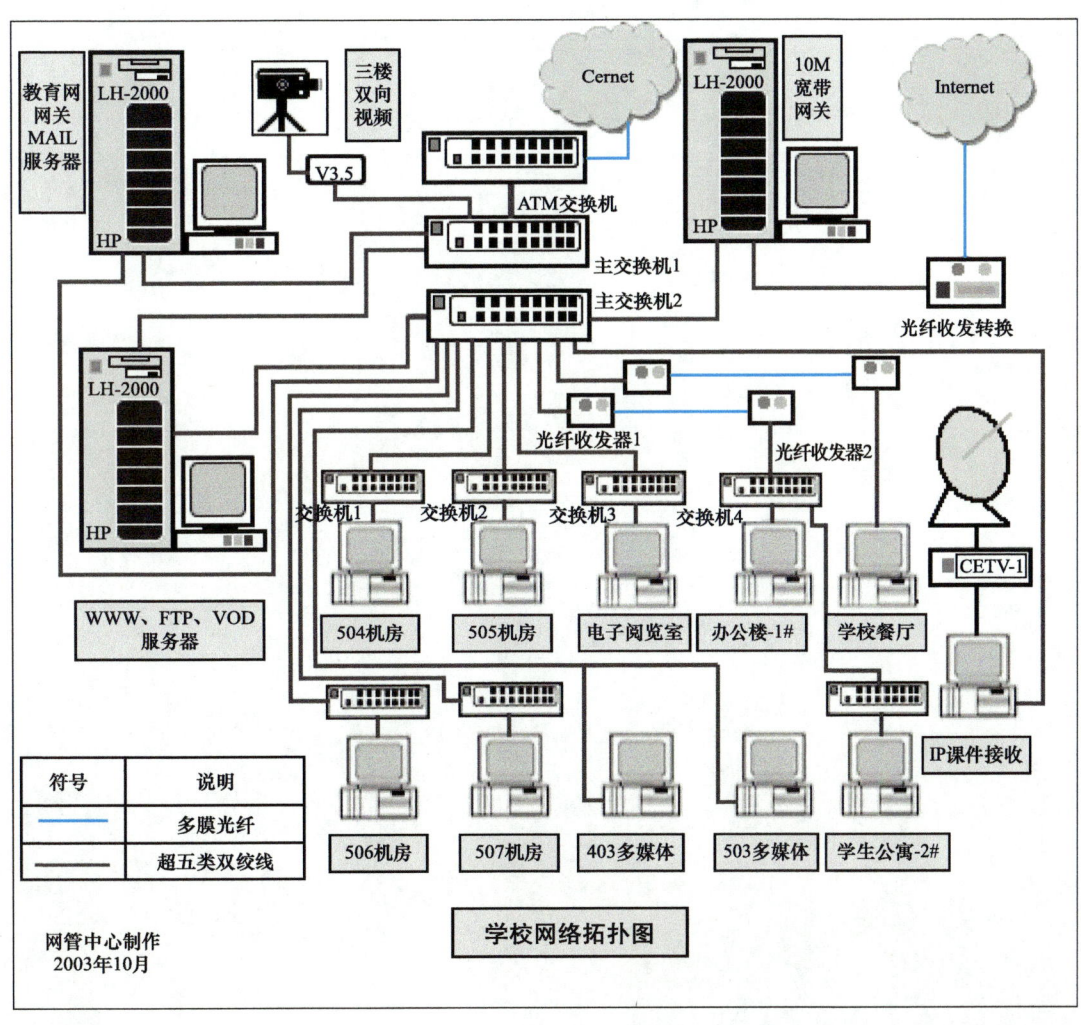

图 1-21　南京化工技工学校江苏电大化工分校网络拓扑图

（来源于网络 http://nceu.cn/xxjs/xxjs06.htm）

习 题

1. 什么是计算机网络?
2. 简述计算机网络发展的阶段。
3. 计算机网络的功能有哪些?
4. 计算机网络按地理范围可以分哪几类?
5. 计算机网络拓扑结构由哪几部分组成?
6. 计算机网络的逻辑组成包括哪几部分?
7. 计算机网络的硬件系统有哪些?
8. 计算机网络的软件系统有哪些?

第 2 章

网络数据通信基础

> **学习目标**
> 1. 了解数据通信的基本概念。
> 2. 掌握数据线路的通信方式。
> 3. 了解基本数据传输技术。
> 4. 了解数据编码技术。
> 5. 了解数据的差错控制编码技术。

第 1 节　数据通信概述

一、数据通信的基本概念

数据通信是从 20 世纪 50 年代初开始，随着计算机远程信息处理系统的发展而发展起来的。早期的远程信息处理系统大多是以一台或几台计算机为中心，依靠数据通信手段连接大量的远程终端，构成一个面向终端的集中式处理系统。20 世纪 60 年代末，以美国的 ARPA 计算机网的诞生为起点，出现了以资源共享为目的的异机种计算机通信网，从而开辟了计算机技术的一个新领域——网络化与分布处理技术。20 世纪 70 年代后，计算机网与分布处理技术获得了迅速发展，从而也推动了数据通信的发展。1976 年，CCITT 正式公布了分组交换数据网的重要标准——X.25 建议，其后又经多次的完善与修改，为公用与专用数据网的技术发展奠定了基础。20 世纪 70 年代末，国际标准化组织（ISO）为了实现异机种系统的互连，提出了开放系统互联（OSI）参考模型，并于 1984 年正式通过，成为一项国际标准。此后，计算机网络技术与应用的发展即按照这一模型来进行。

数据通信是通信技术和计算机技术相结合而产生的一种新的通信方式。要在两地间传输信息必须有传输信道，根据传输媒体的不同，有有线数据通信与无线数据通信之分。但它们都是通过传输信道将数据终端与计算机联结起来，而使不同地点的数据终端实现软、硬件和信息资源的共享。即数据通信是由计算机及其终端装置，通过通信线路来完成编码信息的传输、转接、存储和处理的通信技术。

1. 信息

信息是客观事物属性和相互联系特性的表征，它表示了客观事物的存在形式和运动状态，可以是对物质的形态、大小、结构、性能等全部或部分特性的描述，也可以表示物质与外部的联系。信息可以以文字、声音、图形、图像等各种不同形式存在。

2. 数据

信息可以用数字的形式来表示，数字化的信息称为数据。数据是信息的载体，信息是数据的内在含义或解释。

数据可以分成两类：模拟数据和数字数据。取连续值的数据称为模拟数据。例如，日常生活中人的语言强度、电压高低、温度等都是模拟数据。取离散值的数据称为数字数据。例如，计算机中的二进制数据只有0、1两种状态。在数据通信中，人们习惯将被传输的二进制代码的0、1称为码元。现在大多数的数据传输都是数字数据传输，本章所提到的数据也多指数字数据。

3. 信号

信号是数据在传输过程中表现出来的形式。在通信系统中，数据需要转换为信号的形式进行传输。信号按其参量取值的不同，分为模拟信号和数字信号。模拟信号是指在时间和幅度取值上都连续变化的信号。数字信号是指在时间上离散的、在幅度上经过量化的信号，一般是由0、1二进制代码组成的数字序列。两种信号的表示形式如图2-1所示。

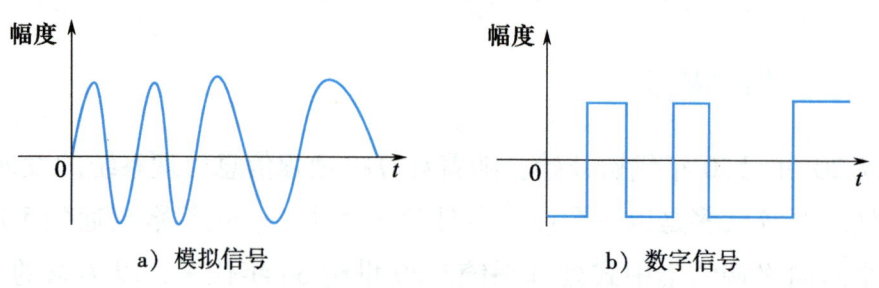

a) 模拟信号　　　b) 数字信号

图2-1　两种信号的表示形式

4. 信道

信道是传送信号的一条通道，可以分为物理信道和逻辑信道。物理信道是指用来传送信号或数据的物理通路，由传输介质及其附属设备组成。逻辑信道是指传输信息的一条通路，但在信号的收、发结点之间并不一定存在与之对应的物理传输介质，而是在物理信道基础上，由结点设备内部的连接来实现的。

信道有多种分类方式。按使用权限可分为专业信道和共用信道。按传输介质可分为有线信道、无线信道和卫星信道。按传输信号的种类可分为模拟信道和数字信道。

二、数据通信系统的技术指标

数据通信系统的任务是传输数据信息，希望达到传输速度快、信息量大、可靠性高。数据通信系统涉及的技术指标有数据传输速率、带宽、信道容量和误码率。

1. 数据传输速率

数据传输速率,是描述数据通信系统的重要技术指标之一。数据传输速率是指传输线路上传输信息的速度,有数据传输速率和信号传输速率两种表示方法。

(1) 数据传输速率 在数值上等于每秒钟传输构成数据代码的比特数。单位时间内传送数据码元的个数,又称为比特率,单位为比特/秒(bit/s)。例如,在 0.001ms 内传输了 "1010001011" 这样一段有效数据,那么数据传输率为:10bit/(0.001ms)=10Mbit/s。

(2) 信号传输速率 指单位时间内传输信号的个数,它是针对在模拟信道上进行数字传输时,从调制解调器输出的调制信号,每秒钟载波调制状态改变的次数,又称为波特率,单位为波特。

数据传输速率和信号传输速率都是衡量信息在传输线路上传输快慢的指标。比特率针对二进制位数传递,波特率针对信号波形的传输。

2. 带宽

带宽包括信号带宽和信道带宽。把一个信号所包含谐波的最高频率与最低频率之差,即该信号所拥有的频率范围,定义为该信号的带宽,单位是赫兹(Hz)。可以说,信号的频率变化范围越大,信号的带宽就越宽。

信道包括模拟信道和数字信道。在模拟信道中,带宽按照公式 $W=f2-f1$ 计算。其中 $f1$ 是信道能够通过的最低频率,$f2$ 是信道能够通过的最高频率,两者都是由信道的物理特性决定的。当组成信道的电路制成了,信道的带宽就决定了。例如,一条传输线上可以接受 600~2200Hz 的频率,则该传输线的信道带宽是 1600Hz。为了使信号传输的失真小些,信道要有足够的带宽。

数字信道的带宽为信道能够达到的最大数据传输速率。香农定理指出:在有随机热噪声的信道上传输数据信号时,信道容量(C)与信道带宽(B)、信噪比(S/N)的关系为:

$$C = B\log_2(1 + S/N)$$

公式中:B 是信道带宽,S 是信号功率,N 是噪声功率。显然,信道容量与信道带宽成正比,同时还取决于系统信噪比以及编码技术种类。

3. 信道容量

信道容量是信道的一个参数,反映了信道所能传输的最大信息量,用单位时间内可传送的最大比特率表示。固定的信道总存在一种信源(某种输入概率分布),使信道平均传输一个符号接收端获得的信息量最大,也就是说,每个固定信道都有一个最大的信息传输率,这个最大的信息传输率即为信道容量,而相应的输入概率分布称为最佳输入分布。

信道容量是信道传送信息的最大能力的度量,信道实际传送的信息量必然不大于信道容量。

4. 误码率

误码率是衡量在规定时间内数据传输精确性的指标。

误码率＝传输中的误码/所传输的总码数×100%

误码率是用来表示传输二进制数据位时出现差错的概率。如果在传输系统中有误码就有误码率。误码的产生是由于在信号传输中，衰变改变了信号的电压，致使信号在传输中遭到破坏，产生误码。例如，在传输过程中受到外界的干扰，或在通信系统内部由于各个组成部分的质量不够理想而使传送的信号发生畸变等。当受到的干扰或信号畸变达到一定程度时，就会产生差错。在数据通信中，如果发送的信号是"1"，而接收到的信号却是"0"，这就是误码，也就发生了一个差错。如果在一万位数据中出现一位差错，即误码率为万分之一。

第2节 数据的传输

一、数据线路的通信方式

（一）数据通信系统模型

信息的传递是通过通信系统来实现的，通信系统的基本模型有五个基本组件，即信源、发送设备、信道、接收设备和信宿。数据通信系统的一般结构模型如图2-2所示。

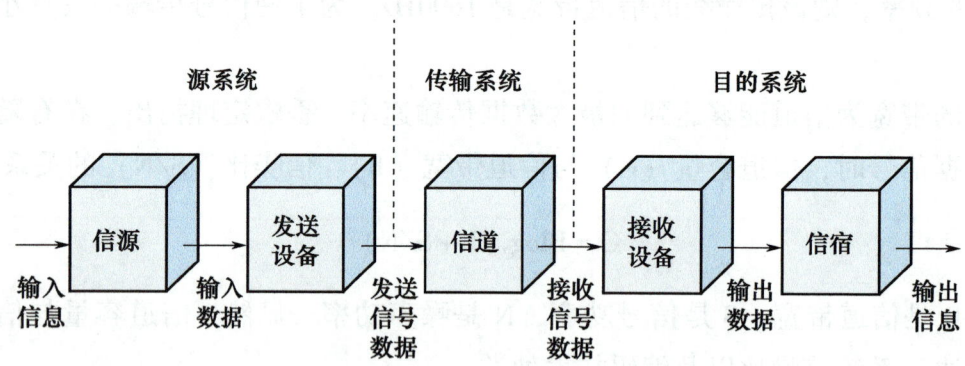

图2-2 数据通信系统的一般结构模型

1. 信源

信源是发出信息的源，其作用是把各种信息转换成原始电信号。按照信源输出信号的性质来区分，信源可分为模拟信源和数字信源。模拟信源输出连续幅度的信号，如声音的强度、温度的高低变化等都是模拟信号。数字信源输出离散的值，每个离散值代表一个符号，如计算机、电传机产生输出的数据等。

2. 发送设备

发送设备的基本功能是将信源和信道匹配起来，即将信源产生的电信号变换成适合在信道中传输的信号。变换方式是多种多样的，采用什么样的变换方式则要根据信号类型、传输媒介和质量要求等决定，如调制、放大、滤波、编码等。满足要求时可以将电信号直接送往媒介进行传输；在需要频谱搬移的场合，调制则是最常见的变换方式。对数字通信系统来说，编码是发送设备的另一个重要组成部分。编码常常又可分为信源编码与信道编码。信源编码是将连续的模拟信号变换为数字信号，并设法降低码元速率以提高通信系统的有效性；信道编码是通过差错控制编码来实现差错控制，以提高传输的可靠性。

3. 信道

信道是指介于发送设备和接收设备之间用来传输信号的各种物理媒介，如双绞线、电缆、波导、光纤等有线通道和由自由空间提供的各种频段或波长的电磁波无线通道。信号在传输过程中不可避免地会受到噪声的干扰，传输媒介的固有特性及引入的干扰与噪声直接关系到通信的质量。

4. 接收设备

接收设备包括解调器、解码器等，其基本功能是完成发送设备的反变换，即从受到减损的接收信号中正确恢复出原始电信号。

5. 信宿

信宿是传输信息的归宿点，其作用是将复原的电信号转换成相应的原始消息，或执行某个动作，或进行显示。对于信源和信宿来说，不管中间经过什么样的变换和传输，都应该使两者消息内容保持一致。收到和发出消息的相同程度越高越好，表明通信系统的可靠性越高。

（二）数据线路的通信方式

根据数据信息在传输线路上的传送方向，数据通信方式可以分为单工方式、半双工方式和全双工方式三种。

1. 单工通信方式

在单工通信中，通信的信道是单向的，发送端与接收端也是固定的，即发送端只能发送信息，不能接收信息；接收端只能接收信息，不能发送信息。基于这种情况，数据信号从一端传送到另外一端，信号流是单方向的，如图2-3所示。

例如，生活中的广播就是一种单工通信的工作方式。广播站是发送端，听众是接收端。广播站向听众发送信息，听众接收获取信息。广播站不能作为接收端获取到听众的信息，听众也无法作为发送端向广播站发送信号。

图2-3 单工通信方式

2. 半双工通信方式

半双工通信可以实现双向的通信，但不能在两个方向上同时进行，必须轮流交替地进行。

在这种工作方式下，发送端可以转变为接收端；相应地，接收端也可以转变为发送端。但是在同一个时刻，信息只能在一个方向上传输。因此，也可以将半双工通信理解为一种切换方向的单工通信，如图2-4所示。

图2-4　半双工通信方式

例如，对讲机是日常生活中最为常见的一种半双工通信方式，手持对讲机的双方可以互相通信，但在同一个时刻，只能由一方讲话。

3．全双工通信方式

全双工通信是指在通信的任意时刻，线路上存在两端的双向信号传输。全双工通信允许数据同时在两个方向上传输，又称为双向同时通信，即通信的双方可以同时发送和接收数据。在全双工通信方式下，通信系统的每一端都设置了发送器和接收器，因此，能控制数据同时在两个方向上传送。全双工通信方式无需进行方向的切换，因此，没有切换操作所产生的时间延迟，这对那些不能有时间延误的交互式应用（如远程监测和控制系统）十分有利。这种方式要求通信双方均有发送器和接收器，同时，需要2根数据线传送数据信号。全双工通信方式如图2-5所示。

图2-5　全双工通信方式

例如，计算机主机用串行接口连接显示终端，而显示终端带有键盘。这样，一方面键盘上输入的字符送到主机内存；另一方面，主机内存的信息可以送到屏幕显示。通常，在键盘上录入1个字符以后，先不显示，计算机主机收到字符后，立即回送到终端，然后终端再把这个字符显示出来。这样，前一个字符的回送过程和后一个字符的输入过程是同时进行的，即全双工通信方式。

二、数据传输技术

1．基带传输

在数字信道中直接传送基带信号（矩形脉冲信号）的传输方式，称为基带传输。矩形脉冲信号的固有频带称为基本频带，简称基带。这种矩形脉冲信号称为基带信号。

基带传输是在信道中直接传输数字信号，且传输介质的整个信道被一个基带信号占用，不需要调制解调器，设备花费小，易于安装调试，具有速率高和误码率低等优点，适合短距离的数据传输，传输距离在100米以内，在计算机网络通信中被广泛采用。计算机、监视器、打印机等设备的信号就是基带传输的。大多数的局域网使用基带传输，如以太网、令牌环网等。

2. 频带传输

频带传输是指将数字信号调制成模拟信号后再发送和传输，到达接收端时再把模拟信号解调成原来的数字信号。例如，使用电话线进行远距离数据通信，需要将数字信号调制成音频信号再发送和传输，接收端再将音频信号解调成数字信号。由此可见，采用频带传输时，要求在发送端和接收端安装调制解调器。这种频带传输不仅解决了利用电话系统传输数字数据的问题，而且能够实现多路复用，从而提高了通信线路的利用率。

常用的频带调制方式有频率调制、相位调制、幅度调制和调幅加调相的混合调制方式。它主要用于远距离通信，优点是可以利于现有的大量模拟信道通信，价格便宜，容易实现。家庭用户拨号上网就属于这一类通信。

3. 宽带传输

在同一信道上，可进行数字信息服务，也可以进行模拟信息服务的传输方式被称为宽带传输。宽带传输通过借助频带传输，将链路容量分解成两个或更多的信道，每个信道可以携带不同的信号。宽带传输的所有信道都可以同时发送信号，如 CATV、ISDN 等。

宽带传输能将一条宽带信道划分为多条逻辑基带信道，且在一个信道中传输声音、图像和数据等多种信息，实现多路复用，因此信道的容量大大增加。

第 3 节　数据编码形式

由于计算机要处理的数据信息十分庞杂，有些数据库所代表的含义又使人难以记忆。为了便于使用，容易记忆，常常要对加工处理的对象进行编码，用一个编码符合代表一条信息或一串数据。对数据进行编码在计算机的管理中非常重要，可以方便地进行信息分类、校核、合计、检索等操作。人们可以利用编码来识别每一个记录，区别处理方法，进行分类和校核，从而克服项目参差不齐的缺点，节省存储空间，提高处理速度。

一、数字数据编码

在数字信道中传输计算机数据时，要对计算机中的数字信号重新编码进行基带传输，在基带传输中，数字信号的编码方式主要有不归零编码、曼彻斯特编码、差分曼彻斯特编码三种方法。

1. 不归零编码

不归零编码用低电平表示二进制 0，用高电平表示二进制 1，如图 2-6 所示。

不归零编码是效率最高的编码，但是在传输中难以确定一位的结束和另一位的开始，需要用某种方法使发送器和接收器之间进行定时或同步。

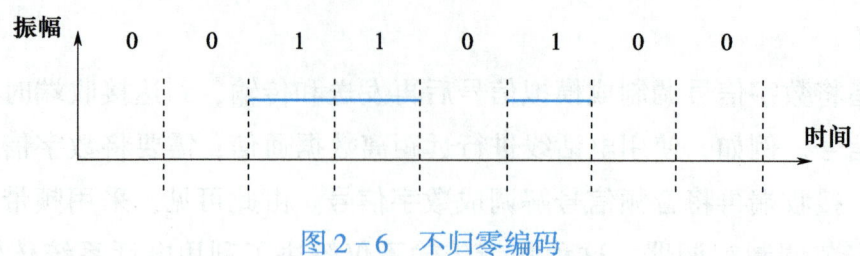

图 2-6　不归零编码

2. 曼彻斯特编码

曼彻斯特编码，常用于局域网传输。在曼彻斯特编码中，每一位的中间有一跳变，位中间的跳变既作时钟信号，又作数据信号；从低到高跳变表示"0"，从高到低跳变表示"1"。根据此规则，可以得出曼彻斯特编码波形图的画法。

3. 差分曼彻斯特编码

差分曼彻斯特编码是一种使用中位转变来计时的编码方案，每位中间的跳变仅供时钟定时，而用每位开始时有无跳变表示"0"或"1"，有跳变为"0"，无跳变为"1"。令牌环局域网就利用差分曼彻斯特编码方案。差分曼彻斯特编码在每个时钟周期的中间都有一次电平跳变，这个跳变做同步之用。

差分曼彻斯特编码的收发双方可以根据编码自带的时钟信号来保持同步，无需专门传递同步信号的线路，因此成本低。其缺点是实现技术复杂。

曼彻斯特编码和差分曼彻斯特编码如图 2-7 所示。

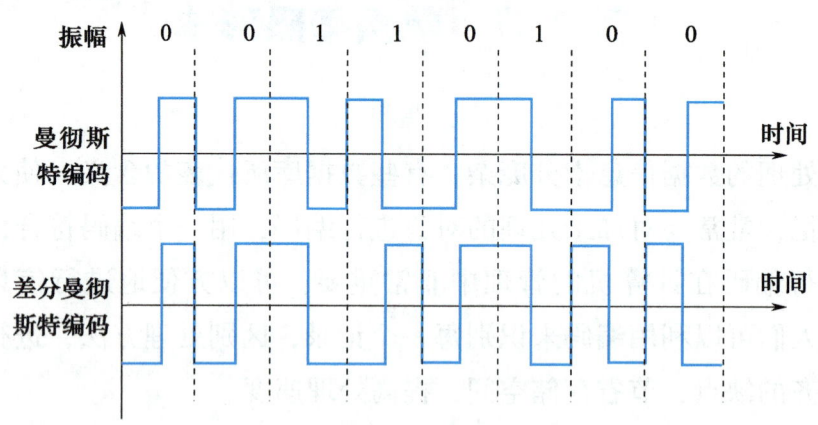

图 2-7　曼彻斯特编码和差分曼彻斯特编码

二、模拟数据编码

模拟数据编码是指将发送端计算机产生的数字信号转换为适合在模拟信道上传输的模拟量的过程。习惯上，把数字或模拟数据用模拟信号表示的方法称为调制，基本的调制方法有调幅、调频、调相三种方法。

1. 调幅

调幅即载波的振幅随着基带数字信号的变化而变化，例如数字信号 1 用有载波输出表示，数字信号 0 用无载波输出表示。这种调幅的方法又叫振幅键控，其特点是信号容易实现，技术简单，但抗干扰能力差。

2．调频

调频即载波的频率随着基带数字信号的变化而变化，例如数字信号 1 用频率 f1 表示，数字信号 0 用频率 f2 表示，这种调频的方法又叫频移键控，其特点是信号容易实现，技术简单，抗干扰能力较强。

3．调相

调相即载波的初始相位随着基带数字信号的变化而变化，例如数字信号 1 对应于相位 180 度，数字信号 0 对应于相位 0 度。这种调相的方法又叫相移键控，其特点是抗干扰能力较强，但信号实现的技术比较复杂。

第 4 节　差错控制编码

信道上传输数字信号时，由于信道传输特性不理想及加性噪声的影响，所收到的数字信号不可避免地会发生错误。在已知信噪比的情况下，应合理设计基带信号，选择调制、解调方式，采用频域均衡和时域均衡，使误比特率尽可能降低，此时若误比特率仍不能满足要求，则必须采用信道编码，即差错控制编码。

差错控制编码就是对网络中传输的数字信号进行抗干扰编码，目的是为了提高数字通信系统的容错性和可靠性，它在发送端传输的信息码元序列中，以一定的编码规则附加一些校验码元，接收端利用该规则进行相应的译码，译码的结果有可能发现差错或纠正差错。在差错控制码中，检错码是指能自动发现出现差错的编码，纠错码是指不仅能发现差错而且能够自动纠正差错的编码。当然，检错和纠错能力是用信息量的冗余和降低系统的效率为代价来换取的。

常用的差错控制编码方式有奇偶校验码和循环冗余码（CRC）。

一、奇偶校验码

奇偶校验码是一种最简单也是最基本的检错码，根据被传输的一组二进制代码的数位中"1"的个数是奇数或偶数来进行校验。采用奇数的称为奇校验，反之，称为偶校验。采用何种校验是事先规定好的。通常专门设置一个奇偶校验位，用它使这组代码中"1"的个数为奇数或偶数。若用奇校验，则当接收端收到这组代码时，校验"1"的个数是否为奇数，从而确定传输代码的正确性。

例如，发送一组 8 位二进制数，假定第一位为奇偶校验位，后七位为数据位，采用奇校验，则当发送数据是 0000111 时，发送数据中的 1 有 3 个，为奇数，此时校验位则为 0，实际发出去的数据就是 00000111；当发送数据是 0000110 时，发送数据中的 1 有 2 个，为偶数，此时校验位则为1，实际发出去的数据就是10000110。接收端收到这组二进制数据后，则校验"1"的个数是否为奇数，从而确定传输代码的正确性。偶校验以此类推。

奇偶校验只能检测出错误而无法确定错误数据位具体是哪一位，因此无法进行修正，同时虽然2位及以上的偶数位同时发生错误的概率相当低，但奇偶校验却无法检测出偶数个数据位错误，因此它的检错能力不高，只适用于检测随机的零星错码。

二、循环冗余码（CRC）

循环冗余码（CRC）校验是目前在计算机网络通信及存储器中应用最广泛的一种校验编码方法，它所约定的校验规则是让校验码能为某一约定代码所除尽；如果除得尽，表明代码正确；如果除不尽，余数将指明出错位所在位置。

采用CRC校验时，发送方和接收方事先约定一个多项式G（X），并且G（X）的最高项和最低项的系数必须为1。CRC校验码的检错原理是发送方先为数据块生成CRC校验码，使这个CRC校验码的多项式能被G（X）除尽，实际发送此CRC校验码；接收方用收到的CRC校验码除以G（X），如果能除尽，表明传输正确，否则，表示有传输错误，请求重发。

循环冗余码（CRC）有良好的结构，检错能力强。所需的编、译码设备比较简单，易于实现，因此在数据通信系统中得到广泛的应用。

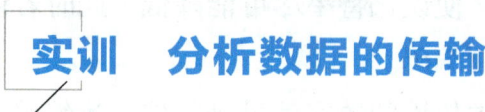

实训　分析数据的传输

一、实训目的

理解数据通信的一般模型。

二、实训步骤

分析图2-8中数据传输的过程。

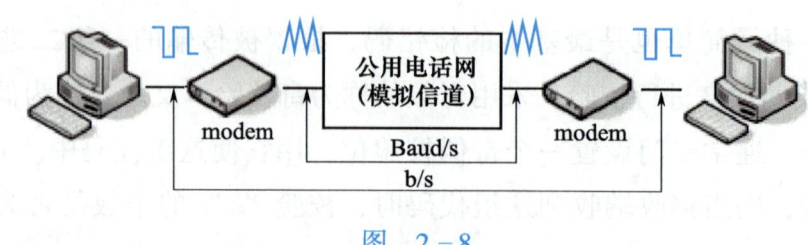

图　2-8

三、实训小结

数据的传输需要经过数/模转换，转换成线路能传输的信号形式。

习 题

1. 什么是数据通信？
2. 数据通信系统的主要技术指标是什么？
3. 数据通信方式有哪些？试举例说明它们的应用场合。
4. 要在数字信道中传输二进制数据"10101001"，试写出该数字数据的不归零编码、曼彻斯特编码和差分曼彻斯特编码。
5. 在数据通信系统中，如何进行差错控制？

第3章

网络体系结构与协议

> **学习目标**
> 1. 了解网络体系结构。
> 2. 掌握 OSI 参考模型各层次的含义。
> 3. 掌握并应用 TCP/IP 体系结构。

第1节 网络体系结构概述

网络体系结构是指通信系统的整体设计，它为网络硬件、软件、协议、存取控制和拓扑提供标准。广泛采用的网络体系结构是国际标准化组织（ISO）在1979年提出的开放系统互联（OSI，即 Open System Interconnection）的参考模型。

一、网络协议

网络协议是计算机网络中进行数据交换而建立的规则、标准或约定的集合。例如，网络中一个微机用户和一个大型主机的操作员进行通信，由于这两个数据终端所用的字符集不同，因此操作员所输入的命令彼此不认识。为了能进行通信，每个终端都要先将各自字符集中的字符先变换为标准字符集的字符后，再进入网络传送，到达目的终端之后，再变换为目的终端字符集的字符。当然，对于不相容终端，除了变换字符集字符外还要转换其他特性，如显示格式、行长、行数、屏幕滚动方式等。

二、网络协议分层

网络协议分层如图3-1所示。

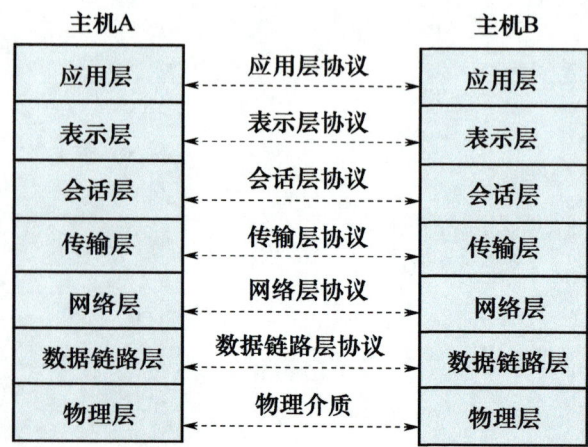

图3-1 网络协议分层

第2节 开放系统互联参考模型

一、概述

开放系统互联参考模型为实现开放系统互联所建立的通信功能分层模型,简称 OSI 参考模型。其目的是为异种计算机互联提供一个共同的基础和标准框架,并为保持相关标准的一致性和兼容性提供共同的参考。这里所说的开放系统,实质上指的是遵循 OSI 参考模型和相关协议能够实现互联的具有各种应用目的的计算机系统。OSI 参考模型如图 3-2 所示。

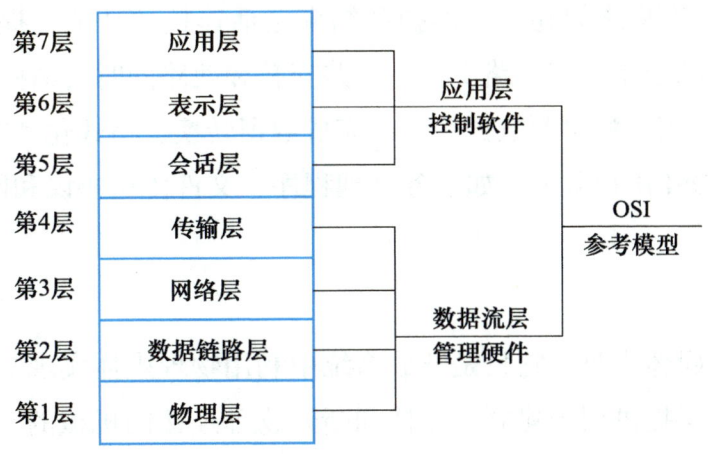

图 3-2 OSI 参考模型

OSI 参考模型是计算机网络体系结构发展的产物。它的基本内容是开放系统通信功能的分层结构。这个模型把开放系统的通信功能划分为七个层次,从邻接物理媒体的层次开始,分别赋予 1,2,…,7 层的顺序编号,相应地称之为物理层、数据链路层、网络层、传输层、会话层、表示层和应用层。每一层的功能是独立的。它利用其下一层提供的服务并为其上一层提供服务,而与其他层的具体实现无关。这里所谓的"服务"就是下一层向上一层提供的通信功能和层之间的会话规定,一般用通信原语实现。两个开放系统中的同等层之间的通信规则和约定称为协议。通常把 1~4 层协议称为下层协议,5~7 层协议称为上层协议。

国际标准化组织 ISO 在 1979 年建立了一个分委员会来专门研究一种用于开放系统的体系结构,提出了开放系统互联参考模型——OSI 参考模型,这是一个定义连接异种计算机的标准主体结构。

1) OSI 参考模型的简介:采用了分层的结构化技术,共分七层,物理层、数据链路层、网络层、传输层、会话层、表示层和应用层。

2) OSI 参考模型的特性:是一种异构系统互联的分层结构;提供了控制互联系统交互规则的标准骨架;定义一种抽象结构,而并非具体实现的描述;不同系统中相同层的实体为同等层实体；同等层实体之间通信由该层的协议管理；相邻层间的接口定义了原语操作和低层向上层提供的服务；所提供的公共服务是面向连接的或无连接的数据服务；直接的数据传送仅在最低层实现；每层完成所定义的功能，修改本层的功能并不影响其他层。

3）物理层：提供为建立、维护和拆除物理链路所需要的机械的、电气的、功能的和规程的特性；有关的物理链路上传输非结构的位流以及故障检测指示。

4）数据链路层：在网络层实体间提供数据发送和接收的功能和过程；提供数据链路的流控。

5）网络层：控制分组传送系统的操作、路由选择、拥挤控制、网络互连等功能，它的作用是将具体的物理传送对高层透明。

6）传输层：提供建立、维护和拆除传送连接的功能；选择网络层提供最合适的服务；在系统之间提供可靠的透明的数据传送，提供端到端的错误恢复和流量控制。

7）会话层：提供两进程之间建立、维护和结束会话连接的功能；提供交互会话的管理功能，如三种数据流方向的控制，即一路交互、两路交替和两路同时会话模式。

8）表示层：代表应用进程协商数据表示；完成数据转换、格式化和文本压缩。

9）应用层：提供 OSI 用户服务，如事务处理程序、文件传送协议和网络管理等。

二、物理层

物理层并不是物理媒体本身，它只是开放系统中利用物理媒体实现物理连接的功能描述和执行连接的规程。物理层提供用于建立、保持和断开物理连接的机械的、电气的、功能的和过程的条件。简而言之，物理层提供有关同步和全双工比特流在物理媒体上的传输手段，其典型的协议有 RS 232C、RS 449/422/423、V.24 和 X.21 等。

物理层是 OSI 的第一层，它虽然处于最底层，却是整个开放系统的基础。物理层为设备之间的数据通信提供传输媒体及互联设备，为数据传输提供可靠的环境。

物理层的媒体包括架空明线、平衡电缆、光纤、无线信道等。通信用的互联设备指 DTE（Data Terminal Equipment）和 DCE（Data Communications Equipment）间的互联设备。DTE 即数据终端设备，又称物理设备，如计算机、终端等。而 DCE 则是数据通信设备或电路连接设备，如调制解调器等。数据传输通常是经过 DTE 到 DCE，再经过 DCE 到 DTE 的路径。互连设备指将 DTE、DCE 连接起来的装置，如各种插头、插座等。LAN 中的各种粗、细同轴电缆、T 型接头、插头、接收器、发送器、中继器等都属物理层的媒体和连接器。

物理层的主要功能是：①为数据端设备提供传送数据的通路。数据通路可以是一个物理媒体，也可以是由多个物理媒体连接而成。一次完整的数据传输，包括激活物理连接、传送数据和终止物理连接。所谓激活，就是不管有多少物理媒体参与，都要在通信的两个数据终端设备间形成一条通路。②传输数据。物理层要形成适合数据传输需要的实体，为数据传送服务。一是要保证数据能在其上正确通过，二是要提供足够的带宽（带宽是指链路上每秒能传送的比特数），以减少信道上的拥塞。传输数据的方式能满足点到点，一点到多点，串行或并行，半双工或全双工，同步或异步传输的需要。③完成物理层的一些管理工作。

三、数据链路层

数据链路可以粗略地理解为数据通道。物理层要为终端设备间的数据通信提供传输介质及其连接。介质是长期的，而连接是有生存期的。在连接生存期内，收发两端可以进行一次或多次数据通信。每次通信都要经过建立通信联络和拆除通信联络两个过程。这种建立起来的数据收发关系就叫作数据链路。而在物理媒体上传输的数据难免受到各种不可靠因素的影响而产生差错，为了弥补物理层的不足，为上层提供无差错的数据传输，就要对数据进行检错和纠错。数据链路的建立、拆除，对数据的检错、纠错是数据链路层的基本任务。

数据链路层是为网络层提供数据传送服务的，这种服务要依靠本层的功能来实现。数据链路层应具备如下功能：

1) 链路连接的建立、拆除和分离。
2) 帧定界和帧同步。链路层的数据传输单元是帧，协议不同，帧的长短和界面也有差别，但无论如何，必须对帧进行定界。
3) 顺序控制，指对帧的收发顺序的控制。
4) 差错检测和恢复。差错检测多用方阵码校验和循环码校验来检测信道上数据的误码，而帧丢失等用序号检测。各种错误的恢复则常靠反馈重发技术来完成。
5) 链路标识，流量控制等。

独立的链路产品中最常见的当属网卡，网桥也是链路产品。数据链路层将本质上不可靠的传输媒体变成可靠的传输通路，并提供给网络层。在 IEEE 802.3 标准中，数据链路层分成了两个子层，一个是逻辑链路控制，另一个是媒体访问控制。

四、网络层

网络层的产生是网络发展的结果。在联机系统和线路交换的环境中，网络层的功能没有太大意义。当数据终端增多时，它们之间由中继设备相连，此时会出现一台终端要求不只是与唯一的一台而是能和多台终端通信的情况，这就产生了把任意两台数据终端设备的数据链接起来的问题，为了解决这一问题网络层就产生了路由（寻径）功能。另外，当一条物理信道建立之后，被一对用户使用，往往有许多空闲时间被浪费掉。人们自然会希望让多对用户共用一条链路，为解决这一问题就出现了逻辑信道技术和虚拟电路技术。

中继控制层，其主要功能是利用数据链路层所保证的邻接结点间的无差错数据传输功能，通过路由选择和中继功能，实现两个终端系统之间的数据传输。此外，网络层还具有多路复用功能，采用统计时分复用原理，将一条数据链路复用为多条逻辑信道，从而实现一个数据终端设备利用一条物理电路同时和多个远程数据通信设备的通信。网络层规定了网路连接的建立和拆除规程以及数据传送规程等。

网络层为上层提供服务，应具备以下主要功能：

1）路由选择和中继。
2）激活、终止网络连接。
3）在一条数据链路上复用多条网络连接时，多采取分时复用技术。
4）检测与恢复。
5）排序，流量控制。
6）服务选择。
7）网络管理。

五、传输层

传输层是端开放系统之间的数据传送控制层，主要负责端开放系统之间数据的接收确认。同时，还可弥补各种通信网路的质量差异，对经过下三层之后仍然存在的传输差错进行恢复，进一步提高可靠性。另外，还可通过复用、分段和组合、连接和分离、分流和合流等技术措施，提高吞吐量和服务质量。

传输层是两台计算机经过网络进行数据通信时，第一个端到端的层次，具有缓冲作用。当网络层服务质量不能满足要求时，它将服务质量加以提高，以满足高层的要求；当网络层服务质量较好时，它只进行很少的工作。传输层还可进行复用，即在一个网络连接上创建多个逻辑连接。传输层也称为运输层。传输层只存在于端开放系统中，是介于低三层通信子网系统和高三层之间的一层，但却是很重要的一层。因为它是源端到目的端对数据传送进行控制从低到高的最后一层。

世界上各种通信子网在性能上存在着很大差异。例如，电话交换网、分组交换网、公用数据交换网、局域网等通信子网都可互连，但它们提供的吞吐量、传输速率、数据延迟、通信费用各不相同。对于会话层来说，却要求有一性能恒定的界面。传输层就承担了这一功能。它采用分流/合流，复用/解复用技术来调节通信子网的差异，使会话层感受不到。

此外传输层还要具备差错恢复、流量控制等功能，以此对会话层屏蔽通信子网在这些方面的细节与差异。传输层面对的数据对象已不是网络地址和主机地址，而是会话层的界面端口。上述功能的最终目的是为会话提供可靠的、无误的数据传输。传输层的服务一般要经历传输连接建立、数据传送、传输连接释放三个阶段才算完成一个完整的服务过程。而在数据传送阶段又分为一般数据传送和加速数据传送两种。数据传送原理如图3-3所示。

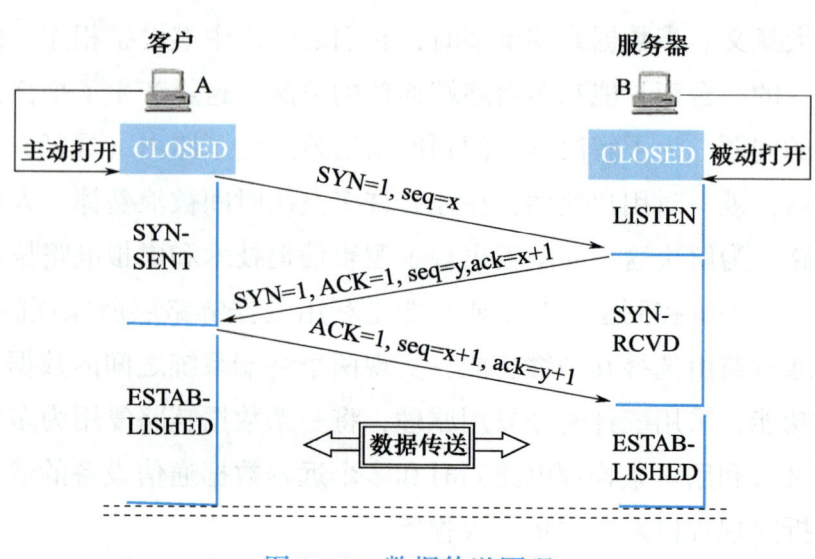

图3-3 数据传送原理

六、其他各层

（1）会话层　会话单位的控制层，其主要功能是按照在应用进程之间约定的原则，按照正确的顺序收、发数据，进行各种形态的对话。会话层规定了会话服务用户间会话连接的建立和释放规程以及数据传送规程。

会话层提供的服务是使应用建立和维持会话，并使会话获得同步。会话层使用校验点可使通信会话在通信失效时从校验点继续恢复通信。这种能力对于传送大的文件极为重要。会话层、表示层、应用层构成开放系统的高三层，面向应用进程提供分布处理、对话管理、信息表示、检查和恢复与语义上下文有关的传送差错等。给两个对等会话服务用户建立一个会话连接，应该做如下几项工作：

1) 将会话地址映射为运输地址。

2) 数据传输。

3) 连接释放。

（2）表示层　数据表示形式的控制层，其主要功能是把应用层提供的信息变换为能够共同理解的形式，提供字符代码、数据格式、控制信息格式、加密等的统一表示。表示层的作用之一是为异种机通信提供一种公共语言，以便能进行互操作。这种类型的服务之所以需要，是因为不同的计算机体系结构使用的数据表示法不同。例如，IBM 主机使用 EBCDIC 编码，而大部分 PC 机使用的是 ASCII 编码。在这种情况下，便需要表示层来完成这种转换。

（3）应用层　OSI 参考模型的最高层。其功能是实现应用进程之间的信息交换。同时，还具有一系列业务处理所需要的服务功能。应用层一般包括公共应用服务要素（CASE）和特定应用服务要素（SASE）。其中 CASE 提供应用进程中最基本的服务，向应用进程提供信息传送所必需的、但又独立于应用进程通信的能力。SASE 实质上是各种应用进程在应用层中的映射，每一个 SASE 都针对某一类具体应用，如文件传送、访问和管理（FTAM）、虚拟终端（VT）、消息处理系统（MHS）、电子数据互换（EDI）和目录查询等。

应用层向应用程序提供服务，这些服务按其向应用程序提供的特性分成组，并称为服务元素。有些可为多种应用程序共同使用，有些则为较少的一类应用程序使用。应用层是开放系统的最高层，是直接为应用进程提供服务的。其作用是在实现多个系统应用进程相互通信的同时，完成一系列业务处理所需的服务。

第 3 节　TCP/IP 的体系结构

一、TCP/IP 的层次结构

TCP/IP 的层次结构包括应用层、传输层、网际层和网络接口层，如图 3-4 所示。

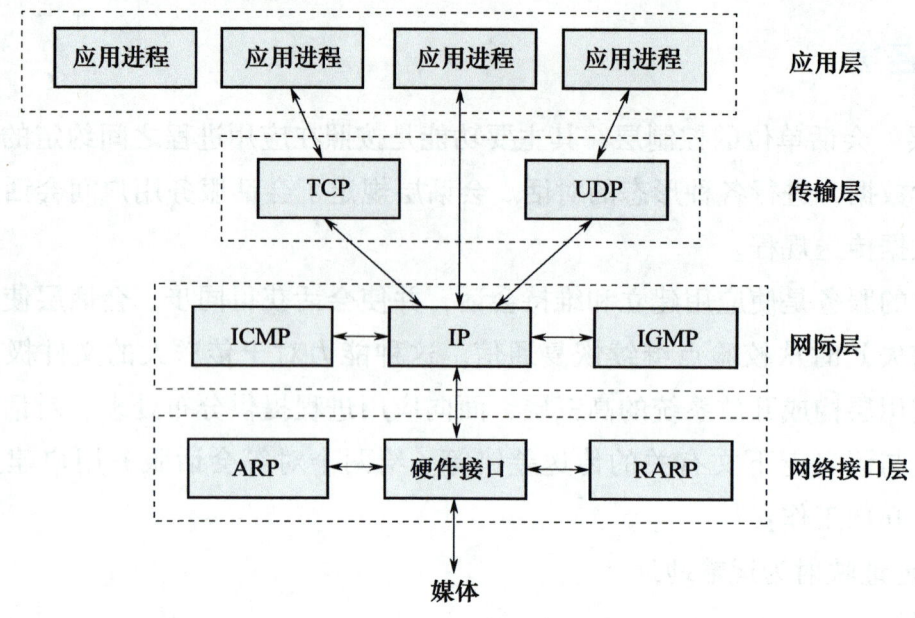

图 3-4 TCP/IP 层次结构

二、TCP/IP 的核心协议

TCP/IP 是 Transmission Control Protocol/Internet Protocol 的简写，译为传输控制协议/因特网互联协议，又名网络通信协议，是 Internet 最基本的协议，由网际层的 IP 和传输层的 TCP 组成。TCP/IP 定义了电子设备如何连入因特网，以及数据如何在它们之间传输的标准。协议采用了四层的层级结构，每一层都需要它的下一层所提供的协议来完成自己的需求。TCP 负责发现传输的问题，一有问题就发出信号，要求重新传输，直到所有数据安全正确地传输到目的地。而 IP 是给因特网的每一台联网设备规定一个地址。

实训　路由器及其基本配置

一、实训目的

理解路由器的基本配置和网络协议的实现。

二、实训设备

CISCO 路由器、网线、CONSOLE、PC 机等。

三、实训内容

1）观察 CISCO 路由器，了解路由器基本知识。

2）学习电缆连接。

3）查看 CISCO 路由器的操作，了解路由器工作原理。

4）学习基本的路由器配置。

四、实训小结

网络管理协议是代理和网络管理软件交换信息的方式，它定义了传输机制，代理上存在的信息种类以及信息格式的编排方式，例如，SNMP、RMON。

习 题

一、选择题

1. TCP/IP 在 Internet 中的作用是_____。
   A. 定义一套网间互联的通信规则或标准
   B. 定义采用哪一种系统
   C. 定义采用哪一种电缆互联
   D. 定义采用哪一种程序设计语言

2. TCP/IP 中应用层之间的通信是由_____负责处理的。
   A. 应用层　　　　B. 传输层　　　　C. 网际层　　　　D. 网络接口层

3. TCP/IP 分层模型中的四层分别是_____。
   A. 应用层、传输层、网际层、网络接口层
   B. 应用层、网络层、数据链路层、物理层
   C. 应用层、传输层、网际层、物理层
   D. 应用层、网际层、传输层、网络接口层

二、简答题

1. 简述 TCP/IP 的体系结构，并简要说明各层的功能。
2. TCP/IP 有哪些特点？
3. 简述 TCP/IP 模型与 OSI 参考模型的区别与联系。

第 4 章

网络设备

> **学习目标**
> 1. 掌握比较网络传输介质的方法。
> 2. 了解并应用网络各种互联设备。

第 1 节　网络传输介质

计算机的网络传输介质是指在网络中传输信息的载体,常用的传输介质分为有线传输介质和无线传输介质两大类。不同的传输介质,其特性也各不相同,而传输介质的特性对网络中数据通信质量和通信速度有较大影响。

一、有线传输介质

有线传输介质是指在两个通信设备之间实现的物理连接部分,它能将信号从一方传输到另一方,有线传输介质主要有双绞线、同轴电缆和光缆。双绞线和同轴电缆传输电信号,光缆传输光信号。

1. 双绞线

由两条互相绝缘的铜线组成,其典型直径为 1mm,如图 4-1 所示。两条铜线拧在一起,可以减少邻近线对电气的干扰。双绞线既能用于传输模拟信号,也能用于传输数字信号,其带宽决定于铜线的直径和传输距离。但是许多情况下,几公里范围内的传输速率可以达到几兆位每秒。由于其性能较好且价格便宜,双绞线得到广泛应用。双绞线可以分为非屏蔽双绞线和屏蔽双绞线两种,屏蔽双绞线性能优于非屏蔽双绞线。双绞线共有六类,其传输速率在 4~1000Mbit/s 之间。

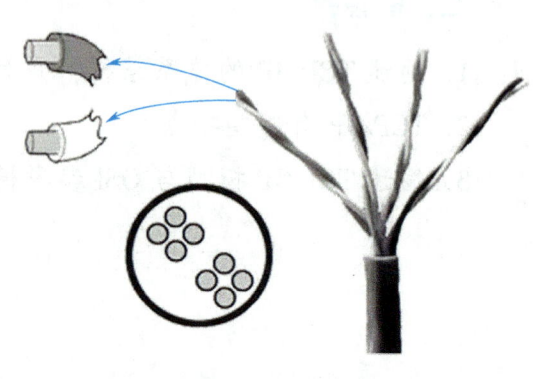

图 4-1　双绞线

双绞线(Twisted Pair Cable)是由两根相互绝缘的铜导线按照一定的规格互相缠绕在一起

而成的网络传输介质。双绞线主要是用来传输模拟信号的，但同样适用于数字信号的传输。

双绞线的原理：如果外界电磁信号在两条导线上产生的干扰大小相等而相位相反，那么这个干扰信号就会相互抵消。

双绞线颜色如图4-2所示。

在综合布线的施工中，有着568A标准和568B标准

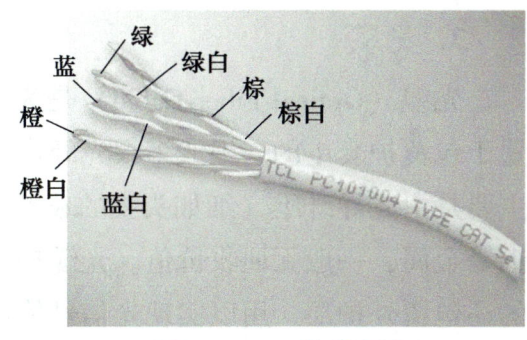

图4-2 双绞线颜色

两种不同的打线方式，两种方式对性能没有影响，但是必须强调的是在一个工程中只能使用一种打线方式。

568A标准：绿白—1，绿—2，橙白—3，蓝—4，蓝白—5，橙—6，棕白—7，棕—8。

568B标准：橙白—1，橙—2，绿白—3，蓝—4，蓝白—5，绿—6，棕白—7，棕—8。

（1）物理特性　双绞线是由两根具有绝缘保护层的铜导线组成，把两根绝缘的铜导线按一定的绞合度互相绞在一起，可降低信号的干扰程度，每一根导线在传输中辐射出来的电波会被另一根线上发出的电波抵消。双绞线一般由两根22号、24号或26号绝缘铜导线相互缠绕而成，如果把一对或多对双绞线放在一个绝缘套管中便形成了双绞线电缆。

（2）传输性　采用双绞线的局域网络的带宽取决于所用导线的质量、导线的长度及传输技术，只要精心选择和安装双绞线，就可以在有限距离内达到100Mbit/s的可靠传输速率，当距离很短并且采用特殊的电子传输技术时，传输速率可达155Mbit/s。

（3）连通性　双绞线主要用于点到点连接，一般不用于多点连接。

（4）地理范围　局域网中的双绞线主要用于一个建筑物内或几个建筑物间，其在100Mbit/s速率下传输距离可达100m。

（5）抗干扰性　抗干扰性的实现取决于适当的屏蔽以及在一束线中的相邻线对使用不同的绞合度，双绞线的类型不同，抗干扰性差异很大。

（6）价格　双绞线的价格低于其他传输介质，并且安装、维护方便。

总之，由于双绞线电缆直径小，重量轻，易弯曲，易安装，具有阻燃性、独立性和灵活性，将串扰减至最小或加以消除等优点，因此在计算机网络布线中应用极为广泛。当然，由于其传输距离短，传输速率较慢等，还需要与其他传输介质配合使用。

2. 同轴电缆

它比双绞线的屏蔽性要更好，因此在更高速度上可以传输得更远。它以硬铜线为芯（导体），外包一层绝缘材料（绝缘层），这层绝缘材料再用密织的网状导体环绕构成屏蔽，其外又覆盖一层保护性材料（护套），如图4-3所示。同轴电缆的这种结构使它具有更高的带宽和极好的噪声抑制特性。1km的同轴电缆可以达到2Gbit/s的数据传输速率。

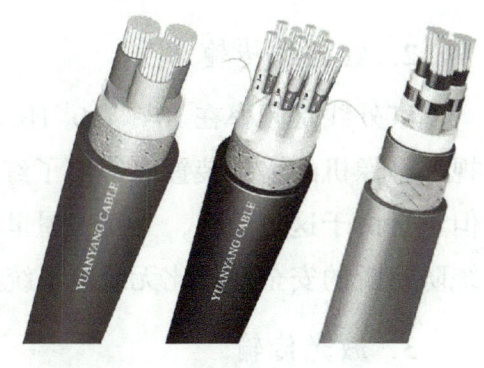

图4-3 同轴电缆

3. 光缆

光缆（Optical Fiber Cable）是为了满足光学、机械或环境的性能规范而制造的，它是利用置于包覆护套中的一根或多根光纤作为传输介质并可以单独或成组使用的通信线缆组件。光缆主要是由光导纤维（细如头发的玻璃丝）、塑料保护套管及塑料外皮构成，光缆内没有金、银、铜等金属，一般无回收价值。光缆是一定数量的光纤按照一定方式组成缆心，外包有护套，有的还包覆外护层，用以实现光信号传输的一种通信线路。光缆由光纤（光传输载体）经过一定的工艺而形成的线缆。光缆的基本结构一般是由缆芯、加强钢丝、填充物和护套等几部分组成，另外根据需要还有防水层、缓冲层、绝缘金属导线等构件。

光缆是一种通信载体，和常用的电线一样，只是电线输送的是电信号，光缆输送的是光信号，我们现在所使用的所有电子信号数据，都可以通过电—光变换后在光缆上输送，最后再通过光—电变换还原成电子数据，再送到终端，这个终端可以是计算机、电视机、电话或别的任何电子设备。

二、无线传输介质

利用无线电波在自由空间的传播可以实现多种无线通信。在自由空间传输的电磁波根据频谱可分为无线电波、微波、红外线、激光等，信息被加载在电磁波上进行传输。

无线传输介质有：无线电波、红外线、微波和激光。在局域网中，通常只使用无线电波和红外线作为传输介质。无线传输介质通常用于广域互联网的广域链路的连接。

无线传输的优点在于安装、移动以及变更都较容易，不会受到环境的限制。但信号在传输过程中容易受到干扰和被窃取，且初期的安装费用较高。

1. 微波传输

微波是频率在 $10^8 \sim 10^{10}$ Hz 之间的电磁波。频率在 100MHz 以上的微波就可以沿直线传播，因此可以集中于一点。通过抛物线状天线把所有的能量集中于一小束，便可以防止他人窃取信号和减少其他信号对它的干扰，但是发射天线和接收天线必须精确地对准。由于微波沿直线传播，所以如果微波塔相距太远，地表就会挡住去路。因此，隔一段距离就需要一个中继站，微波塔越高，传的距离越远。微波通信被广泛用于长途电话通信、监察电话、电视传播和其他方面的应用。

2. 红外线传输

红外线是频率在 $10^{12} \sim 10^{14}$ Hz 之间的电磁波。无导向的红外线被广泛用于短距离通信。电视、录像机的遥控装置都使用了红外线装置。红外线有一个主要缺点：不能穿透坚实的物体。但正是由于这个原因，一间房屋里的红外系统不会对其他房间里的系统产生串扰，所以红外系统防窃听的安全性要比无线电系统好。正因为如此，应用红外系统不需要得到政府的许可。

3. 激光传输

可通过装在楼顶的激光装置来连接两栋建筑物里的 LAN。由于激光信号是单向传输，因此每栋楼房都得有自己的激光装置和测光装置。激光传输的缺点之一是不能穿透雨和浓雾，但是在晴天里可以工作得很好。

第 2 节　网络互联设备

一、中继器

中继器属于网络互联设备，工作在物理层，主要用来加强信号。一般在信号传输距离较远时使用，其功能相当于放大器。中继器如图 4-4 所示。

图 4-4　中继器

中继器（Repeater）是网络物理层上面的连接设备，适用于完全相同的两类网络的互联，主要功能是通过对数据信号的重新发送或者转发，来扩大网络传输的距离。中继器是对信号进行再生和还原的网络设备，是 OSI 参考模型的物理层设备，可在无线信号微弱甚至消失的地方续接无线网络，解决信号盲点的问题，让无线覆盖到用户要求的每一寸角落。中继器可兼容智能手机、笔记本计算机等多种无线终端，无疑是家庭生活、商务办公路由设备的强大帮手。从理论上讲，中继器的使用是无限的，因此网络可以无限延长。但事实上这是不可能的，因为网络标准对信号的延迟范围作了具体的规定，中继器只能在此规定范围内进行有效的工作，否则会引起网络故障。

中继器工作于 OSI 参考模型的物理层，是局域网上所有结点的中心，它的作用是放大信号，补偿信号衰减，支持远距离的通信。

二、集线器

集线器的作用是将一些机器连接起来组成一个局域网。虽然交换机（又名交换式集线器）的作用与集线器大体相同，但是两者在性能上有区别：集线器采用的是共享带宽的工作方式，而交换机采用的是独享带宽的工作方式。这样在机器很多或数据量很大时，两者将会有比较明显的差别。集线器如图 4-5 所示。

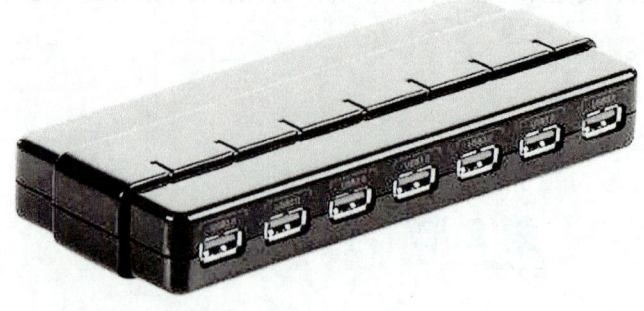

图 4-5 集线器

集线器（Hub）应用广泛，不仅用于局域网、企业网和校园网，还可以用于广域网。大多数小型局域网使用带有 RJ-45 接头的双绞线组成的星形局域网，这种网络经常要使用到集线器。集线器的功能就是分配带宽，将局域网内各自独立的计算机连接在一起并能互相通信。

1. 集线器的工作原理

集线器在 OSI 参考模型中处于物理层，其实质是一个中继器。集线器的主要功能是对接收到的信号进行再生放大，以扩大网络的传输距离。因为集线器只是一个信号放大和中转的设备，所以它不具备交换功能，但是由于集线器价格便宜、组网灵活，所以应用广泛。集线器用于星形网络布线，如果一个工作站出现问题，不会影响整个网络的正常运行。

因为以太网遵循"先听后说"的 CSMA/CD 协议，所以计算机在发送数据前首先进行载波侦听。只有当判定网络空闲时，才发送数据。如果在发送数据时检测到冲突，则该帧将被重发。当一个站点多次检测线路均为载波时，将自动放弃该帧的发送，从而造成丢包。因此，当网络中的站点数过多时，网络的有效利用率将会大大降低。根据工程经验，采用 10Mbit/s 集线器，站点不宜超过 25 个；采用 100Mbit/s 集线器，站点不宜超过 35 个。所以，当网络较大、用户较多时，只有采用交换机才能保证每台计算机拥有足够的网络带宽。

2. 集线器的分类

集线器按照不同的分类标准，分为不同的种类。例如，按集线器的外形尺寸分类，有机架式集线器和桌面式集线器；按照提供的带宽分类，有 10Mbit/s 集线器、100Mbit/s 集线器、10/100Mbit/s 自适应集线器三种。

（1）按尺寸分类 集线器按照外形尺寸划分，有机架式集线器和桌面式集线器两种。

机架式集线器是指几何尺寸符合工业规范、可以安装在 19in 机柜中的集线器，该类集线器以 8 口、16 口和 24 口的设备为主流。由于机架式集线器统一放置在机柜中，既方便了集线器间的连接或堆叠，又方便了对集线器的管理。

桌面式集线器是指几何尺寸不符合 19in 工业规范、不能够安装在机柜中、只能直接放置于桌面的集线器。该类集线器大多遵循接 8~16 口规范，也有个别 4~5 口的产品，仅适用于只有几台计算机的超小型网络。

（2）按带宽分类 集线器按提供的带宽划分，有 10Mbit/s 集线器、100Mbit/s 集线器、10/100Mbit/s 自适应集线器三种。10Mbit/s 集线器是指该集线器中的所有端口只能提供 10Mbit/s

的带宽。100Mbit/s 集线器是指该集线器中的所有端口只能提供 100Mbit/s 带宽。10/100Mbit/s 自适应集线器是指该集线器可以在 10Mbit/s 和 100Mbit/s 之间进行切换。

10/100Mbit/s 自适应集线器每个端口都能自动判断与之相连接的设备所能提供的连接速率，并自动调整到与之相适应的最高速率。

（3）按管理方式分类　集线器按管理方式划分，有哑集线器（Damp Hub）和智能集线器（Intelligent Hub）两种。哑集线器是指不可管理的集线器，属于低端产品。智能集线器是指能够通过 SNMP（Simple Network Management Protocol，简单网络管理协议）对集线器进行简单管理的集线器，如启用和关闭某些端口等。这种管理大多是通过增加网管模块来实现的。

（4）按扩展方式分类　集线器按照扩展方式划分，有堆叠式集线器和级联式集线器两种。

堆叠式集线器指能够使用专门的连接线，通过专用的端口将若干集线器堆叠在一起，从而将堆叠中的几个集线器视为一个集线器来使用和管理。

级联式集线器是在网络中增加结点数的另一种方法，但是有一个条件必须具备：集线器必须提供可级联的端口，此端口上常标有 Uplink 或 MDI 字样，用此端口与其他的集线器进行级联。如果没有提供专门的端口，在进行级联时，连接两个集线器的双绞线在制作时必须要进行错线。

目前，几乎所有的机架式集线器均可进行堆叠和级联，而桌面式集线器则大多只能级联而不能够堆叠。

三、交换机

交换机是一种用于电信号转发的网络设备。它可以为接入交换机的任意两个网络结点提供独享的电信号通路。交换机有多个端口，每个端口都具有桥接功能，可以连接一个局域网或一台高性能服务器或工作站。实际上，交换机有时被称为多端口网桥。交换机如图 4-6 所示。

图 4-6　交换机

交换机的主要功能包括物理编址、网络拓扑结构、错误校验、帧序列以及流控。随着技术的发展，交换机还具备了一些新的功能，如对 VLAN（虚拟局域网）的支持、对链路汇聚的支持，甚至有的还具有防火墙的功能。

"交换"是网络里出现频率较高的一个词，从桥接到路由到 ATM 直至电话系统，无论何种场合都可将其套用，但很多人搞不清到底什么才是真正的交换。交换一词最早出现于电话系统，特指实现两个不同电话机之间话音信号的交换，完成该工作的设备就是电话交换机。所以从本意上来讲，交换只是一种技术概念，即完成信号由设备入口到出口的转发。因此，只要是符合该定义的所有设备都可被称为交换设备。由此可见,"交换"是一个含义广泛的词语,当它被用来描述数据网络第二层的设备时,实际指的是一个桥接设备;而当它被用来描述数据网络第三层的设备时,又指的是一个路由设备。我们经常说到的以太网交换机实际是一个基于多端口网桥技术的第二层网络设备,它为数据帧从一个端口到另一个任意端口的转发提供了低时延、低开销的通路。

由此可见,交换机内部核心处应该有一个交换矩阵,为任意两端口间的通信提供通路,或是一个快速交换总线,以使由任意端口接收的数据帧从其他端口送出。在实际设备中,交换矩阵的功能往往由专门的芯片(ASIC)完成。另外,以太网交换机在设计思想上有一个重要的假设,即交换核心的速度非常之快,以致通常的大流量数据不会使其产生拥塞,换句话说,交换的能力相对于所传信息量而言无穷大(与此相反,ATM 交换机在设计上的思路是,认为交换的能力相对所传信息量而言有限)。虽然以太网第二层交换机是基于多端口网桥发展而来,但毕竟交换有其更丰富的特性,使之不但获得更多带宽,而且还使网络更易管理。

其实交换机的目的也是扩展网络,只是扩展后的网络带宽独享,交换机上每个端口带宽都和主的带宽相同。

四、路由器

要解释路由器的概念,首先得知道什么是路由。路由是指把数据从一个地方传送到另一个地方的行为和动作,而路由器,正是执行这种行为和动作的机器,它的英文名称为 Router,是一种连接多个网络或网段的网络设备,它能将不同网络或网段之间的数据信息进行"翻译",以使它们能够相互"读懂"对方的数据,从而构成一个更大的网络。路由器如图 4-7 所示。

图 4-7 路由器

简单地讲,路由器主要有以下几种功能:

第一,网络互连,路由器支持各种局域网和广域网接口,主要用于互联局域网和广域网,实现不同网络互相通信;第二,数据处理,提供包括分组过滤、分组转发、优先级、复用、加密、压缩和防火墙等功能;第三,网络管理,路由器提供包括配置管理、性能管理、容错管理和流量控制等功能。

一般来说,在路由过程中,信息至少会经过一个或多个中间结点。通常,人们会把路由和交换进行对比，这主要是因为在普通用户看来两者所实现的功能是完全一样的。其实，路由和交换之间的主要区别就是交换发生在 OSI 参考模型的第二层（数据链路层），而路由发生在第三层，即网络层。这一区别决定了路由和交换在移动信息的过程中需要使用不同的控制信息，所以两者实现各自功能的方式是不同的。

20 世纪 80 年代路由技术逐渐进入商业化的应用。路由技术之所以在问世之初没有被广泛使用，主要是因为 20 世纪 80 年代之前的网络结构都非常简单，路由技术没有用武之地。直到大规模的互联网络逐渐流行，路由技术的发展才具备了良好的基础和平台。

路由器是互联网的主要结点设备。路由器通过路由决定数据的转发。转发策略称为路由选择（Routing），这也是路由器名称的由来（Router，转发者）。作为不同网络之间互相连接的枢纽，路由器系统构成了基于 TCP/IP 的国际互联网络 Internet 的主体脉络，也可以说，路由器构成了 Internet 的骨架。它的处理速度是网络通信的主要瓶颈之一，它的可靠性则直接影响着网络互联的质量。因此，在 Internet 研究领域中，路由器技术始终处于核心地位。而探讨路由器在互联网络中的作用、地位及其发展方向，对于网络技术研究、网络建设，以及明确网络市场上对于路由器和网络互联的各种概念，具有重要的意义。

路由器的一个作用是连通不同的网络，另一个作用是选择信息传送的线路。选择通畅快捷的近路，能大大提高通信速度，减轻网络系统通信负荷，节约网络系统资源，提高网络系统畅通率，从而让网络系统发挥出更大的效益来。

从过滤网络流量的角度来看，路由器的作用与交换机、网桥的作用非常相似。但是与工作在网络物理层，从物理上划分网段的交换机不同，路由器使用专门的软件协议从逻辑上对整个网络进行划分。例如，一台支持 IP 的路由器可以把网络划分成多个子网段，只有指向特殊 IP 地址的网络流量才可以通过路由器。对于每一个接收到的数据包，路由器都会重新计算其校验值，并写入新的物理地址。因此，使用路由器转发和过滤数据的速度往往要比只查看数据包物理地址的交换机慢。但是，对于那些结构复杂的网络，使用路由器可以提高网络的整体效率。路由器的另外一个明显优势就是可以自动过滤网络广播。从总体上说，在网络中添加路由器的整个安装过程要比即插即用的交换机复杂很多。

一般说来，异种网络互联与多个子网互联都应采用路由器来完成。路由器的主要工作就是为经过路由器的每个数据帧寻找一条最佳传输路径，并将该数据有效地传送到目的站点。由此可见，选择最佳路径的策略即路由算法是路由器的关键所在。为了完成这项工作，在路由器中保存着各种传输路径的相关数据——路由表（Routing Table），供路由选择时使用。路由表中保存着子网的标志信息、网上路由器的个数和下一个路由器的名字等内容。路由表可以由系统管理员固定设置，也可以由系统动态修改，可以由路由器自动调整，也可以由主机控制。

在路由器中涉及两个有关地址的名字概念，那就是静态路由表和动态路由表。由系统管理员事先设置好的固定路由表称为静态（Static）路由表，一般是在系统安装时就根据网络的配置情况预先设定的，它不会随未来网络结构的改变而改变。动态（Dynamic）路由表是路由器根据网络系统的运行情况而自动调整的路由表。路由器根据路由选择协议（Routing Protocol）提供的功能，自动学习和记忆网络运行情况，在需要时自动计算数据传输的最佳路径。

五、网桥

网桥将两个相似的网络连接起来,并对网络数据的流通进行管理。它工作于数据链路层,不但能扩展网络的距离或范围,而且可提高网络的性能、可靠性和安全性。网络 1 和网络 2 通过网桥连接后,网桥接收网络 1 发送的数据包,检查数据包中的地址,如果地址属于网络 1,它就将其放弃,相反,如果是网络 2 的地址,它就继续发送给网络 2。这样可利用网桥隔离信息,将同一个网络号划分成多个网段(属于同一个网络号),隔离出安全网段,防止其他网段内的用户非法访问。由于网络的分段,各网段相对独立(属于同一个网络号),一个网段的故障不会影响到另一个网段的运行。网桥示意图如图 4-8 所示。

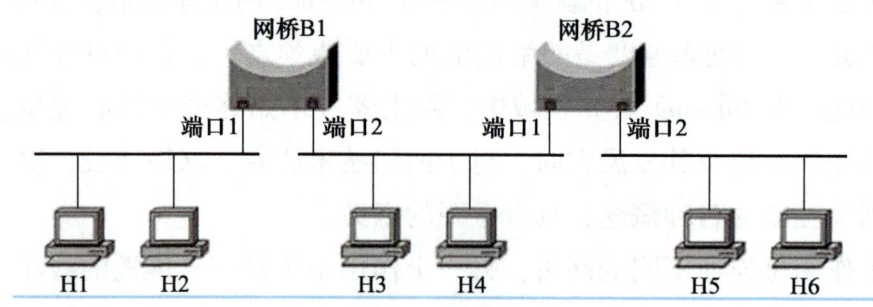

图 4-8　网桥示意图

网桥可以是专门硬件设备,也可以由计算机加装的网桥软件来实现,这时计算机上会安装多个网络适配器(网卡)。

六、网关

按照不同的分类标准,网关有很多种。TCP/IP 里的网关是最常用的,这里所讲的网关是指 TCP/IP 下的网关。

那么网关到底是什么呢?网关实质上是一个网络通向其他网络的 IP 地址。例如,有网络 A 和网络 B,网络 A 的 IP 地址范围为 192.168.1.1~192.168.1.254,子网掩码为 255.255.255.0;网络 B 的 IP 地址范围为 192.168.2.1~192.168.2.254,子网掩码为 255.255.255.0。在没有路由器的情况下,两个网络之间是不能进行 TCP/IP 通信的,即使是两个网络连接在同一台交换机(或集线器)上,TCP/IP 会根据子网掩码(255.255.255.0)判定两个网络中的主机处在不同的网络里。而要实现这两个网络之间的通信,则必须通过网关。如果网络 A 中的主机发现数据包的目的主机不在本地网络中,就把数据包转发给自己的网关,再由网关转发给网络 B 的网关,网络 B 的网关再转发给网络 B 的某个主机。

所以说,只有设置好网关的 IP 地址,TCP/IP 才能实现不同网络之间的相互通信。那么这个 IP 地址是哪台机器的 IP 地址呢?网关的 IP 地址是具有路由功能的设备的 IP 地址,具有路由功能的设备有路由器、启用了路由协议的服务器和代理服务器。

网关曾经是很容易理解的概念。在早期的因特网中,术语网关指路由器。路由器是网络中超越本地网络的标记,因此,它被认为是通向因特网的大门。随着时间的推移,路由器不再神奇，公共的基于IP的广域网的出现和成熟促进了路由器的成长。现在路由功能也能由主机和交换集线器来行使，网关不再是神秘的概念。现在，路由器变成了多功能的网络设备，它能将局域网分割成若干网段、互联相关局域网以及将各广域网互联而形成因特网，这样路由器就失去了原有的网关概念。然而术语网关仍然沿用了下来，它不断地应用到多种不同的功能中，定义网关已经不再是件容易的事。

实训 制作双绞线

一、实训目的

掌握制作双绞线的方法。

二、实训要求

网线根据用途分有两种：一种是交叉线，一种是平行线。

交叉线的做法是一头采用568A标准，一头采用568B标准；平行线的做法是两头同为568A标准或568B标准（一般用到的都是568B标准）。

568A标准的排线顺序绿白，绿，橙白，蓝，蓝白，橙，棕白，棕。

568B标准的排线顺序橙白，橙，绿白，蓝，蓝白，绿，棕白，棕。

三、实训小结

比较交叉线和平行线的区别。

习　题

一、选择题

1. 模拟信号进行模拟传输时采用下列哪种设备以提高传输距离？_____
   A. 中继器　　　　　B. 放大器　　　　　C. 调制解调器　　　　D. 编码译码器
2. 下列传输介质中，对于单个建筑物内的局域网来说，性能价格比较高的是_____。
   A. 双绞线　　　　　B. 同轴电缆　　　　C. 光缆　　　　　　　D. 无限介质
3. 数据在传输中产生差错的重要原因是_____。
   A. 热噪声　　　　　B. 脉冲噪声　　　　C. 串扰　　　　　　　D. 环境恶劣

4. 下列传输介质中采用 RJ-45 头作为连接器件的是_____。
   A. 双绞线　　　　　B. 细缆　　　　　C. 光缆　　　　　D. 粗缆
5. 5 类 UTP 双绞线规定的最高传输特性是_____。
   A. 20Mbit/s　　　　B. 20MHz　　　　C. 100Mbit/s　　　D 100MHz

二、简答题

1. 为什么要进行结构化布线？它与传统的布线方式有何不同？
2. 网络结构化布线系统由哪几部分组成？
3. 常用的双绞线有哪几类？试比较它们的特点。
4. 双绞线的线序标准是怎样的？试动手做一个 RJ-45 头。
5. 光纤是通过什么方式实现信号传输的？为了实现信号传输需要哪些设备？
6. 在结构化布线系统工程中，主要根据哪些方面进行传输介质的选择？

第 5 章

局域网技术

> **学习目标**
> 1. 了解局域网概念。
> 2. 掌握局域网分类、组成及体系结构。
> 3. 了解常用的网络操作系统。
> 4. 掌握网络操作系统的安装。

第 1 节 局域网概述

一、局域网的概念

局域网（Local Area Network），简称 LAN，是指在某一区域内由多台计算机互联而组成的计算机组。某一区域指的是同一办公室、同一建筑物、同一公司或同一学校等，一般范围在几千米以内。局域网可以实现文件管理、应用软件共享、打印机共享、扫描仪共享、电子邮件和传真通信等功能。

局域网作为一种重要的基础网络，在企业、机关、学校等各种单位和部门都得到广泛的应用。局域网是建立互联网络的基础网络。它萌芽于 20 世纪 60 年代末，发展于 70 年代，成熟于 80 年代。随着计算机技术、网络通信技术及其应用的发展，更多、更先进的局域网将不断涌现。

二、局域网的特点

局域网是封闭型的，可以由办公室内的两台计算机组成，也可以由一个公司内的上千台计算机组成。从应用角度来看，局域网有以下几个方面的特点：

1）覆盖的地理范围较小，适用于满足机关、公司、校园等有限范围内的计算机、终端与各类信息设备联网的需求。

2）局域网的数据传输速率高。与广域网相比，它的信息传送速度要高得多，一般为10～1000Mbit/s，是高速的通信系统。

3）局域网一般属于一个单位所有，组建方便、使用灵活、误码率低，易于维护和扩展。

4）决定局域网特性的有用于传输数据的传输介质、用以连接各种设备的拓扑结构、用以共享资源的介质访问方法等。

5）局域网可以支持多种传输介质。

6）局域网所需投资小，见效快，是目前使用最广泛的计算机通信网络。

三、局域网的分类

目前在局域网中常见的有：以太网（Ethernet）、令牌网（Token Ring）、FDDI网、ATM网、无线局域网等，下面分别进行简要介绍。

（一）以太网

以太网是目前应用最为广泛、最为成熟的网络类型，由美国的施乐公司于1975年研制成功。以太网采用CSMA/CD（载波侦听、冲突检测）介质访问控制方法，使用的拓扑结构是总线型。常见的以太网有标准以太网（10Mbit/s）、快速以太网（100Mbit/s）、千兆以太网（1000Mbit/s）和万兆以太网（10GMbit/s）。它们都符合IEEE 802.3系列标准规范。

1. 标准以太网

最开始以太网只有10Mbit/s的吞吐量，使用的是CSMA/CD介质访问控制方法，通常把这种早期的10Mbit/s以太网称为标准以太网。以太网主要有两种传输介质，那就是双绞线和同轴电缆。所有的以太网都遵循IEEE 802.3标准，下面列出的是IEEE 802.3的一些以太网络标准，在这些标准中前面的数字表示传输速度，单位是Mbit/s，最后的一个数字表示单段网线长度（基准单位是100m），Base表示基带的意思，Broad代表宽带。

1）10Base-5使用粗同轴电缆，最大网段长度为500m，是一种基带传输方法。

2）10Base-2使用细同轴电缆，最大网段长度为185m，是一种基带传输方法。

3）10Base-T使用双绞线电缆，最大网段长度为100m。

4）1Base-5使用双绞线电缆，最大网段长度为500m，传输速度为1Mbit/s。

5）10Broad-36使用同轴电缆，最大网段长度为3600m，是一种宽带传输方式。

6）10Base-F使用光纤传输介质，传输速率为10Mbit/s。

2. 快速以太网

随着网络的发展，传统标准的以太网技术已难以满足日益增长的网络数据流量速度需求。在1993年10月以前，对于要求10Mbit/s以上数据流量的LAN应用，只有光纤分布式数据接口网络（FDDI网）可供选择，但它是一种价格非常昂贵的、基于100Mbit/s光缆的LAN。1993年10月，Grand Junction公司推出了世界上第一台快速以太网集线器FastSwitch 10/100和网络接口卡 FastNIC 100，快速以太网技术正式得以应用。随后 Intel、SynOptics、3COM、BayNetworks 等公司相继推出自己的快速以太网装置。与此同时，IEEE 802 工程组也对 100Mbit/s 以太网的各种标准进行了研究，如 100Base-TX、100Base-T4、MII、中继器、全双工等标准。1995 年 3 月，IEEE 宣布了 IEEE 802.3u 100Base-T 快速以太网标准，就这样开始了快速以太网的时代。

快速以太网与原来在 100Mbit/s 带宽下工作的 FDDI 网相比，具有许多的优点，最主要体现在快速以太网技术可以有效地保障用户在布线基础实施上的投资，它支持 3、4、5 类双绞线以及光纤的连接，能有效地利用现有的设施。

快速以太网的不足其实也是以太网技术的不足，那就是快速以太网仍是基于载波侦听多路访问和冲突检测技术，当网络负载较重时，会造成效率的降低，当然这可以使用交换技术来弥补。

100Mbit/s 快速以太网标准分为：100Base-TX、100Base-FX、100Base-T4 三个子类。

(1) 100Base-TX 是一种使用 5 类数据级无屏蔽双绞线或屏蔽双绞线的快速以太网技术。它使用两对双绞线，一对用于发送数据，一对用于接收数据，在传输中，使用 4B/5B 编码方式，信号频率为 125MHz，符合 EIA 586 的 5 类布线标准和 IBM 的 SPT 1 类布线标准。使用同 10Base-T 相同的 RJ-45 连接器。它的最大网段长度为 100m，支持全双工的数据传输。

(2) 100Base-FX 是一种使用光缆的快速以太网技术，可使用单模和多模光纤。多模光纤连接的最大距离为 2000 米，单模光纤连接的最大距离为 4000 米。在传输中使用 4B/5B 编码方式，信号频率为 125MHz。它使用 MIC/FDDI 连接器、ST 连接器或 SC 连接器。它的最大网段长度有 150m、412m、2000m 和 10000m，这与所使用的光纤类型和工作模式有关。它支持全双工的数据传输。100Base-FX 特别适合于有电气干扰的环境、较大距离连接、高保密环境等情况下的使用。

(3) 100Base-T4 是一种可使用 3、4、5 类无屏蔽双绞线或屏蔽双绞线的快速以太网技术。它使用四对双绞线，三对用于传送数据，一对用于检测冲突信号。在传输中使用 8B/6T 编码方式，信号频率为 25MHz，符合 EIA 586 结构化布线标准。它使用与 10Base-T 相同的 RJ-45 连接器，最大网段长度为 100m。

3. 千兆以太网

随着以太网技术的深入应用和发展，企业用户对网络连接速度的要求越来越高。1995 年 11 月，IEEE 802.3 工作组委任了一个高速研究组（Higher Speed Study Group），研究将快速以太网速度增至更高。该研究组研究了将快速以太网速度增至 1000Mbit/s 的可行性和方法。1996 年 6 月，IEEE 标准委员会批准了千兆以太网方案授权申请（Gigabit Ethernet Project Authorization Request）。随后 IEEE 802.3 工作组成立了 IEEE 802.3z 工作委员会。IEEE 802.3z 工作委员会的目的是建立千兆以太网标准：包括在 1000Mbit/s 通信速率的情况下的全双工和半双工操作、802.3 以太网帧格式、载波侦听多路访问和冲突检测技术、在一个冲突域中支持一个中继器（Repeater）、10Base-T 和 100Base-T 向下兼容技术等。千兆以太网具有以太网的易移植、易管理特性。千兆以太网在处理新应用和新数据类型方面具有灵活性，它是在赢得了巨大成功的 10Mbit/s 和 100Mbit/s IEEE 802.3 以太网标准的基础上的延伸，提供了 1000Mbit/s 的数据带宽。这使得千兆以太网成为高速宽带网络应用的战略性选择。

千兆以太网目前主要有三种技术版本：1000Base-SX、1000Base-LX 和 1000Base-CX。1000Base-SX 采用低成本短波的 CD(Compact Disc)或者 VCSEL（Vertical Cavity Surface Emitting Laser）发送器；而 1000Base-LX 则使用相对昂贵的长波激光器；1000Base-CX 则在配线间使用短跳线电缆把高性能服务器和高速外围设备连接起来。

4. 万兆以太网

现在 10Gbit/s 的以太网标准已经由 IEEE 802.3 工作组正式制定，万兆以太网仍使用与以往 10Mbit/s 和 100Mbit/s 以太网相同的形式，它允许直接升级到高速网络。同样使用 IEEE 802.3 标准的帧格式、全双工业务和流量控制方式。在半双工方式下，万兆以太网使用基本的 CSMA/CD 访问方式来解决共享介质的冲突问题。此外，万兆以太网使用由 IEEE 802.3 小组定义的和以太网相同的管理对象。总之，万兆以太网仍然是以太网，只不过更快。

（二）令牌网

令牌网是 IBM 公司于 20 世纪 70 年代开发的，现在这种网络比较少见。在老式的令牌网中，数据传输速度为 4Mbit/s 或 16Mbit/s，新型的快速令牌网速度可达 100Mbit/s。令牌网在物理上采用了星形拓扑结构，但逻辑上仍是环形拓扑结构。节点间采用多站访问部件（Multistation Access Unit，MAU）连接在一起。MAU 是一种专业化集线器，围绕工作站计算机的环路进行数据传输。由于数据包看起来像在环中传输，所以在工作站和 MAU 中没有终结器。

在这种网络中，有一种专门的帧称为令牌，在环路上持续地传输来确定一个节点何时可以发送包。令牌为 24 位长，有 3 个 8 位的域，分别是首定界符(Start Delimiter，SD)、访问控制（Access Control，AC）和终定界符(End Delimiter，ED)。首定界符是一种与众不同的信号模式，作为一种非数据信号表现出来，用途是防止它被解释成其他东西。这种独特的 8 位组合只能被识别为帧首标识符（SOF）。由于以太网技术发展迅速，令牌网存在固有缺点，令牌在整个计算机局域网已不多见，原来提供令牌网设备的厂商多数也退出了市场。

（三）FDDI 网

FDDI 的英文全称为 Fiber Distributed Data Interface，中文名为光纤分布式数据接口。它是于 20 世纪 80 年代中期发展起来一项局域网技术，FDDI 网提供的高速数据通信能力要高于当时的以太网（10Mbit/s）和令牌网（4Mbit/s 或 16Mbit/s）的能力。FDDI 标准由 ANSI X3T9.5 标准委员会制定，为繁忙网络上的高容量输入输出提供了一种访问方法。FDDI 技术同 IBM 的令牌环技术相似，并具有 LAN 和令牌环所缺乏的管理、控制和可靠性措施，FDDI 网支持长达 2000m 的多模光纤。FDDI 网的主要缺点是价格同快速以太网相比贵许多，且因为它只支持光缆和 5 类电缆，所以使用环境受到限制，从以太网升级更是面临大量移植问题。

当数据以 100Mbit/s 的速度输入输出时，FDDI 网与 10Mbps 的以太网和令牌网相比性能有相当大的改进。但是随着快速以太网和千兆以太网技术的发展，用 FDDI 网的人就越来越少了。因为 FDDI 网使用的通信介质是光纤，这一点它比快速以太网及 100Mbit/s 令牌网传输介质要贵许多，然而 FDDI 网最常见的应用只是提供对网络服务器的快速访问，所以 FDDI 技术并没有得到充分的认可和广泛的应用。

FDDI 网的访问方法与令牌网的访问方法类似，在网络通信中均采用令牌传递。它与标准的令牌环又有所不同，主要在于 FDDI 使用定时的令牌访问方法。FDDI 网的令牌沿网络环路从一个结点向另一个结点移动，如果某节点不需要传输数据，FDDI 网将获取令牌并将其发送到下一个结点中。如果处理令牌的结点需要传输，那么在目标令牌循环时间（Target Token Rotation Time，TTRT）内，它可以按照用户的需求来发送尽可能多的帧。因为 FDDI 网采用的是定时的令牌方法，所以在给定时间中，来自多个结点的多个帧可能都在网络上，以为用户提供高容量的通信。

FDDI 网可以发送两种类型的包：同步的和异步的。同步通信用于要求连续进行且对时间敏感的传输（如音频、视频和多媒体通信）；异步通信用于不要求连续脉冲串的普通的数据传输。在给定的网络中，目标令牌循环时间等于某结点同步传输需要的总时间加上最大的帧在网络上沿环路进行传输的时间。FDDI 网使用两条环路，所以当其中一条出现故障时，数据可以从另一条环路上到达目的地。连接到 FDDI 网的结点主要有两类，即 A 类和 B 类。A 类结点与两个环路都有连接，由网络设备（如集线器等）组成，并具备重新配置环路结构以在网络崩溃时使用单个环路的能力；B 类结点通过 A 类结点的设备连接在 FDDI 网上，B 类结点包括服务器或工作站等。

（四）ATM 网

ATM 的英文全称为 Asynchronous Transfer Mode，中文名为异步传输模式，它的开发始于 20 世纪 70 年代。ATM 是一种较新型的单元交换技术，同以太网、令牌网、FDDI 网等使用的可变长度包技术不同，ATM 网使用 53 字节固定长度的单元进行交换。ATM 网没有共享介质或包传递带来的延时，非常适合音频和视频数据的传输。ATM 网主要具有以下优点：

1）使用相同的数据单元，实现广域网和局域网的无缝连接。
2）支持 VLAN（虚拟局域网）功能，可以对网络进行灵活的管理和配置。
3）具有不同的速率，分别为 25Mbit/s、51Mbit/s、155Mbit/s、622Mbit/s，从而为不同的应用提供不同的速率。

ATM 是采用信元交换。信元交换将一个简短的指示器（虚拟通道标识符）放在 TDM 时间片的开始。这使得设备能够将它的比特流异步地放在一个 ATM 通信通道上，使得通信变得能够预知且持续，这种方式主要用在视频和音频上。通信可以预知的另一个原因是 ATM 采用的是固定的信元尺寸。ATM 通道是虚拟的电路，并且城域网传输速度能够达到 10Gbit/s。

（五）无线局域网

无线局域网是目前最新，也是最为热门的一种局域网，特别是自 Intel 推出首款自带无线网络模块的迅驰笔记本处理器以来。无线局域网与传统的局域网主要的不同之处就是传输介质不同，传统局域网都是通过有形的传输介质进行连接的，如同轴电缆、双绞线和光缆等，而无线局域网则是采用空气作为传输介质的。正因为它摆脱了有形传输介质的束缚，所以这种局域网的最大特点就是自由，只要在网络的覆盖范围内，可以在任何一个地方与服务器及其他工作站连接，而不需要重新铺设电缆。这一特点非常适合移动办公，只要无线网络能够覆盖到，用户都可以随时随地连接上 Internet。

无线局域网所采用的是IEEE 802.11 系列标准，IEEE 802.11 系列标准是由 IEEE 802 标准委员会制定的。这一系列主要的有四个标准，分别为 802.11b（2.4GHz）、802.11a（5GHz）、802.11g（2.4GHz）和802.11z。前三个标准都针对传输速度进行改进，最开始推出的是802.11b，它的传输速度为11Mbit/s，因为它的连接速度比较低，随后推出了802.11a 标准，它的连接速度可达 54Mbit/s。但由于两者不互相兼容，致使一些购买 802.11b 标准的无线网络设备在 802.11a 网络中不能用，所以推出了兼容802.11b 与802.11a 两种标准的 802.11g，这样原有的 802.11b 和 802.11a 两种标准的设备都可以在同一网络中使用。802.11z 是一种专门为了加强无线局域网安全而制定的标准。因为无线局域网的无线特点，致使任何进入此网络覆盖区的用户都可以轻松地以临时用户身份进入网络，给网络带来了极大的不安全因素（常见的安全漏洞有：SSID 广播、数据以明文传输及未采取任何认证或加密措施等）。为此，802.11z 标准专门就无线局域网的安全性方面作了明确规定，加强了用户身份认证制度，并对传输的数据进行加密。所使用的加密方法和算法有：WEP（RC4 - 128 预共享密钥），WPA/WPA2（Radius 集中式身份认证，使用 TKIP 或 AES 加密算法）与 WPA（预共享密钥）。

四、局域网的技术标准及体系结构

（一）局域网的技术标准

局域网出现之后，发展迅速，类型繁多，为了促进产品的标准化，以增加产品的互操作性，1980 年 2 月，美国电气和电子工程师协会成立了局域网标准化委员会，研究并制定了关于局域网的 IEEE 802标准。

IEEE 802.1 概述局域网体系结构、寻址、网络互联和网络。

IEEE 802.2 定义了逻辑链路控制子层的功能与服务。

IEEE 802.3 描述 CSMA/CD 以太网介质访问控制协议及相应物理层技术规范。

IEEE 802.4 描述令牌总线网介质访问控制协议及相应物理层技术规范。

IEEE 802.5 描述令牌环网介质访问控制协议及相应物理层技术规范。

IEEE 802.6 描述城域网介质访问控制协议及相应物理层技术规范。

IEEE 802.7 描述宽带网介质访问控制方法及物理层技术规范。

IEEE 802.8 描述光纤网介质访问控制方法及物理层技术规范。

IEEE 802.9 描述语音和数据综合局域网技术。

IEEE 802.10 描述局域网安全与解密问题。

IEEE 802.11描述无线局域网介质访问控制协议及相应物理层技术规范。

IEEE 802.12描述需要优先的介质访问控制协议。

IEEE 802标准实际上是一个由一系列协议组成的标准体系。随着局域网技术的发展，该体系在不断地增加新的标准和协议，如IEEE 802.3就随着以太网技术的发展出现了许多新的内容。

（二）局域网的体系结构

局域网的体系结构与OSI参考模型有相当大的区别，IEEE 802中定义的服务和协议限定在OSI参考模型的最低两层（即物理层和数据链路层）。事实上，IEEE 802将OSI参考模型的数据链路层分为两个子层，分别是逻辑链路控制（Logical Link Control，LLC）和介质访问控制（Media Access Control，MAC），如图5-1所示。

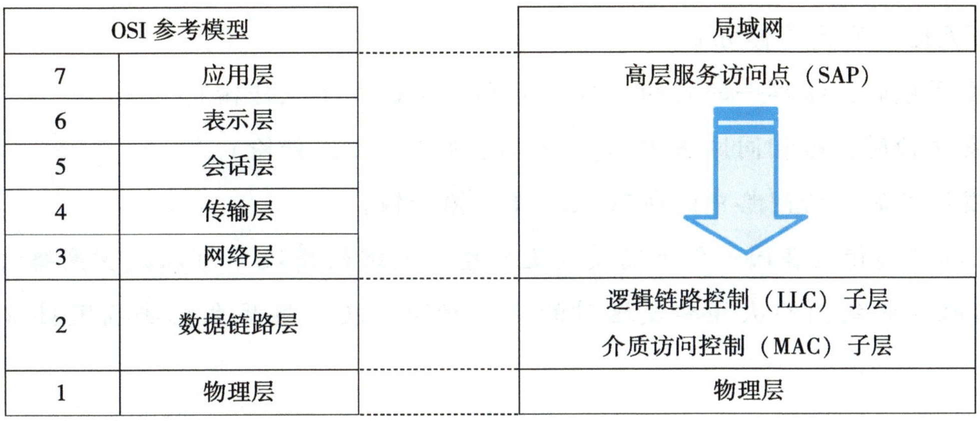

OSI参考模型		局域网
7	应用层	高层服务访问点（SAP）
6	表示层	
5	会话层	
4	传输层	
3	网络层	
2	数据链路层	逻辑链路控制（LLC）子层 介质访问控制（MAC）子层
1	物理层	物理层

图5-1 局域网与OSI参考模型

1. 物理层

物理层提供发送和接收信号的能力，包括对宽带频道的分配和对基带信号的调制等。局域网的物理层和OSI参考模型的物理层功能相当，主要涉及局域网物理链路层上原始比特流的传送，定义局域网物理层的机械、电气、规程和功能特性，如信号的传输与接收，同步序列的产生和删除，物理连接的建立、维护、撤销等。物理层还规定了局域网所使用的信号、编码、传输介质、拓扑结构和传输速率。例如，信号编码可以采用曼彻斯特编码，传输介质可采用双绞线、同轴电缆、光缆甚至是无线传输介质；拓扑结构则支持总线型、星形、环形和混合型等，可提供多种不同的数据传输率。

2. 介质访问控制子层

实现帧的寻址和识别、数据帧的校验以及支持逻辑链路控制子层完成介质访问控制。该协议位于OSI参考模型中数据链路层的下半部分，主要负责控制与连接物理层的物理介质。在发送数据的时候，MAC协议可以事先判断是否可以发送数据，如果可以发送，将给数据加上一些控制信息，最终将数据以及控制信息以规定的格式发送到物理层；在接收数据的时候，MAC协议首先判断输入的信息是否发生传输错误，如果没有错误，则去掉控制信息发送至逻辑链路控制子层。

不管是在传统的有线局域网（LAN）中还是在无线局域网（WLAN）中，MAC协议都被广泛地应用。在传统局域网中，各种传输介质的物理层对应到相应的MAC子层，传统局域网目前普遍使用的是IEEE 802.3的MAC子层标准，采用CSMA/CD访问控制方式；而在无线局域网中，MAC子层所对应的标准为IEEE 802.11，其工作方式采用DCF（分布控制）和PCF（中心控制）。

3. 逻辑链路控制子层

逻辑链路控制子层负责识别网络层协议，然后对它们进行封装。它的工作原理是：主机接收到帧并查看其LLC报头，以找到数据包的目的地，如在网络层的IP。LLC子层也可以提供流量控制并控制比特流的排序。

LLC提供了两种无连接和一种面向连接的三种操作方式。

方式一：无回复的无连接方式。
- 允许发送帧时，给单一的目的地址（点到点协议或单点传输）。
- 允许发送帧时，给相同网络中的多个目的地址（多点传输）。
- 允许发送帧时，给网络中的所有地址（广播传输）。

多点传输和广播传输在同一信息需要发送到整个网络的情况下可以减少网络流量。单点传输不能保证接收端收到帧的次序和发送时的次序相同。发送端甚至无法确定接收端是否收到了帧。

方式二：面向连接的操作方式。给每个帧进行编号，接收端就能保证它们按发送的次序接收，并且没有帧丢失。利用滑动窗口流控制协议可以让快的发送端也能流到慢的接收端。

方式三：有回复的无连接方式。它仅限于点到点的通信。

总之，LAN的LLC子层和MAC子层共同完成类似于OSI参考模型中的数据链路层功能，无非是考虑到局域网的共享环境，在数据链路层的实现上增加了介质访问控制机制。

第2节　网络操作系统

一、网络操作系统概述

（一）网络操作系统的概念

网络操作系统（Network Operating System，NOS），是一种能代替操作系统的软件程序，是网络的心脏和灵魂，是向网络计算机提供服务的特殊的操作系统。NOS是一种基于浏览器的虚拟的操作系统，用户通过浏览器可以在这个 WebOS 上进行应用程序的操作，而这个应用程序也不是普通的应用程序，是网络的应用程序。举一个简单的例子，当我们要进行照片的处理时，通常打开计算机，进入 Windows 操作系统，运行 Photoshop 程序来进行加工和操作。而在 WebOS 上，我们通过打开一个浏览器，登录到一个虚拟的桌面上，运行一些网络应用程序来进行工作。

NOS 运行在称为服务器的计算机上，并由联网的计算机用户共享。NOS 与运行在工作站上的单用户操作系统或多用户操作系统，由于提供的服务类型不同而有差别。一般情况下，NOS 是以使网络相关特性达到最佳为目的的，如共享数据文件、软件应用，以及共享硬盘、打印机、调制解调器、扫描仪和传真机等。而一般计算机的操作系统，如 DOS 等，其目的是让用户与系统及在此操作系统上运行的各种应用之间的交互作用最佳。

（二）网络操作系统的特点

作为网络用户和计算机网络之间的接口，一个典型的网络操作系统一般具有以下特点。

1. 复杂性

单机操作系统的主要功能是管理本机的软硬件资源，而网络操作系统一方面要对全网资源进行管理，以实现整个网络的资源共享，另一方面，还要负责计算机间的通信与同步，显然比单机操作系统要复杂得多。

2. 并行性

单机操作系统通过为用户建立虚拟处理器来模拟多机环境，从而实现程序的并发执行，而网络操作系统在每个结点上的程序都可以并发执行，一个用户作业既可以在本地运行，也可以在远程结点上运行，在本地运行时，还可以分配到多个处理器中并行操作。

3. 高效性

网络操作系统采用多线程的处理方式。线程相对于进程而言需要较少的系统开销，比进程更易于进行管理。采用抢先式多任务时，操作系统不用专门等某一线程完成后，再将系统控制交给其他线程，而是主动将系统控制交给首先申请得到系统资源的线程，这样就可以使系统运行具有更高的效率。

4. 安全性

网络操作系统的安全性主要体现在，具有严格的权限管理，用户通常分为系统管理员、高级用户和一般用户，不同级别的用户具有不同的权限，进入系统的每个用户都要审查，对用户的身份进行验证，执行某一特权操作也要进行审查，文件系统采取了相应的保护措施，不同程序有不同的运行方式。

（三）网络操作系统的功能

早期的网络操作系统功能较为简单，仅提供基本的数据通信、文件和打印服务等。随着网络的规模化和复杂化，现代网络的功能不断扩展，除了具有一般操作系统的基本功能外，网络操作系统还具有以下几项网络功能。

1. 网络通信

网络通信是通过网络将各个孤立的设备进行连接，通过信息交换，实现人与人、人与计算机、计算机与计算机之间的通信。具体来说，主要包括建立与拆除通信链路、传输控制、流量控制、路由选择等功能。

2. 资源管理

对网络中的共享资源（硬件和软件）实施有效的管理、协调用户对共享资源的使用、保证数据的安全性和一致性，使用户在访问远程共享资源时能像访问本地资源时一样方便。

3. 网络管理

网络管理最主要的任务是安全管理，一般通过存取控制来确保存取数据的安全性，以及通过容错技术来保证系统故障时数据的安全性。

4. 网络服务

网络服务是指一些在网络上运行的、面向用户服务的、基于分布式程序的软件模块。网络操作系统应向用户提供多种有效的网络服务，如电子邮件服务，文件传输、存取和管理服务，共享打印服务，远程访问服务等。

5. 互操作

所谓互操作，是指在客户/服务器模式的 LAN 环境下，连接在服务器上的多种客户机和主机，不仅能与服务器通信，而且还能以透明的方式访问服务器上的文件系统。

6. 网络接口

网络接口向用户提供一组方便有效的、统一的、获取网络服务的接口以改善用户界面，如命令接口、菜单、窗口等。

二、常用网络操作系统

常用的网络操作系统有 NetWare、Windows 系列、UNIX 和 Linux。

（一）NetWare

20 世纪 80 年代，Novell 公司的产品 NetWare 曾垄断网络操作系统市场长达四、五年之久，占有全球 80% 以上的份额。可是 Novell 公司在后来和微软公司的竞争中却节节失利。

1. NetWare 的发展

1979 年，Novell 公司成立。1983 年，Novell 公司推出其最重要的产品——多平台网络操作系统 NetWare，并且迅速占据了局域网操作系统市场。

NetWare 操作系统因对网络硬件的要求较低（工作站只要是 286 机就可以了），而受到一些设备比较落后的中小型企业，特别是学校的青睐。因为它兼容 DOS 命令，其应用环境与 DOS 相似。经过长时间的发展，它具有相当丰富的应用软件支持，技术完善、可靠。

20 世纪 90 年代中期，Novell 公司收购了 UNIX 系统公司、WordPerfect 等著名高科技公司，企图将自己的经营范围拓展到网络软件之外，涉足 UNIX 领域和办公软件领域。但事与愿违，并购新公司分散了 Novell 公司的精力，使 Novell 公司失去了对激烈的市场竞争的敏锐感。另一方面，Novell 公司对 NetWare 的成功过分沉溺，一度故步自封，以至微软公司的 Windows NT 系统后来者居上，逐步取代 NetWare。

2. NetWare 的主要技术特点

NetWare 重要的特征是基于基本模块设计思想的开放式系统结构。NetWare 是一个开放的网络服务器平台，可以方便地对其进行扩充。NetWare 对不同的工作平台（如 DOS、OS/2、Macintosh 等），不同的网络协议环境（如 TCP/IP）以及各种工作站操作系统提供了一致的服务。该系统内可以增加自选的扩充服务（如替补备份、数据库、电子邮件以及记账等），这些服务可以取自 NetWare 本身，也可取自第三方开发者。

1）NetWare 通过文件及目录高速缓存，将读取频率较高的数据预先读入内存，来实现高速文件处理。在 NetWare 中，用户可以将打印服务软件装入像文件服务器这样的硬件中，来共享打印机。

2）较高版本的 NetWare，不但能和不同类型的计算机兼容，而且还能与不同的操作系统兼容。另外它所具备的 SFT 技术和 TTS 技术，能够在系统出错时及时进行自我评估，大大降低因重要文件和数据丢失带来的损失。

3）NetWare 对入网用户进行注册登记，并采用四级安全控制原则以管理不同级别的用户对网络资源的使用。

4）NetWare 存在工作站资源无法直接共享、安装及管理维护比较复杂、多用户需要同时获取数据时会导致网络效率降低、以及服务器的运算能力没有得到发挥等问题。

（二）Windows 系列

1. Windows 操作系统的发展

Windows 操作系统是美国微软公司研发的一套操作系统，问世于 1985 年，起初仅仅是 Microsoft-DOS 模拟环境，后续的系统版本由于微软不断地更新升级，不但易用，也慢慢地成为众多用户的选择。系统版本从最初的 Windows 1.0 到 Windows 95、Windows 98、Windows ME、Windows 2000、Windows 2003、Windows XP、Windows Vista、Windows 7、Windows 8、Windows 8.1、Windows 10、Windows 11 和 Windows Server 服务器企业级操作系统，不断持续更新。

微软公司的 Windows 系列网络操作系统在整个局域网配置中是常用的，但由于它对服务器的硬件要求较高，且稳定性能不是很高，所以该系列网络操作系统一般用在中低档服务器中，高端服务器通常采用 UNIX、Linux 或 Solairs 等非 Windows 操作系统。在局域网中，微软的网络操作系统主要有 Windows NT Server 4.0、Windows Server 2000、Windows Server 2003、Windows

Server 2008、Windows Server 2012 等，以及 Windows Server 2012 R2 等。

2. Windows Server 2012 R2 网络操作系统的主要技术特点

Windows Server 2012 R2 是基于 Windows 8.1 以及 Windows RT 8.1 界面的新一代 Windows Server 操作系统，提供企业级数据中心和混合云解决方案，易于部署，具有成本效益，以应用程序为重点，以用户为中心。

在 Microsoft 云操作系统版图的中心地带，Windows Server 2012 R2 能够提供全球规模云服务的 Microsoft 体验，在虚拟化、管理、存储、网络、虚拟桌面基础结构、访问和信息保护、Web 和应用程序平台等方面具备多种新功能和增强功能。

Windows 2012 R2 具有如下特点。

(1) Storage Spaces 性能大幅度提升 Windows Server 2012 R2 中的 Storage Spaces 具备大量功能，如保护数据的故障转移功能，实现最小化存储容量需求的重复数据删除功能。所有的这些，再加上三个新增功能，可以帮助企业提升性能。

(2) Work Folders 有助于 BYOD 同步 Work Folders 可以帮助用户同步他们多个设备上的数据，这样用户就可以在离线工作时进行访问。用户可以选择使用 PowerShell 或者服务器管理器启动 Work Folders。管理员也可以配置一个单级过程。

(3) PowerShell 4.0 有助于任务自动化 PowerShell 4.0 是 Windows Server 2012 R2 中最有所作为的功能之一。最新版本的 PowerShell 加载了大量新参数，包含期望状态配置（DSC）功能和更新的默认执行政策。

(4) DSC 避免配置漂移 包含在 Windows Server 2012 R2 中的 DSC 可帮助管理员通过 PowerShell 提供商和扩展保持配置的一致性，旨在帮助用户避免配置漂移。

(5) 虚拟硬盘好处多 因为 Windows Server 2012 R2 和 Hyper-V 使用 VHDX 文件格式，管理员可以利用虚拟硬盘的调整大小功能（从 2TB 增加到 64TB）来提高性能，包括大量优化和更高效的文件数据表示。

(6) 存储管理方面新增功能 包括：集群共享卷的改进；在 Windows Server 2012 R2 中，微软努力改进了 Storage Spaces，以期使之更适合企业级客户；每当利用分层存储的 VHD 被创建的时候，Windows 都自动在高速层上创建一个 1 GB 的回写式高速缓存；存储功能的自动重建。

（三）UNIX

UNIX 操作系统是一个多用户、多任务的操作系统，自问世以来，迅速在世界范围内推广。与一般操作系统一样，UNIX 操作系统也是运行在计算机系统的硬件和应用程序之间，负责管理硬件并向应用程序提供简单一致的调用界面，控制应用程序的正确执行。

1. UNIX 操作系统的发展

1969 年，贝尔实验室的 Ken Thompson 用汇编语言写出了一组内核程序，一些内核工具程序以及一个小的文件系统。这个系统是 UNIX 的原型，被称为 Unics（当时尚未有 UNIX）。

1973 年，UNIX 正式诞生。贝尔实验室的 Dennis Ritchie 将 B 语言重新改写成 C 语言，再以 C 语言重新改写和编译 Unics 的内核，最后发行了 UNIX 的正式版本。

1974 年，Thompson 和 Ritchie 合作在《ACM 通讯》上发表了一篇关于 UNIX 的文章，这是 UNIX 第一次出现在贝尔实验室以外。此后，UNIX 被政府机关、研究机构、企业和大学注意到，并逐渐流行开来。

1975 年，第 6 版（6th Edition）UNIX 发布，在 UNIX 操作系统的发展史上，它具有里程碑式的意义。因为这是一个真正具有现代意义的操作系统，它几乎具备了现代（单机）操作系统的所有概念：进程、进程间通信、多用户、虚拟内存、系统的内核模式和用户模式、文件系统、中断（自陷）管理、I/O 设备管理、系统接口调用（API）、用户访问界面（Shell）。当然由于这时国际互联网（Internet）还没有产生，所以该版本并不具备网络功能。

1977 年，BSD（Berkeley Software Distribution）诞生。Berkeley 大学的 Bill Joy 修改了 UNIX 的内核源码，得到合适机器的版本并增加了很多工具软件和编译程序，命名为 BSD。Bill Joy 也是 Sun 的创办者。Sun 是基于 BSD 开发的内核进行自己的商业 UNIX 版本开发的。

1979 年，第 7 版 UNIX 发布，这是最后一个广泛发布的研究型 UNIX 版本。

1982 年，AT&T 基于第 7 版 UNIX 开发了 UNIX System Ⅲ 的第一个版本，这是一个仅供出售的商业版本。为了解决 UNIX 版本混乱的情况，AT&T 综合了其他大学和公司开发的 UNIX，开发了 UNIX System V Release 1。

1987—1989 年，AT&T 决定将 Xenix（微软开发的一个 x86-PC 上的 UNIX 版本）、BSD、SunOS 和 System V 融合为 System V Release 4（SVR4）。UNIX System V Release 4 发布后不久，AT&T 就将其所有的 UNIX 权利出售给了 Novell。Novell 期望以此来对抗微软的 Windows NT，但由于其核心市场受到了严重伤害，最终 Novell 将 SVR4 的权利出售给了 X/OPEN Consortium，后者是定义 UNIX 标准的产业团体。

1990 年，Linus Torvalds 决定编写一个自己的 Minix 内核，初名为 Linus'Minix，意为 Linus 的 Minix 内核，后来改名为 Linux，此内核于 1991 年正式发布，并逐渐引起人们的注意。当 GNU 软件与 Linux 内核结合后，GNU 软件构成了这个 POSIX 兼容操作系统 GNU/Linux 的基础。GNU/Linux 逐渐成为发展最活跃的自由/开放源码的类 UNIX 操作系统。

2．UNIX 操作系统的主要技术特点

1）可靠性高。实践表明，UNIX 是达到主机（Mainframe）可靠性要求的少数操作系统之一，许多 UNIX 主机和服务器在国外大中型企业中每天 24 小时、每年 365 天不间断地运行。这是 NetWare、Windows NT 等操作系统所不能比拟的。

2）伸缩性强。伸缩性强的 UNIX 操作系统是世界上唯一能在笔记本计算机、PC、巨型机上运行的操作系统。此外，由于采用 SMP、MPP 和 Cluster 等技术，UNIX 系统支持 CPU 数达到了 32 个，这就使得用一种平台的 UNIX 操作系统的扩充能力有了进一步的提高。

3）开放性好。这是 UNIX 操作系统重要的本质特征，也是 UNIX 强大生命力所在。开放系统最本质的特征应该是其所用技术的规格说明是可以公开得到并免费使用的，而且是不受一家具体厂商所垄断和控制的。UNIX 是能充分体现这一本质特征的开放系统，正是这种较为彻底的开放性，使 UNIX 的发展充满动力和生机。

4）网络功能强。这是 UNIX 操作系统的又一重要特色，特别是作为 Internet 网络技术基础的 TCP/IP 就是在 UNIX 上开发出来的，而且成为 UNIX 操作系统的一个不可分割的成分。UNIX 几乎所有系统都对 TCP/IP 支持。因此，在 Internet 网络服务器中，UNIX 服务器占 80% 以上，具有绝对优势。此外，UNIX 支持通用的网络通信协议，其中包括 DCE、IPX/SPX、SLIP、PPP 等，使得 UNIX 操作系统能方便地与主机、各种广域网等相连。

5）强大的数据库支持功能。由于 UNIX 操作系统对各种数据库，特别是关系型数据库的管理系统提供了强大的支持，因此主要的数据库，包括 Oracle、Informix、Sybase、Progress 等的厂家都将 UNIX 作为优选的运行平台，而且创造出极高的性能价格比。

（四）Linux

Linux 是一套免费使用和自由传播的类 UNIX 操作系统，是一个基于 POSIX 和 UNIX 的多用户、多任务、支持多线程和多 CPU 的操作系统。它能运行主要的 UNIX 工具软件、应用程序和网络协议。它支持 32 位和 64 位硬件。Linux 继承了 UNIX 以网络为核心的设计思想，是一个性能稳定的多用户网络操作系统。

1. Linux 操作系统的发展

Linux 存在着许多不同的版本，但它们都使用了 Linux 内核。Linux 可安装在各种计算机硬件设备中，如手机、路由器、视频游戏控制台、台式计算机、大型机和超级计算机。

严格来讲，Linux 这个词本身只表示 Linux 内核，但实际上人们已经习惯用 Linux 来形容整个基于 Linux 内核、并且使用 GNU 工程各种工具和数据库的操作系统。

Linux 是一个诞生于网络、成长于网络且成熟于网络的操作系统。1991 年，Linus Torvalds 萌发了开发一个自由的 UNIX 操作系统的想法，于是 Linux 就诞生了。为了不让这个羽翼未丰的操作系统夭折，Linus Torvalds 将自己的作品 Linux 通过 Internet 发布。从此一大批知名的、不知名的编程人员加入到开发过程中来，Linux 逐渐成长起来。

Linux 一开始要求所有的源码必须公开，并且任何人均不得从 Linux 交易中获利。然而这种纯粹的自由软件的理想对于 Linux 的普及和发展是不利的，于是 Linux 开始转向 GPL，成为 GNU 阵营中的主要一员。

2. Linux 操作系统的主要技术特点

Linux 是一种新型的网络操作系统，它最大的特点就是源代码开放，可以免费得到许多应用程序。Linux 与 UNIX 有许多类似之处，目前主要应用于中、高档服务器中。

Linux 具有如下特点：

1）安装 Linux 能有效避免病毒的侵入。Linux 系统下除非用户以 root 身份登录，否则程序无法更改系统设置和配置。

2）Linux 非常稳定，不易崩溃。Linux 能在几年后保持和第一次安装时一样的运行速度。

每次更新或修复程序之后无需重启系统。

3）Linux 非常容易维护，用户可以集中更新操作系统和所有安装的软件。它的每个发行版本都有自己的软件管理中心，提供定时更新，既安全又高效。

4）Linux 能有效利用系统资源，允许用户定制 Linux 安装或针对特定的硬件要求进行安装。其安装过程灵活，用户可自行选择需要安装的模块，这允许用户在旧硬件上安装 Linux，从而有助于最佳地使用所有硬件资源。

5）Linux 完全免费，而且拥有强大的免费软件群，如教育类软件、音频/视频编辑软件等。企业可以免费使用软件，大大降低了成本预算。

6）Linux 最大的特点就是源码可用，属 FOSS 类别（免费和开源软件），开发者可自由查看和修改源码，能及时发现问题并解决。有些国家还在开发自己的 Linux 版本，这有助于国家在安防、通信等战略领域开发自己的操作系统。

7）一般认为，Linux 只适用于极客，而现在 Linux 成了用户友好型操作系统，还具有良好的图形用户界面（GUI）。它几乎具有 Windows 的所有功能，GUI 也发展到了一定程度，能满足大多数用户的需求。

8）Linux 具有灵活性，用户可以根据需求定制系统。它提供大量的壁纸、桌面图标和面板选项，有 6 个以上的桌面环境选择。对于其他任务，从 GUI 界面和文件管理器到 DVD 刻录，约有 4~6 个选项可用于特定软件。系统管理员可以编写 Shell 脚本来自动执行日常维护和各种其他任务。

9）Linux 有强大的社区支持。因为众多志愿者的存在，论坛提出的任何问题都能得到快速回复。

可以预见，Linux 操作系统的优点深得人心，是用户留下的理由之一，终其原因，其实和 Windows 操作系统一样，用户习惯了，自然离不开。

实训　DVD 启动并安装 Windows Server 2012 R2

一、实训目的

了解 Windows 操作系统的安装过程。

二、实训步骤

（一）Windows Server 2012 R2 安装前的准备

1. 硬件需求条件

安装 Windows Server 2012 R2 操作系统前，计算机应满足表 5-1 中的硬件配置条件。

表 5-1　安装 Windows Server 2012 R2 的硬件配置条件

硬件	配置条件
处理器（CPU）	最低：1.4GHz（x64 处理器）
内存	最低：512MB RAM
可用磁盘空间	最低：32GB
显示设备	超级 VGA（1024×768）或更高分辨率的显示器
其他	DVD 驱动器、键盘和 Microsoft 鼠标（或兼容的指针设备）、Internet 访问

2．选择安装模式

Windows Server 2012 R2 提供两种安装模式。

（1）完全安装模式　安装完成后的 Windows Server 2012 R2 系统内置窗口图形用户界面，可以充当各种服务器角色。

（2）Server Core 安装模式　采用该模式安装的 Windows Server 2012 R2 系统仅提供最小化的环境，它可以降低维护与管理需求、减少使用硬盘容量、减少被攻击次数。由于该安装模式没有窗口图形用户界面，因此只能在命令提示符或 Windows PowerShell 内通过命令来管理系统。利用该模式安装的系统只支持部分服务器角色，包括 DNS 服务器、域控制器、DHCP 服务器、文件服务器、打印服务器、Web 服务器、Windows 媒体服务和 Hyper-V。

3．磁盘分区与格式化

安装 Windows Server 2012 R2 前，要对磁盘进行分区，安装 Windows Server 2012 R2 的磁盘分区应预留足够的磁盘空间，以满足操作系统交换文件的需要。

新的磁盘分区必须格式化为合适的文件系统后，才可以安装操作系统。文件系统是对文件存储设备的空间进行组织和分配，负责文件存储并对存入的文件进行保护和检索的系统。在 Windows 系统中，最常见的文件系统有 NTFS、FAT 和 FAT32，Windows Server 2012 R2 只支持用户将其安装到使用 NTFS 文件系统的磁盘分区内。

（二）Windows Server 2012 R2 安装的注意事项

1）核验计算机是否支持 64 位系统：Windows Server 2012 R2 要求计算机拥有 64 位处理器。

2）备份数据：安装过程可能会删除硬盘中的数据，所以应先对重要数据进行备份。

3）拔掉 UPS 的连接线：由于安装程序会通过串行端口监测所连接的设备，因此如果 UPS（不间断电源）与计算机之间通过串行电缆连接，可能会使 UPS 收到自动关闭的错误命令，从而造成系统断电。

4）关闭防病毒程序：防病毒程序可能会干扰系统的安装，导致安装程序不能正常进行。

5）准备好大容量存储设备的驱动程序：应将大容量存储设备的驱动程序文件存放到 DVD、U 盘等设备的根目录，或将它们存储到 "amd64" 文件夹（针对 x64 计算机），并在安装过程中选择这些驱动程序。

6）注意 Windows 防火墙的干扰：Windows Server 2012 R2 的 Windows 防火墙默认是启用的。

在系统安装完成后,可能需要暂时关闭防火墙或在防火墙中进行设置以允许相关程序的正常运行。

(三)Windows Server 2012 R2 安装的基本操作步骤

1)开机后将系统盘放入光驱,按<F11>键进入 BIOS Boot 选项菜单,选择 BIOS Boot Menu(注:不同型号计算机,进入 BIOS 的方式有所不同,BIOS 设置方法也不同,设置时应查阅主板说明书)。

2)进入 BIOS Boot Manager 后,选择从光驱启动。

3)服务器开始从光驱启动,读取文件,如图 5-2 所示。

图 5-2 光驱启动

4)读取完系统信息后,系统会进行安装前的预设,第一个界面是选择系统安装的语言类型以及键盘类型,这时可以看到即将要安装的系统是 Windows Server 2012 R2 系统,单击"下一步"按钮继续,如图 5-3 所示。

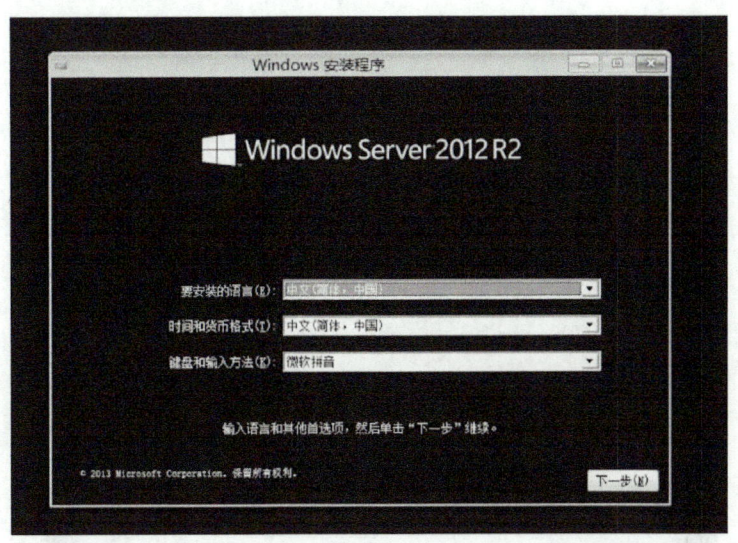

图 5-3 选择系统安装的语言类型以及键盘类型

5)询问是否现在安装,还是修复计算机时,单击"现在安装"按钮继续安装,如图5-4所示。

图5-4 询问是否现在安装

6)输入密钥,单击"下一步"按钮,如图5-5所示。

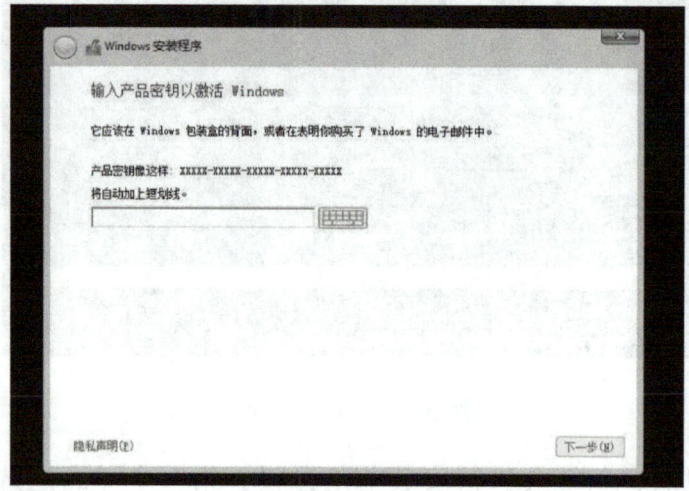

图5-5 输入密钥

7)选择"Windows Server 2012 R2 Standard(带有GUI的服务器)",单击"下一步"按钮,如图5-6所示。

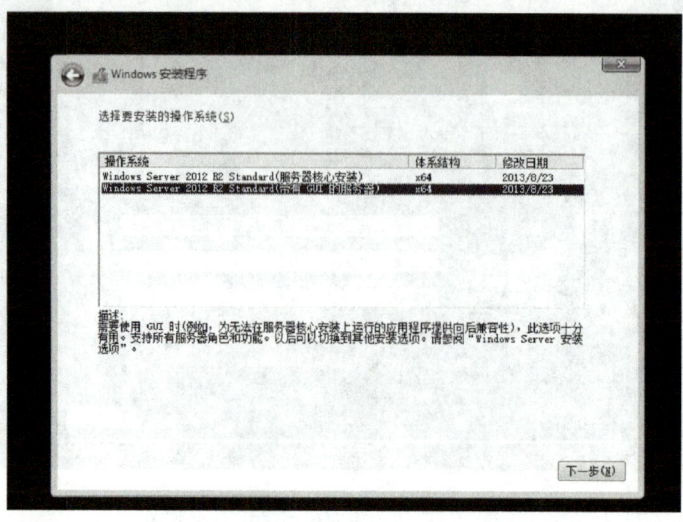

图5-6 选择带有GUI的服务器

8）勾选"我接受许可条款"，单击"下一步"按钮，如图5-7所示。

图5-7　接受许可条款

9）在"你想执行哪种类型的安装"界面中选择"自定义：仅安装Windows（高级）（C）"进行全新安装，如图5-8所示。

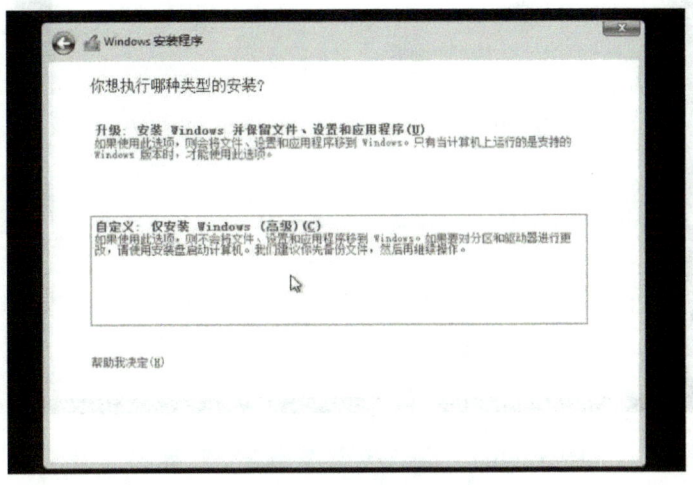

图5-8　"你想执行哪种类型的安装"界面

10）在"你想将Windows安装在哪里"界面中选择安装系统的磁盘分区，根据需求先单击"新建"按钮再单击"应用"按钮，如图5-9所示。

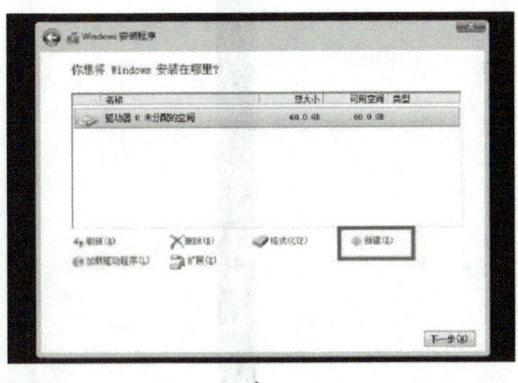
a)
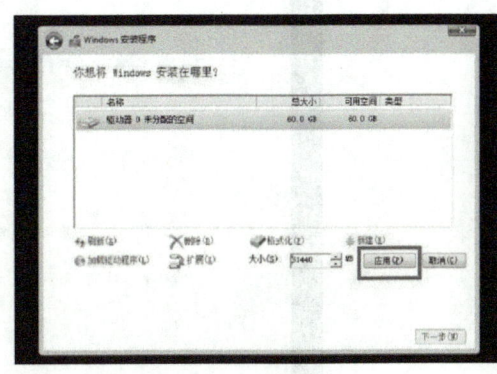
b)

图5-9　"你想将Windows安装在哪里"界面

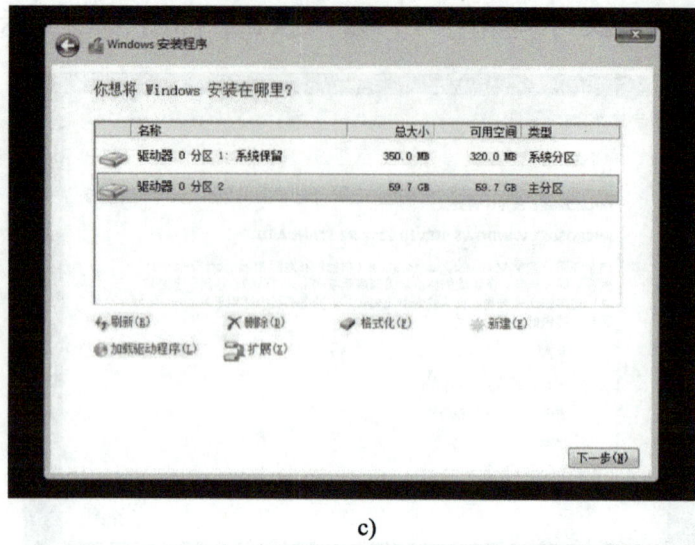

c)

图 5-9 "你想将 Windows 安装在哪里"界面(续)

11)打开"正在安装 Windows"界面,安装程序将自动完成系统的安装,如图 5-10 所示。

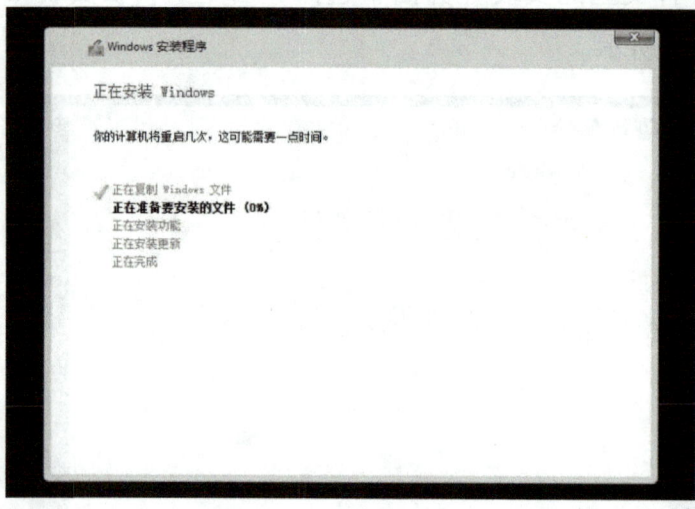

图 5-10 "正在安装 Windows"界面

12)Windows Server 2012 R2 系统安装完成后,将自动重新启动,如图 5-11 所示。重启界面如图 5-12 所示。

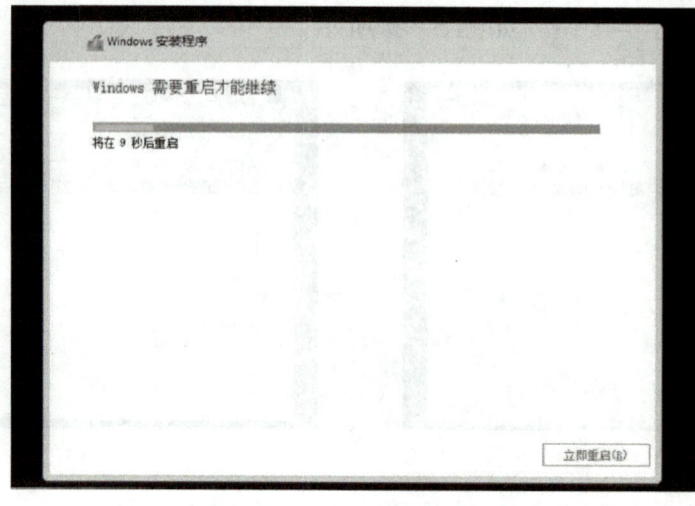

图 5-11 自动重新启动

图 5-12 重启界面

13）重启后进入设置密码界面，设置密码，如图 5-13 所示。

图 5-13 设置密码

14）按 < Ctrl + Alt + Delete > 组合键进行登录，如图 5-14 所示。

图 5-14 按 < Ctrl + Alt + Delete > 组合键登录

15）输入管理员账户密码，如图 5-15 所示。

图 5-15　输入管理员账户密码

16）完成安装，等待创建桌面等信息后，进入到系统桌面，如图 5-16 所示，即可以使用了。

图 5-16　系统桌面

17）成功登录 Windows Server 2012 R2 系统后，应安装和设置各种硬件设备的驱动程序，以确保各种硬件设备正常工作。

18）Windows Server 2012 R2 系统安装完成后，系统进入试用期，之后将提示需要激活该系统以便更好地使用。选择"控制面板"→"系统和安全"→"系统"，可先查看系统的激活情况。单击"激活 Windows 链接"，在打开的"激活 Windows 链接"窗口中输入正确的产品密钥即可激活该系统。

三、实训小结

不同的操作系统安装方法有所不同，同一操作系统的安装方式也有多种，可以利用 Windows Server 2012 R2 系统光盘直接安装，也可以在现有的 Windows 系统中利用 DVD 安装，本实训是使用的 Windows Server 2012 R2 系统光盘进行全新安装。

习 题

1. 以太网有哪些分类方式?
2. 简述局域网的体系结构。
3. LLC 提供了哪三种操作方式?
4. 网络操作系统的功能是什么?
5. 常见的网络操作系统有哪些?

第 6 章

局域网组建技术

学习目标

1. 了解局域网工作模式。
2. 掌握 CSMA/CD 的工作原理。
3. 了解令牌的工作原理。
4. 掌握网卡的分类与安装。
5. 熟悉双机互联网络组建技术。
6. 了解中小型网络组建技术。
7. 了解小型无线局域网组建技术。

第 1 节　组建双机互联网络

一、局域网工作模式

按照建网后不同操作系统所提供的工作模式的不同，可以将局域网分为对等式网络、客户机/服务器模式、浏览器/服务器模式三种基本类型。

（一）对等式网络

对等式网络（Peer-to-Peer，P2P）一般采用星形网络拓扑结构，最简单的对等式网络就是使用双绞线直接相连的两台计算机，如图 6-1 所示，常常被称作工作组。

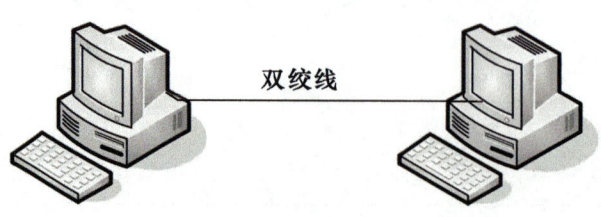

图 6-1　对等式网络

在对等式网络中,计算机的数量通常较少,相连的机器都处于同等地位,所有计算机都可以作为服务器,同时又是客户机,网络结构相对比较简单。

对等式网络不需要专门的服务器来支持网络,也不需要其他组件来提高网络的性能,因而对等式网络的价格相对其他模式的网络来说要便宜很多。对等式网络可以共享文件和网络打印机,如同使用本地打印机一样方便。对等式网络的这些特点使它在家庭或者其他小型网络中应用得很广泛。当然,对等式网络的缺点也非常明显,那就是只能提供较少的服务功能,并且难以确定文件的位置,使得整个网络难以管理。

(二)客户机/服务器模式

客户机/服务器模式(Client/Server,C/S)通常采用两层结构,服务器负责数据的管理,客户机负责完成与用户的交互任务,如图6-2所示。

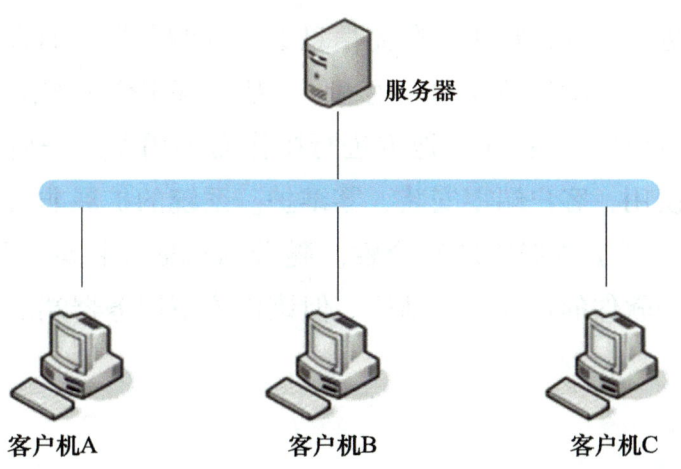

图6-2 客户机/服务器模式

客户机通过局域网与服务器相连,接受用户的请求,并通过网络向服务器提出请求,对数据库进行操作。服务器接受客户机的请求,将数据提交给客户机,客户机将数据进行计算并将结果呈现给用户。服务器还要提供安全保护及对数据完整性的处理等操作,并允许多个客户机同时访问服务器,这就对服务器硬件的数据处理能力提出了很高的要求。

客户机/服务器模式在技术上已经很成熟,它的主要特点是交互性强、具有安全的存取模式、响应速度快、利于处理大量数据等。但是客户机/服务器模式缺少通用性,系统维护、升级需要重新设计和开发,增加了维护和管理的难度,进一步的数据拓展困难较多,所以客户机/服务器模式只限于小型局域网。

(三)浏览器/服务器模式

浏览器/服务器模式(Browser/Server,B/S)是伴随着因特网的兴起,对客户机/服务器模式的一种改进。从本质上说,浏览器/服务器模式也是一种客户机/服务器模式,它可以看作是一种由传统的二层模式结构发展而来的三层模式结构在Web上应用的特例。浏览器/服务器模式如图6-3所示。

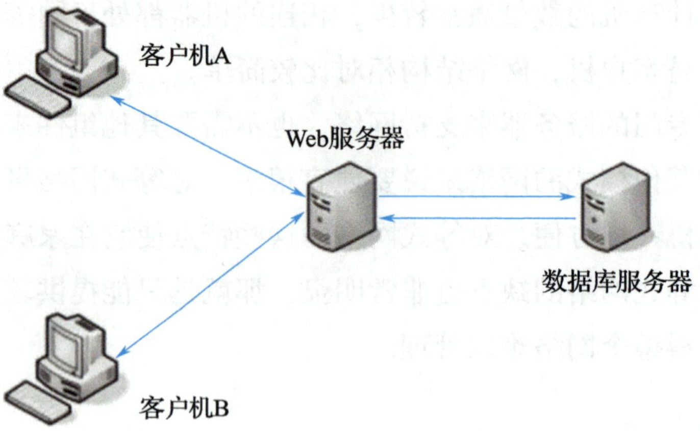

图 6-3 浏览器/服务器模式

浏览器/服务器模式主要利用了不断成熟的 Web 浏览器技术。用通用浏览器实现原来需要复杂专用软件才能实现的强大功能。用户通过浏览器向分布在网络上的许多服务器发出请求，服务器对浏览器的请求进行处理，将用户所需信息返回到浏览器。而数据请求、加工、结果返回以及动态网页生成、对数据库的访问和应用程序的执行等工作全部由 Web 服务器完成。浏览器/服务器模式最大的优点是可以在任何地方进行操作而不用安装任何专门的软件，只要有一台能上网的计算机就能使用，客户端零安装、零维护。系统的扩展非常容易。同时，也避免了客户直接访问数据库，提高了数据库的安全性。随着 Windows 将浏览器技术植入操作系统内部，这种模式已成为应用软件的首选体系结构。但该模式下服务器端的工作较重，对服务器的性能要求更高。

二、介质访问控制

介质访问控制（Medium Access Control）简称 MAC，可以解决当局域网中共用信道的使用产生竞争时，如何分配信道使用权的问题。换句话说，介质访问控制就是对信道访问的一种规定。局域网中目前广泛采用的两种介质访问控制方法，分别是争用型介质访问控制，又称随机型的介质访问控制协议，如 CSMA/CD 方式；确定型介质访问控制，又称有序的访问控制协议，如 Token（令牌）方式。

（一）CSMA/CD 的工作原理

CSMA/CD 是 Carrier Sense Multiple Access with Collision Detection 的缩写，可译为载波侦听多路访问/冲突检测，或带有冲突检测的载波侦听多路访问。它主要解决在公共通道上以广播方式传送数据中可能出现的问题（主要是数据碰撞问题）。载波侦听（Carrier Sense），是指网络上各个工作站在发送数据前都要侦听总线上有没有数据传输。若有数据传输（称总线为忙），则不发送数据；若无数据传输（称总线为空），立即发送准备好的数据。多路访问（Multiple Access）是指网络上所有工作站收发数据共同使用同一条总线，且发送数据是广播式的。冲突（Collision）是指若网上有两个或两个以上工作站同时发送数据时，在总线上就会产生信号的混合。例如，两个工作站都同时发送数据，在总线上就会产生信号的混合，两个工作站都辨别不出真正的数据是什么。为了减少冲突发生后的影响，工作站在发送数据过程中还要不停地检测自己发送的数据，有没有在传输过程中与其他工作站的数据发生冲突，这就是冲突检测（Collision Detection）。CSMA/CD 应用在 OSI 参考模型的第二层数据链路层。

工作原理：

1）需要发送数据的站点首先监听信道，看是否有信号在传输。如果信道空闲，就立即发送。

2）如果信道忙，则继续监听，当传输中的帧最后一比特通过后，再继续等待一段时间，以提供适当的时间间隔，然后开始传送。

3）发送信息的站点在发送数据过程中同时监听信道，检测是否有冲突发生。

4）当发送数据的站点检测到冲突后，就立即停止该次数据传输，并向信道发送长度为 4 字节的干扰信号，以确保其他站点也发现该冲突，等待一段随机时间，再尝试重新发送。

CSMA/CD 介质访问控制方法的工作原理，可以概括如下：先听后说，边听边说；一旦冲突，立即停说；等待时机，然后再说。（注：听，即监听、检测之意；说，即发送数据之意。）CSMA/CD 介质访问控制的流程如图 6-4 所示。

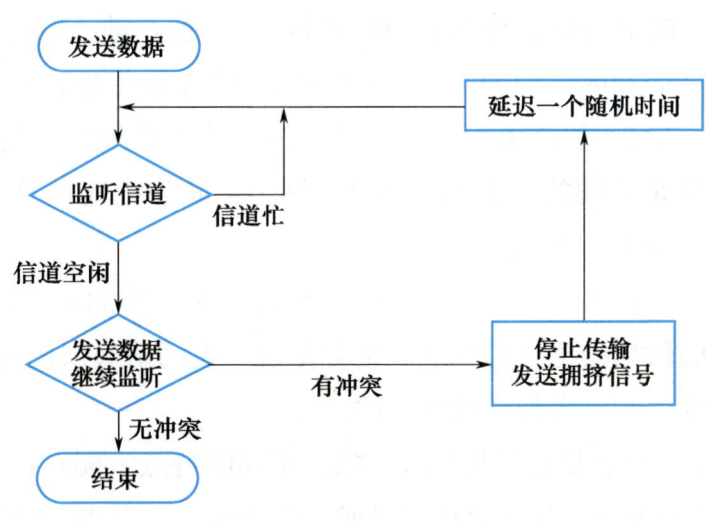

图 6-4 CSMA/CD 介质访问控制的流程

CSMA/CD 介质访问控制方式的优点是原理比较简单，技术上易实现，网络中各工作站处于平等地位，不需集中控制，不提供优先级控制。但在网络负载增大时，发送时间增长，发送效率急剧下降。

（二）令牌的工作原理

在令牌传送系统中，令牌在网络中沿各站点依次传递。令牌是一个有特殊目的的信息段，它的作用是允许站点进行数据发送。一个站点只有在持有令牌时才能发送数据。因此不会发生碰撞。令牌传送常用于环形拓扑中，其优点在于网络中的站点依次收到令牌，并依次发送数据，如图 6-5 所示。由于令牌在网环上是按顺序依次

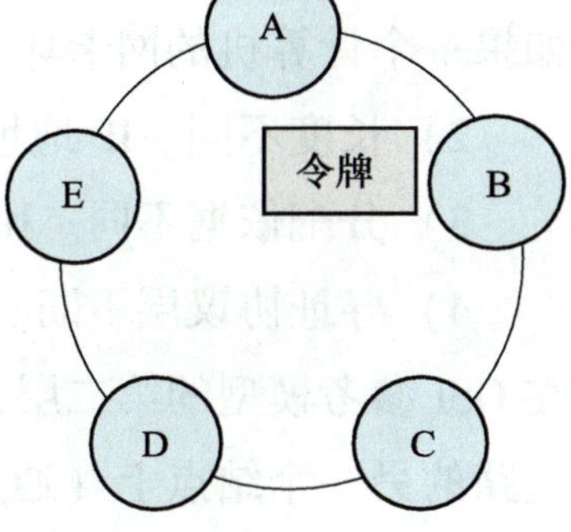

图 6-5 令牌传送方式

传递的，因此对所有入网计算机而言，访问权是公平的。

令牌在工作中有闲和忙两种状态。闲表示令牌没有被占用，即网中没有计算机在传送信息；忙表示令牌已被占用，即网中有信息正在传送。希望传送数据的计算机必须首先检测到闲令牌，将它置为忙的状态，然后在该令牌后面传送数据。当所传数据被目的结点计算机接收后，数据被从网中除去，令牌被重新置为闲。令牌环网的缺点是需要维护令牌，一旦失去令牌就无法工作，需要选择专门的结点监视和管理令牌。

概括地讲，CSMA/CD 方式和令牌方式在局域网的访问方法中都占有一定的地位。在较轻的负载下，CSMA/CD 方式提供较好的性能，并使用简单、便宜的网卡，而且不必为等待令牌而耗费时间。令牌方式则在负载较重时性能较好，而且每个站点对网络的访问具有一个最大的时间间隔。

三、以太网网卡

（一）以太网的 MAC 地址

MAC（Medium Access Control，介质访问控制）地址，也叫硬件地址，长度是 48 比特（6 字节），由 16 进制的数字组成，分为前 24 位和后 24 位：前 24 位叫作组织唯一标志符（Organizationally Unique Identifier，即 OUI），是由 IEEE 的注册管理机构给不同厂家分配的代码，区分了不同的厂家。后 24 位是由厂家自己分配的，称为扩展标识符。同一个厂家生产的网卡中 MAC 地址后 24 位是不同的。例如，某以太网卡，其物理地址是 48bit（比特位）的整数，如：44 – 45 – 53 – 54 – 00 – 00。

MAC 地址对应于 OSI 参考模型的第二层数据链路层，它存储的是传输数据时真正赖以标识发出数据的计算机和接收数据的主机的地址。也就是说，在网络底层的物理传输过程中，是通过物理地址来识别主机的，它一定是全球唯一的。

IP 地址和 MAC 地址相同点是它们都是唯一的，不同的特点主要有：

1）对于网络上的某一设备，如一台计算机或一台路由器，其 IP 地址是基于网络拓扑设计的，同一台设备或计算机上，改动 IP 地址是很容易的（但必须唯一），而 MAC 地址则是生产厂商烧录好的，一般不能改动。用户可以根据需要给一台主机指定任意的 IP 地址，如可以给局域网中的某台计算机分配 IP 地址为 192.168.0.112，也可以将它改成 192.168.0.200。而任一网络设备（如网卡、路由器）一旦生产出来，其 MAC 地址不可由本地连接内的配置进行修改。如果一个计算机的网卡坏了，在更换网卡之后，该计算机的 MAC 地址就变了。

2）长度不同。IP 地址为 32 位，MAC 地址为 48 位。

3）分配依据不同。IP 地址的分配基于网络拓扑，MAC 地址的分配基于制造商。

4）寻址协议层不同。IP 地址应用于 OSI 参考模型的第三层，即网络层，而 MAC 地址应用在 OSI 参考模型的第二层，即数据链路层。数据链路层协议可以使数据从一个结点传递到相同链路的另一个结点上（通过 MAC 地址），而网络层协议使数据可以从一个网络传递到另一个网络上（ARP 根据目的 IP 地址，找到中间结点的 MAC 地址，通过中间结点传送，从而最终到达目的网络)。

(二) 以太网网卡

网卡,即网络接口板,又称网络适配器或 NIC (网络接口控制器),是一块被设计用来允许计算机在计算机网络上进行通信的计算机硬件。由于其拥有 MAC 地址,因此属于 OSI 参考模型的第一层。它使得用户可以通过电缆或无线方式相互连接。每一个网卡都有一个被称为 MAC 地址的独一无二的 48 位串行号,它被写在卡上的一块 ROM 中。在网络中,每一个计算机都必须拥有一个独一无二的 MAC 地址。

网卡的主要功能包括:数据的封装与解封,即发送时将上一层交下来的数据加上首部和尾部,成为以太网的帧,接收时将以太网的帧剥去首部和尾部,然后送交上一层;链路管理,主要是 CSMA/CD 协议的实现;编码与译码,即曼彻斯特编码与译码。

以太网卡主要有以下几种分类方法。

1. 按总线接口类型分

按网卡的总线接口类型来分,一般可分为 ISA 接口网卡、PCI 接口网卡以及在服务器上使用的 PCI-X 接口网卡,笔记本计算机所使用的网卡是 PCMCIA 接口类型的。PCI 总线型网卡如图 6-6 所示。

图 6-6　PCI 总线型网卡

2. 按网络接口划分

目前常见的网络接口主要有以太网的 RJ-45 接口、细同轴电缆的 BNC 接口和粗同轴电缆的 AUI 接口、FDDI 接口、ATM 接口等。有的网卡为了适用于更广泛的应用环境,提供了两种或多种类型的接口,如有的网卡会同时提供 RJ-45 接口、BNC 接口或 AUI 接口。除了以上几种类型的网卡之外,还有无线网卡、USB 网卡等类型的网卡。USB 接口无线网卡、光纤接口网卡如图 6-7、图 6-8 所示。

图 6-7　USB 接口无线网卡　　　图 6-8　光纤接口网卡

3. 按带宽划分

随着网络技术的发展,网络带宽也在不断提高,但是不同带宽的网卡所应用的环境也有所不同,目前主流的网卡主要有 10Mbit/s 网卡、100Mbit/s 网卡、10Mbit/s/100Mbit/s 自适应网卡、1000Mbit/s 网卡四种。

(三) 网卡的安装与检测

1. 网卡的硬件安装

不同类型网卡的安装方法有所不同，常见的 PCI 总线接口的以太网网卡的基本安装步骤为：关闭主机电源，拔下电源插头；打开机箱后盖，在主板上找到空闲 PCI 插槽，卸下相应的防尘片，保留好螺钉；将网卡对准插槽向下压入插槽中，如图 6-9 所示；用卸下的螺钉固定网卡的金属挡板，安装机箱后盖；将双绞线跳线上的 RJ-45 接头插入网卡背板上的 RJ-45 端口，如果正常安装，网卡上的相应指示灯会亮。

图 6-9 将网卡向下压入插槽

2. 安装网卡驱动程序

在机箱中安装好网卡后，重启计算机，系统会自动检测新增加的硬件，这时找到网卡驱动程序，通过添加新硬件向导引导用户安装驱动程序。也可以选择"控制面板"→"添加硬件"命令，系统将自动搜索新硬件并安装其驱动程序。

3. 检测网卡的工作状态

安装好网卡驱动程序后，需要检测网卡是否正常工作。具体方法为：右击"计算机"图标，在弹出的菜单中选择"属性"命令，打开"系统"文件夹；在"系统"文件夹中单击"设备管理器"，在"设备管理器"对话框中双击"网络适配器"，就可以看到已经安装的网卡。

四、实现双机互联

在所有的双机互联方案中，网卡连接是最简便、速度最快的一种方案。用户只要在两台计算机中安装网卡，再用双绞线连接到网卡的 RJ-45 接口就可以了。在这种网络中，能够共享文件和硬件设备，以及共享一个账号上网，并可实现 100Mbit/s 的传输速率。

所需硬件有：两块 RJ-45 接口的网卡；5 类双绞线一根，RJ-45 水晶头两个；网络钳（RJ-45）一把。

(一) 组建网络

步骤一：制作连接计算机设备的双绞线（交叉线）。

步骤二：把制作好的双绞线，一端插入一台计算机网卡接口，另一端插入对端计算机网卡接口。插入时按住双绞线上翘环片，听到"吧嗒"声音后，轻轻回抽不松动即可。

步骤三：给设备接通电源，当设备处于稳定状态时，线路端口显示绿灯，表示网络处于连通状态。

步骤四：对等式网络安装完成后，还需要对每台计算机进行 TCP/IP 设置。为网络中的计算机配置 IP 地址，使网络具有可管理性。具体设置方法如下。

1) 右击"网络"图标，在弹出的菜单中选择"属性"命令，打开"网络和共享中心"文件夹。

2) 在"网络和共享中心"文件夹中，单击"更改适配器设置"，打开"网络连接"文件夹。

3) 在"网络连接"文件夹中，右击要配置的网络连接，在弹出的菜单中选择"属性"命令，打开"本地连接属性"对话框。

4) 在"本地连接属性"对话框的"此连接使用下列项目"列表框中选择"Internet 协议版本 4（TCP/IPv4）"，单击"属性"按钮，在打开的"Internet 协议版本 4（TCP/IPv4）属性"对话框中，设置 IP 地址等信息，如图 6-10 所示。注意，网络中计算机需设置为同一网络。

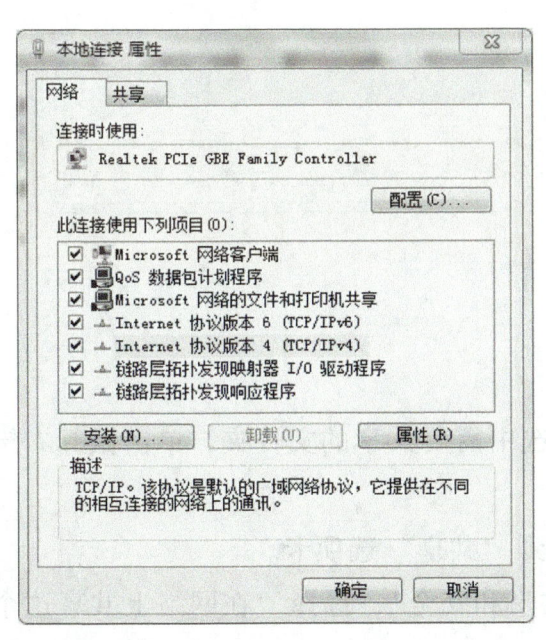
a) 本地连接属性界面

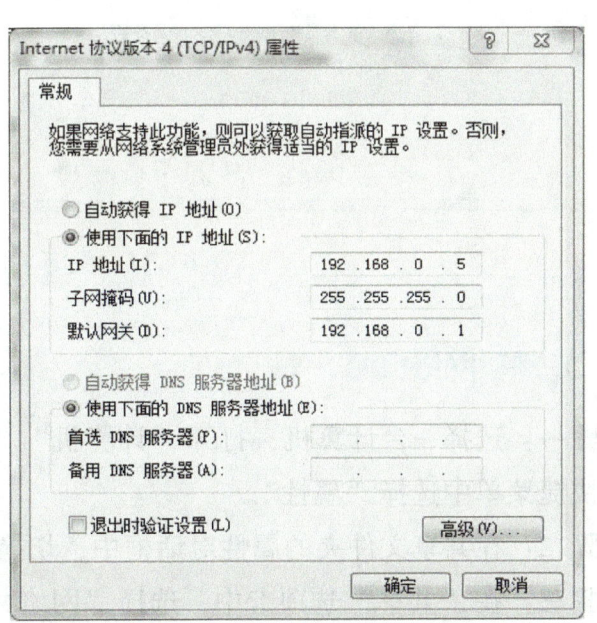
b) Internet 协议版本 4（TCP/IPv4）属性

图 6-10 设置 IP 地址

步骤五：使用 ping 测试命令，测试对等式网络的连通性。

配置管理地址后，可用 ping 命令来检查组建的对等式网络的连通情况。打开任意一台计算机，执行"开始"→"运行"命令，输入 cmd 命令，转到命令行操作状态。在命令行操作状态，使用 ping 命令测试，如 ping 192.168.0.2。若收到数据回复，表示组建的对等式网络实现连通。

如果显示请求超时，则表示网络没有连通，需要检查网卡、网线和 IP 地址，查找问题，及时排除网络故障。

备注：在测试过程中，需要关闭防火墙，因为防火墙提供的安全性能会屏蔽测试命令。在"网络和共享中心"对话框中，单击"Windows 防火墙"按钮。单击"打开或关闭 Windows 防火墙"，在"自定义设置"对话框中单击"关闭 Windows 防火墙"，然后单击"确定"按钮，完成设置，如图 6-11 所示。

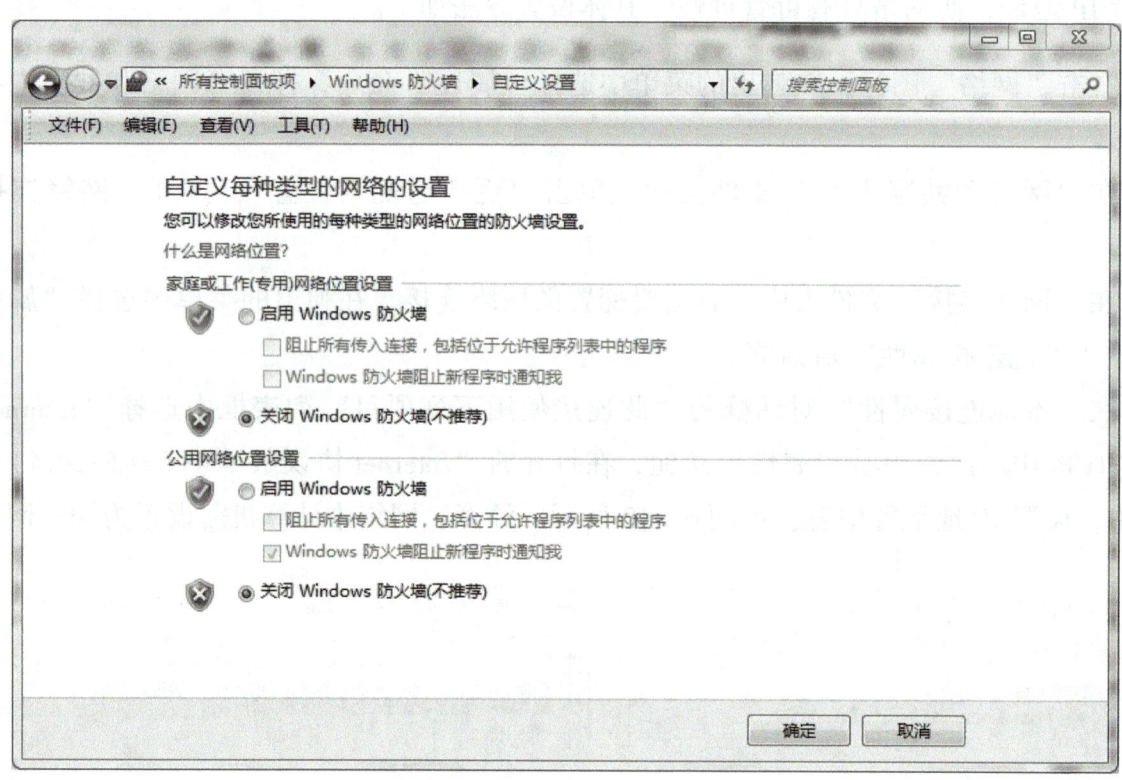

图 6-11　关闭 Windows 防火墙

（二）共享网络资源

步骤一：选择一台计算机，打开"计算机"，选中需要共享的文件夹，单击鼠标右键，在弹出的快捷菜单中选择"属性"。

步骤二：在共享文件夹的属性对话框中，切换到"共享"选项卡。

步骤三：在"共享"选项卡中，选择"网络共享和安全"，选择"在网络上共享这个文件夹"复选框。

步骤四：在对方计算机上，双击"网上邻居"图标，在打开的窗口中就能看到共享资源，双击打开就可以使用共享资源。也可以通过执行"网上邻居"→"查看工作组计算机"命令，打开目标计算机查看共享资源。或者在本地计算机中打开"网上邻居"窗口，在地址栏中直接输入"\\ 对方 IP"或者"\\ 对方计算机名"，在打开的窗口中就能看到共享资源。

第 2 节 组建中小型办公网络

随着办公自动化的广泛应用，以网络为核心的办公自动化成为热门技术。组建中小型办公局域网，可以使单位的所有计算机和其他硬件设备（如打印机、扫描仪等）实现共享，同时还可以通过各种应用服务器，在网内统一为用户提供服务，从而节省软、硬件资源，节省资金投入，提高设备利用率。本节将主要介绍中小型办公网络的组建。

一、中小型网络结构的规划

（一）中小型网络布局原则

1. 实用性

企业组建的局域网应当根据设备的多少来具体实施，网络布线的特点决定了网络布局的实用性。

2. 全面性

组网过程中，网络、服务器等设备放置位置应当统筹兼顾，网络布局要考虑周全，尽量让各种设备和布线系统处于合理的位置。

3. 可靠性

组网无论怎样布局，最终的目的是保证局域网的所有设备能可靠稳定地运行，使得网络能正常运转。

4. 便于维护与升级

组网不是一成不变的，随着企业业务的不断发展，原先组建的局域网就需要不断地完善和扩充；在日常的网络运行维护中，规划网络布局时就应该考虑到便于以后网络的维护与升级操作。

（二）中小型网络规划方案

构建中小型网络的第一步是设计网络基本结构，即根据建网单位的硬件基础和客户应用需求，选择合适的网络操作系统和拓扑结构。在确定建网方向时，要面向应用，充分利用现有资源，结合应用和需要的变化，制定相应的方案，不要一味追求高、新、难。要避免使用不成熟的技术，因为某些过渡时期的技术很有可能导致网络建设的失败。

按照网络的应用规模，可以分为基本应用网络、较大规模应用网络和有分支机构的网络。

1. 基本应用网络

基本应用网络就是将若干个计算机连接起来，组成对等式网络，计算机之间可以相互共享资源。如果其中一台计算机安装了打印机、扫描仪等，其余计算机可以通过网络系统，共享这些设备。也就是说，在这种网络中每台计算机不但有单机的所有自主权，而且可共享网络中计算机的处理能力和存储容量，并进行信息交换。基本应用网络的优点是组网容易，成本较低，易于维护。它的缺点是网络中的文件存放非常分散，不利于数据的保密，同时网络的数据带宽受到很大的限制，不易于升级。对等式网络适用于一些小型企业，且计算机布置较集中的情况。基本应用网络拓扑图如图6-12所示。

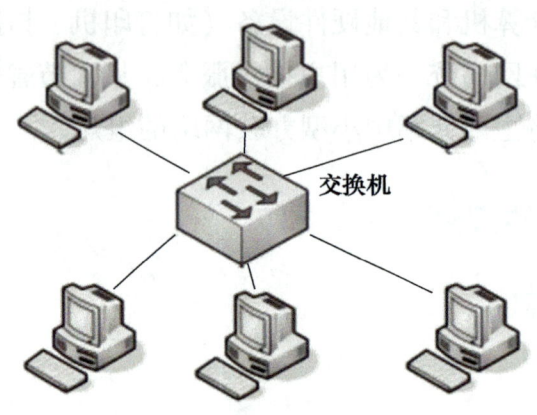

图6-12　基本应用网络拓扑图

2．较大规模应用网络

对于具备一定规模，在内部已经有了几个部门的企业，如果所有部门的用户无差别地处于对等式网络中，不仅使许多敏感数据容易被无关人员获取，而且部门内的大量通信也会占用大量的网络资源，使整个网络的效率变低，甚至引起崩溃。为了克服这个缺点，需要将经常进行通信的计算机组成一个子网，使大量的内部数据局限在子网内传播，然后将各个子网连接在一起，形成局域网。较大规模应用网络拓扑图如图6-13所示。

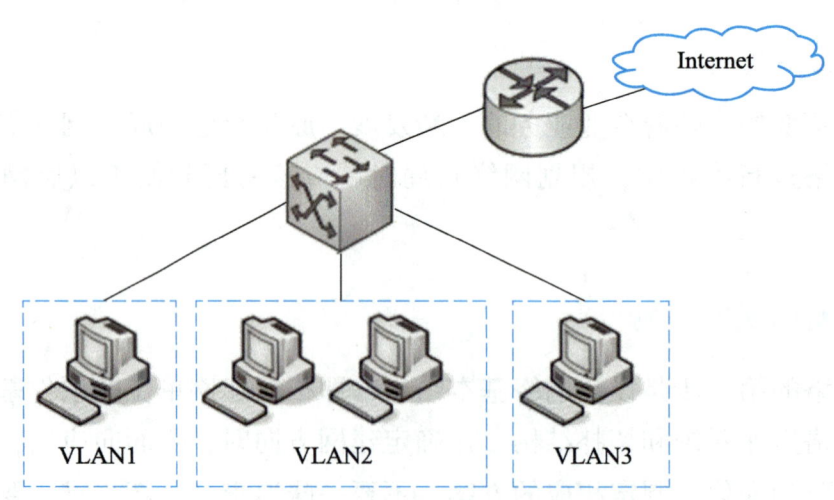

图6-13　较大规模应用网络拓扑图

在较大规模应用网络中，除了网管服务器外，一般还会采用专门的服务器进行数据库管理、文件管理，同时使用网络管理主机进行权限限定、子网划分等。较大规模应用网络的优点是网络系统稳定，信息管理安全，网络用户扩展方便，易于升级。缺点是需要专用的服务器和相应的外部连接设备，建网成本高，管理上较复杂，这种网络结构适用于计算机数量较多，位置相对分散，且传输的信息量较大的情况。

3．有分支机构的网络

当企业进一步发展，需要建立分支机构，如在地理上具有一定距离的分公司，依然需要在企业内部进行信息共享，实现办公自动化。分支机构与总部连接有许多方式，但形式基本相似，有分支机构的网络拓扑图如图6-14所示。

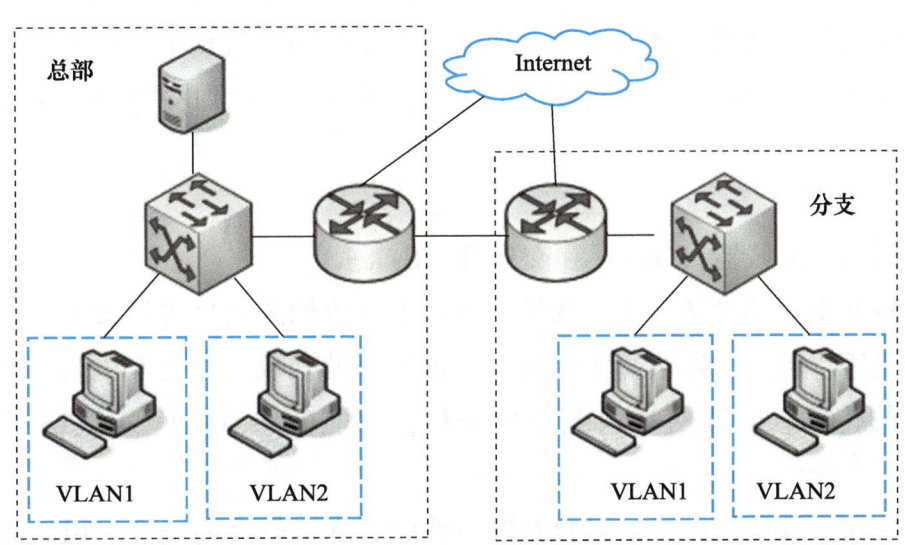

图6-14 有分支机构的网络拓扑图

二、网络设备的选择

中小型办公局域网的硬件设备要比家庭网络复杂一些，除网卡、网线、集线器这些基本设备以外，还可能用到交换机、路由器和服务器等。由于组网的规模、网速和网络性能的要求不同，这些硬件设备的选择也有所不同。

（一）网卡和网线

目前比较常见的选择是100Mbit/s的PCI网关，采用RJ-45插头和五类或超五类双绞线与集线器连接。由于三类双绞线只能实现10Mbit/s的传输速率，为了让网络的传输速率达到100Mbit/s，选择网线时，应该至少使用五类线，最好直接使用超五类或六类线，以满足未来升级的需求。在选择其他网络设备时，应尽量选用性能好、适用范围宽的产品，同时要注意与网卡、网线的速率保持一致，否则网络的速率只能与速率最低的设备一致。例如，网卡采用10/100Mbit/s的自适应型网卡，交换机至少要使用100Mbit/s交换机，这样既可充分利用现有的100Mbit/s网络资源，又可为以后大流量的多媒体信息提供足够的带宽。

（二）路由器和网关

路由器（Router）是一种连接多个网络或网段的网络设备，它能将不同网络或网段之间的数据信息进行"翻译",以使它们能够相互"读"懂对方的数据,从而构成一个更大的网络。路由器适用于连接复杂的大型网络。路由器的互联能力强,可以执行复杂的路由选择算法,处理的信息量比网桥多,但处理速度比网桥慢。

网关(Gateway)用于连接网络层之上执行不同协议的子网,组成异构的互联网。网关能实现异构设备之间的通信,对不同的传输层、会话层、表示层、应用层协议进行翻译和变换。网关具有对不兼容的高层协议进行转换的功能。

路由器设备对于大型企业来说非常方便经济,但对于中小型企业来说,设备昂贵,并且不能充分发挥路由器的容量特点。通常情况下在组建中小型网络过程中,网关和路由器都可以使用软件来代替,以节省建网经费。在具体的应用中,我们要考虑到网络的速度和选用的器材。

(三)集线器和交换机

集线设备有两种:集线器(Hub)和交换机(Switch)。

集线器是一种共享式的设备,它把从任一端口上接收到的信号进行放大,然后由网络中的计算机自行判断是否接收。这样做通常会出现数据阻塞的现象。而交换机是交换式设备,可实现数据的点对点的传输,即使网络状态十分繁忙,也能使结点之间的数据交换十分通畅地进行。

交换机主要应用于大中型网络,以及对网络性能要求比较高的场合。虽然集线器的整体效率远远比不上交换机,但其在价格方面仍然有优势,对于小型办公网络和家庭网络而言,集线器往往是选择的对象。当然,随着交换机价格的下降,使用交换机的情况也越来越多。

集线器最重要的两个参数指标是传输速率和端口数量,端口数量的选择需要根据办公网络实际计算机数量而定,一般的集线器端口数量有2~24口不等。如果联网的计算机较多,可以用堆叠或级联的方式把几个集线器组合起来,形成一台具有更多端口数量的集线器,不过一般堆叠的层数不宜太多,通常不要超过四层。

中型局域网由于规模大,可划分为主干网和分支网。主干网的数据传输速率可为100~1000Mbit/s,分支网的数据传输速率可为100Mbit/s。在选择交换机时,同样要考虑传输速率和端口数量两个参数,这两点与集线器的选择一致,不同的是,主干交换机一般要选择支持可网管和可划分VLAN功能的交换机,而网络规模较大和性能要求较高时,可选择三层交换机。

三、某企业办公网络规划实例

(一)需求分析

某企业是一家规模约600人的中型企业,由经营部、财务部、技术部、质检部、办公室、打字室等部门构成,现有计算机20台,且每个部门对信息化的要求不同。总的来说,企业建立局域网的目的主要是加强企业的内部管理、各职能部门员工间的沟通合作,提高管理水平,合理利用资金和人才资源,以达到人、财、物、供、产、销的统一,更好地服务生产经营,获得更高的效益。

由于企业建立局域网的主要目的是实现企业内部的资源共享，以及 Internet 访问，对网络带宽的要求不是特别苛刻，因此方案采用已得到普遍应用的交换式快速以太网。

（二）网络拓扑结构

由于企业的办公环境比较集中，基本处于半径 100m 的范围内，正好适合组建基于五类双绞线的以太网。星形布线具有连接简单、维护方便、稳定性好、故障易隔离的优点；非屏蔽双绞线价格低廉、性能优良，因此方案采用星形非屏蔽双绞线布线方式。确定后的网络拓扑图如图 6-15 所示。

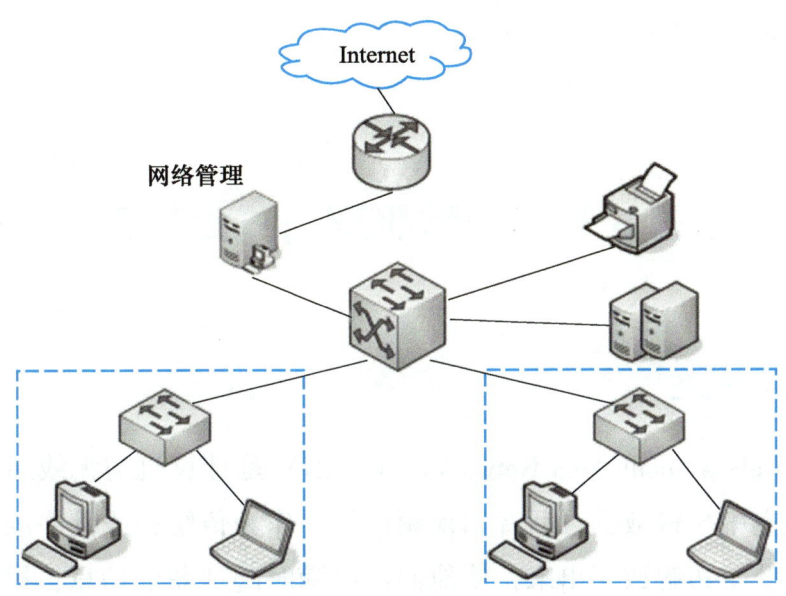

图 6-15　网络拓扑图

（三）设备类型

1．工作站

利用现有的计算机。

2．交换设备

采用某品牌的一款 24 口百兆交换机，每个端口独享 100Mbit/s 带宽，而且都是全双工，实现百兆交换到桌面。

3．网卡

为了实现百兆交换到桌面，统一配置 10/100Mbit/s 的自适应型网卡。

4．网线

采用非屏蔽五类双绞线。

5．RJ-45 头

选择正宗品牌产品。

6. 服务器

由于该企业的不少资料是各部门要共享的，同时要考虑配置邮件服务器，所以设置了一台专用服务器。服务器的设计要满足 24 小时不间断地工作，具有极高的稳定性和性能，同时能保证数据的快速吞吐、安全、备份。

7. 路由器

路由器在这个结构中，是局域网连接到互联网的必需设备。由于购置专业的路由器费用高，而且需要专业管理人员，因此常用的解决方案是利用接入 Internet 的 ADSL Modem 设备中的路由功能，实现 Internet 共享。

第 3 节　组建小型无线局域网

一、无线局域网概述

无线局域网（Wireless Local Area Networks，WLAN）是计算机与无线通信技术相结合的产物，利用无线技术在空中传输数据、话音和视频信号。作为传统布线网络的一种替代方案，无线局域网把个人从办公桌边解放了出来，使他们可以随时随地获取信息，提高了个人的办公效率。无线局域网能够更方便地联网，而不必对网络的用户管理配置进行过多的变动，并且在有线网络布线困难的地方，不必再实施打孔敷线作业，因而不会对建筑设施造成任何损害。

（一）无线局域网的技术标准

WLAN 标准主要是针对物理层和媒体访问控制层（MAC），涉及无线频率范围、空中接口通信协议等技术规范与技术标准。无线局域网常用的技术标准有 IEEE 提出的标准 IEEE 802.11 系列，ETSI 提出的标准 HiperLan 和 HiperLan2，HomeRF 工作组提出的标准 HomeRF 和 HomeRF2，另外还有 BSIG（Bluetooth Special Interest Group）提出的蓝牙技术标准。其中 IEEE 802.11 系列标准应用最广泛，已经成为占主导地位的无线局域网标准。

IEEE 802.11 系列标准由很多子集构成，详细定义了 WLAN 中从物理层到媒体控制访问层的通信协议。该系列中的 IEEE 802.11b、IEEE 802.11a 和 IEEE 802.11g 都已经崭露头角，尤其是 IEEE 802.11b，它的产品普及率高，在众多的标准中处于先导地位。

1. IEEE 802.11b

IEEE 802.11b 使用开放的 2.4GHz 频段，物理调制方式为补码键控（CCK）编码的直接序列扩频（DSSS），最大数据传输速率为 11Mbit/s，无需直线传播。使用动态速率转换，当射频情况变差时，可将数据传输速率降低为 5.5Mbit/s、2Mbit/s 和 1Mbit/s。IEEE 802.11b 的使用范围在室外为 300m，在办公环境中则为 100m。使用与以太网类似的连接协议和数据包确认，来提供可靠的数据传送和网络带宽的有效使用。

IEEE 802.11b 运作模式基本分为两种：点对点模式和基本结构模式。点对点模式是指无线网卡和无线网卡之间的通信方式，即 Ad Hoc 模式或者独立基本服务集（IBSS）。基本结构模式（BSS）是指仅使用一个接入点（AP）的无线网络。使用多个接入点的两个或多个 BSS 无线网络可以组成扩展服务集（ESS），这是无线网络规模扩充或无线和有线网络并存时的通信方式，是 IEEE 802.11b 常用的方式。

然而随着网络应用中视频、语音等关键数据传输的需求越来越多，速率问题将会成为 IEEE 802.11b 进一步发展的主要障碍。此外 IEEE 802.11b 的安全问题也不容忽视，可通过 WEP 加密协议来弥补这一缺陷，不过 IEEE 已经出台了 IEEE 802.11i 标准来专门解决 WLAN 中的安全问题。

2. IEEE 802.11a

IEEE 802.11a 工作在 5GHz 频带，从而避开了拥挤的 2.4GHz 频段，所以相对 IEEE 802.11b 来说几乎没有干扰。物理层速率可达 54Mbit/s，传输层速率可达 25Mbit/s。它采用正交频分复用（OFDM）的独特扩频技术；可提供 25Mbit/s 的无线 ATM 接口、10Mbit/s 以太网无线帧结构接口和 TDD/TDMA 的空中接口，支持语音、数据、图像业务，一个扇区可接入多个用户，每个用户可带多个用户终端。

IEEE 802.11a 在使用频率的选择和数据传输速率上都优于 IEEE 802.11b，不过其不兼容 IEEE 802.11b、空中接力不好、点对点连接很不经济，不适合小型设备，另外由于技术成本过高，缺乏价格竞争力，经济规模始终无法扩大，加上 5GHz 并非免费频段，在部分地区面临频谱管制的问题，市场销售情况一直不理想。

3. IEEE 802.11g

IEEE 802.11g 是 IEEE 为了解决 IEEE 802.11a 与 IEEE 802.11b 的互通而出台的一个标准，它是 IEEE 802.11b 的延续，两者同样使用 2.4GHz 的通用频段，互通性高，被看作是新一代的 WLAN 标准。IEEE 802.11g 的速率上限已经由 11Mbit/s 提升至 54Mbit/s，但由于 2.4GHz 频段干扰过多，在传输速率上低于 IEEE 802.11a。

IEEE 802.11g 的兼容性和高数据速率弥补了 IEEE 802.11a 和 IEEE 802.11b 各自的缺陷，一方面使得 IEEE 802.11b 的产品可以平稳向高数据速率升级，满足日益增加的带宽需求，另一方面使得 IEEE 802.11a 实现与 IEEE 802.11b 的互通，克服了 IEEE 802.11a 一直难以进入市场主流的尴尬，因此 IEEE 802.11g 一出现就获得众多厂商的支持。

（二）无线局域网的硬件设备

在无线局域网里，常见的设备有无线网卡、无线接入点、无线路由器、无线天线等。

1. 无线网卡

无线网卡的作用类似于以太网中的网卡，作为无线局域网的接口，实现与无线局域网的连接。无线网卡根据接口类型的不同，主要分为三种类型，即 PCMCIA 无线网卡、PCI 无线网卡和 USB 无线网卡。PCMCIA 无线网卡仅适用于笔记本计算机，支持热插拔，可以非常方便地实现移动无线接入，如图 6-16a 所示。PCI 无线网卡适用于普通的台式计算机，如图 6-16b 所示。其实 PCI 无线网卡只是在 PCI 转接卡上插入一块普通的 PCMCIA 卡。USB 无线网卡适用于笔记本计算机和台式计算机，支持热插拔，如果网卡外置有无线天线，那么，USB 无线网卡就是一个比较好的选择。

a）PCMCIA 接口无线网卡　　　　　　b）PCI 接口无线网卡

图 6-16　无线网卡

2. 无线接入点

无线接入点主要实现网络的多点访问以及与外部网络的连接，在介质访问控制层中扮演无线工作站及同一局域网络的桥梁。其功能上类似于有线网络的集线器，使多点接入构成以接入点设备为中心的星形网络结构。因此任何一台装有无线网卡的工作站均可透过无线接入点去分享有线局域网络、广域网络甚至广域网络的资源。除此之外，无线接入点本身又具有可网管功能，可针对接入无线的工作站进行必要的控管。无线接入点如图 6-17 所示。

 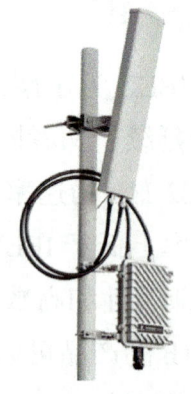

a）室内无线接入点　　　　　　b）室外无线接入点

图 6-17　无线接入点

3. 无线路由器

无线路由器实际上是无线接入点与宽带路由器的结合，借助无线路由器，用户可实现无线网络中的 Internet 连接共享，实现 ADSL、Cable Modem 和小区宽带的无线共享接入。无线路由器如图 6-18 所示。

图6-18 无线路由器

4. 无线天线

计算机与无线接入点或其他计算机相距较远会导致无线信号减弱，或者传输速率明显下降，或者根本无法实现与无线接入点或其他计算机之间通信，此时，就必须借助无线天线对所接收或发送的信号进行增益（放大）。无线天线有多种类型，不过常见的有两种，一种是室内天线，优点是方便灵活，缺点是增益小，传输距离短；另一种是室外天线。室外天线的类型比较多，有锅状的定向天线、棒状的全向天线等。室外天线的优点是信号传输距离远。

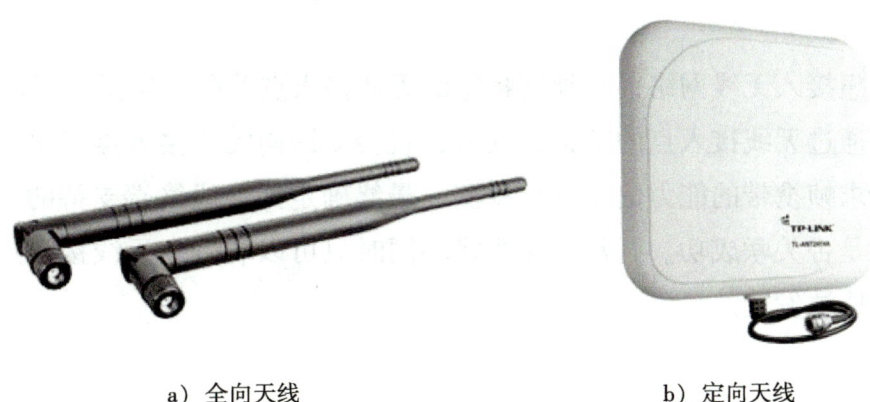

a）全向天线　　　　　　　　　b）定向天线

图6-19 无线天线

二、组建无线局域网

（一）无线局域网的连接方式

1. 点对点无线网络（Ad-hoc模式）

点对点无线网络是一种点对点的对等式移动网络，没有有线基础设施的支持，网络中的结点均由移动主机构成。网络中不存在无线接入点，通过多张无线网卡自由地组网实现通信。

2. 集中控制式网络（Infrastructure模式）

集中控制式网络是一种整合有线与无线局域网架构的应用模式。在这种模式中，无线网卡与无线接入点进行无线连接，再通过无线接入点与有线网络建立连接。实际上集中控制式网络还可以分为两种模式：无线路由器+无线网卡建立连接的模式；无线接入点+无线网卡建立连接的模式。

（二）无线局域网的用户接入

无线用户首先需要通过主动或被动扫描发现周围的无线局域网，通过认证和关联两个过程后，才能和无线接入点建立连接，最终接入无线局域网。

1. 无线扫描

无线用户有两种方式可以获取到周围的无线网络信息：一种是被动扫描，无线用户只是通过监听周围无线接入点发送的信标帧（Beacon）获取无线网络信息；另一种是主动扫描，无线用户在扫描的时候，同时主动发送一个探测请求帧（Probe Request），通过收到探测响应帧（Probe Response）获取网络信号。

2. 认证过程

为了保证无线链路的安全，在无线用户接入过程中，无线接入点需要完成对无线终端的认证，只有通过认证后才能进入后续的关联阶段。IEEE 802.11 定义了两种认证机制：开放系统认证和共享密钥认证。

3. 关联过程

如果无线用户想接入无线网络，必须同特定的无线接入点关联。当无线用户通过指定 SSID 选择无线网络，并通过无线接入点的链路认证后，就会立即向无线接入点发送关联请求。无线接入点会对关联请求帧携带的能力信息进行检测，最终确定该无线终端支持的能力，并回复关联响应，通知链路是否关联成功。通常，无线终端同时只可以和一个无线接入点建立链路，而且关联总是由无线终端发起。

 实训　组建以无线路由器为中心的家庭无线局域网

一、实训目的

随着计算机技术的日益普及，许多家庭拥有了多台计算机。如果采用传统的有线组网技术组建家庭网络，需要在家中重新布线，不可避免地要进行砸墙和打孔，如此不仅家中的原有装饰会被破坏，而且裸露在外的网线也影响了室内的美观，笔记本计算机方便移动的优势也得不到充分发挥。

为了解决以上问题，需要组建家庭无线局域网。组建家庭无线局域网的步骤是购买并安装无线网卡和无线路由器后，选择合适的工作模式，并对其进行适当配置，使各计算机能够在无线网络中互联互通即可。

为使家中所有区域都覆盖有无线信号，最好采用以无线路由器（或无线接入点）为中心的接入方式，连接家中所有的计算机。

二、实训步骤

1. 准备所需设备

PC 机 3 台。

无线网卡 3 块。

无线路由器 1 台。

直通网线 2 根。

2. 网络拓扑结构

网络拓扑图如图 6-20 所示。

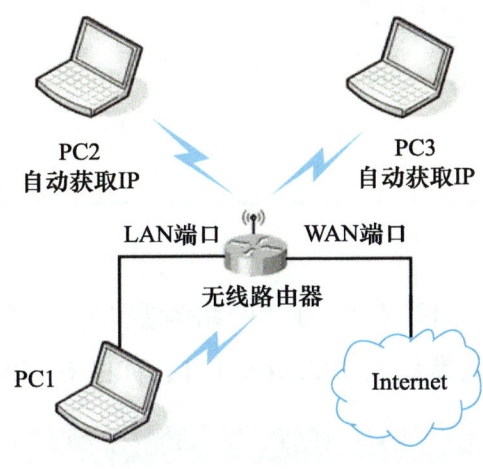

图 6-20 网络拓扑图

3. 实施步骤

(1) 配置无线路由器

1) 把连接外网（如 Internet）的直通网线接入无线路由器的 WAN 端口，把另一直通网线的一端接入无线路由器的 LAN 端口，另一端口接入 PC1 计算机的有线网卡端口。

2) 设置 PC1 计算机有线网卡的 IP 地址为 192.168.1.10，子网掩码为 255.255.255.0，默认网关为 192.168.1.1。在 IE 地址栏中输入 192.168.1.1，打开无线路由器登录界面，输入用户名为 admin，密码为 admin，如图 6-21 所示。

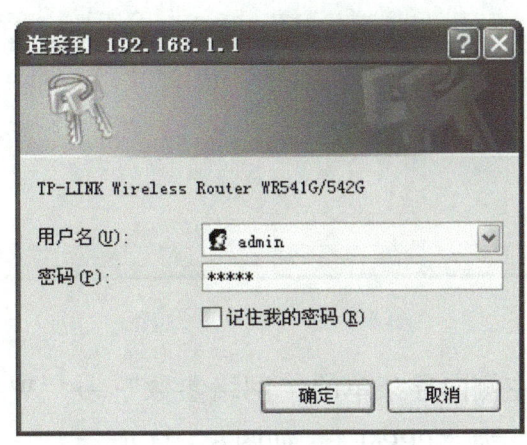

图 6-21 无线路由器登录界面

3)进入设置界面以后,通常会弹出"设置向导"界面,如图 6-22 所示。对于有一定经验的用户,可选中"下次登录不再自动弹出向导"复选框,单击"退出向导"按钮,直接进行各项参数的细致设置。

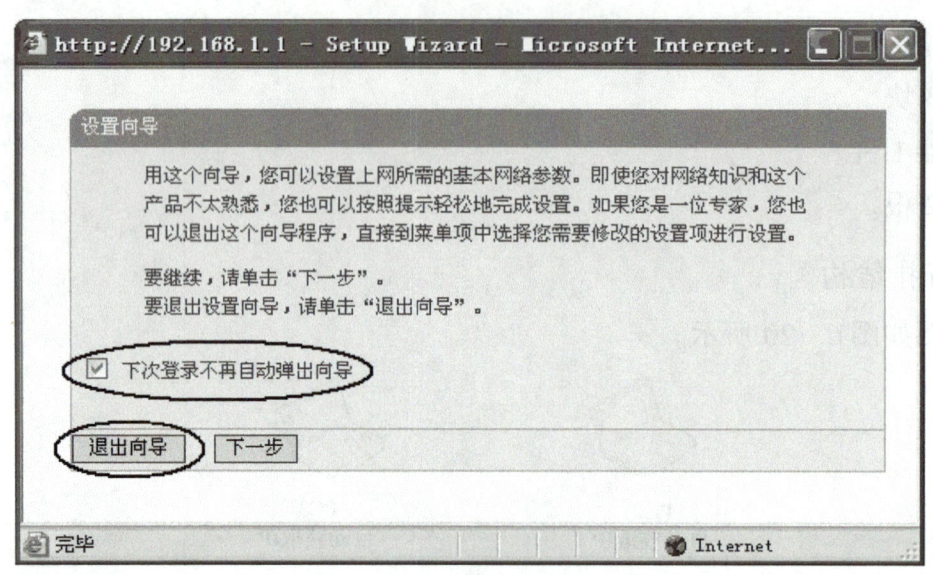

图 6-22 "设置向导"界面

4)在设置界面中,选择左侧向导菜单的"网络参数"→"LAN 口设置",在右侧对话框中,设置 LAN 口的 IP 地址,一般默认为 192.168.1.1,如图 6-23 所示。

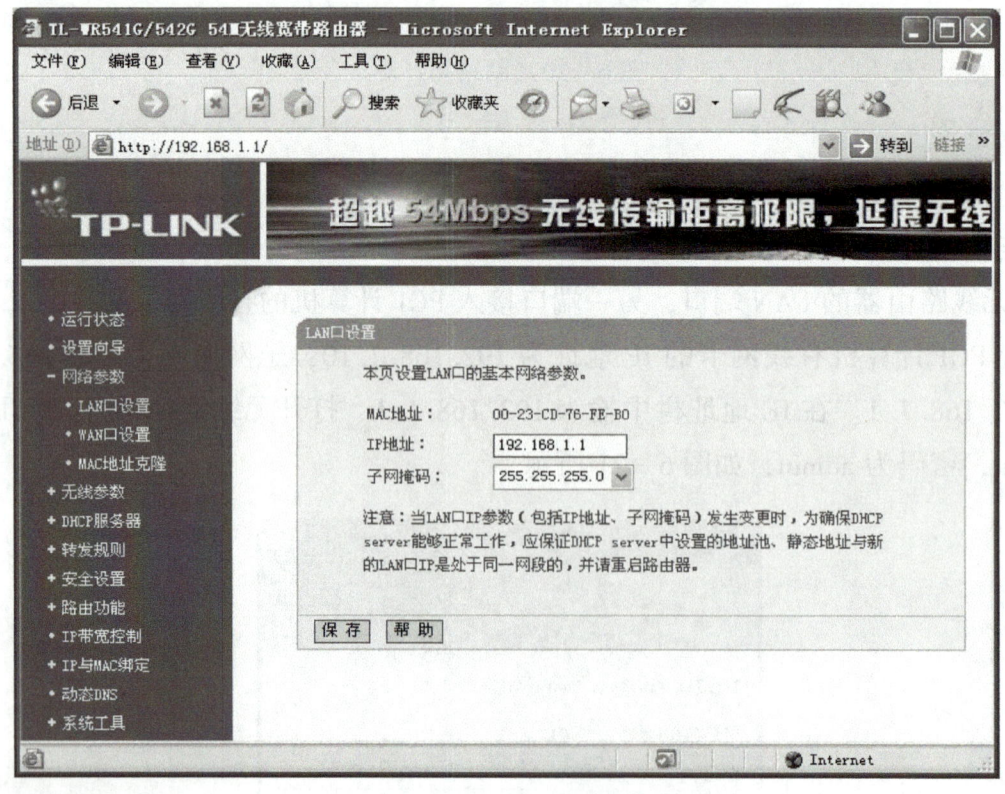

图 6-23 LAN 口设置

5)在设置界面中,选择左侧向导菜单的"网络参数"→"WAN 口设置",在右侧对话框中,设置"WAN 口连接类型"为"PPPoE",如图 6-24 所示。

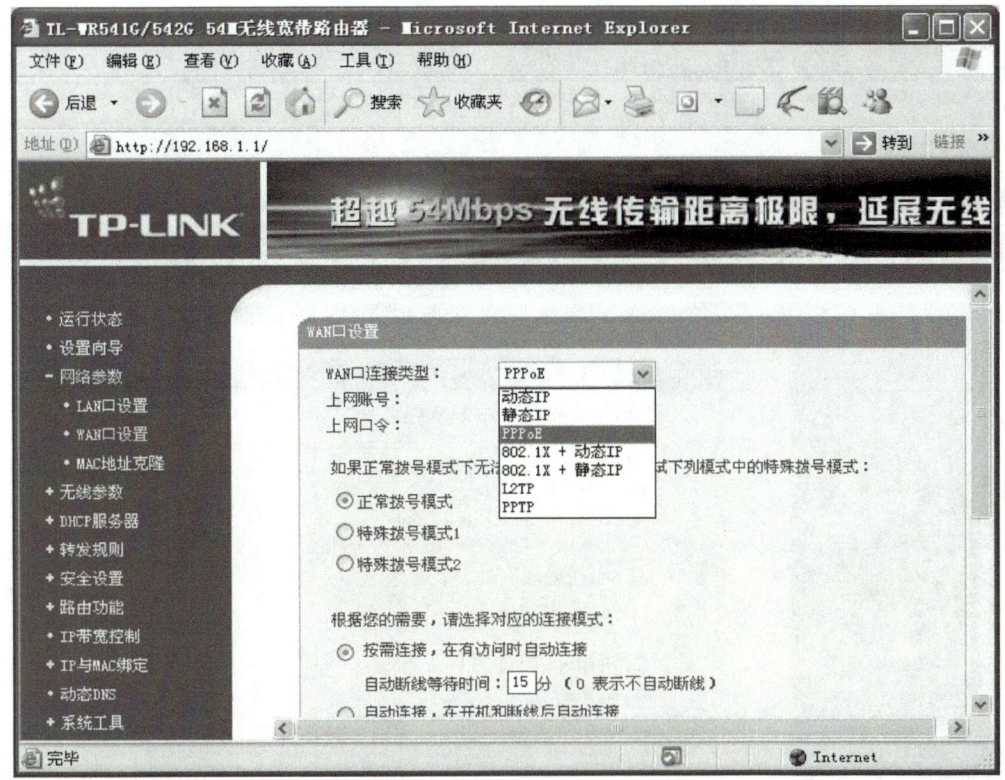

图 6-24 WAN 口设置

6）设置 DHCP 服务，如图 6-25 所示。

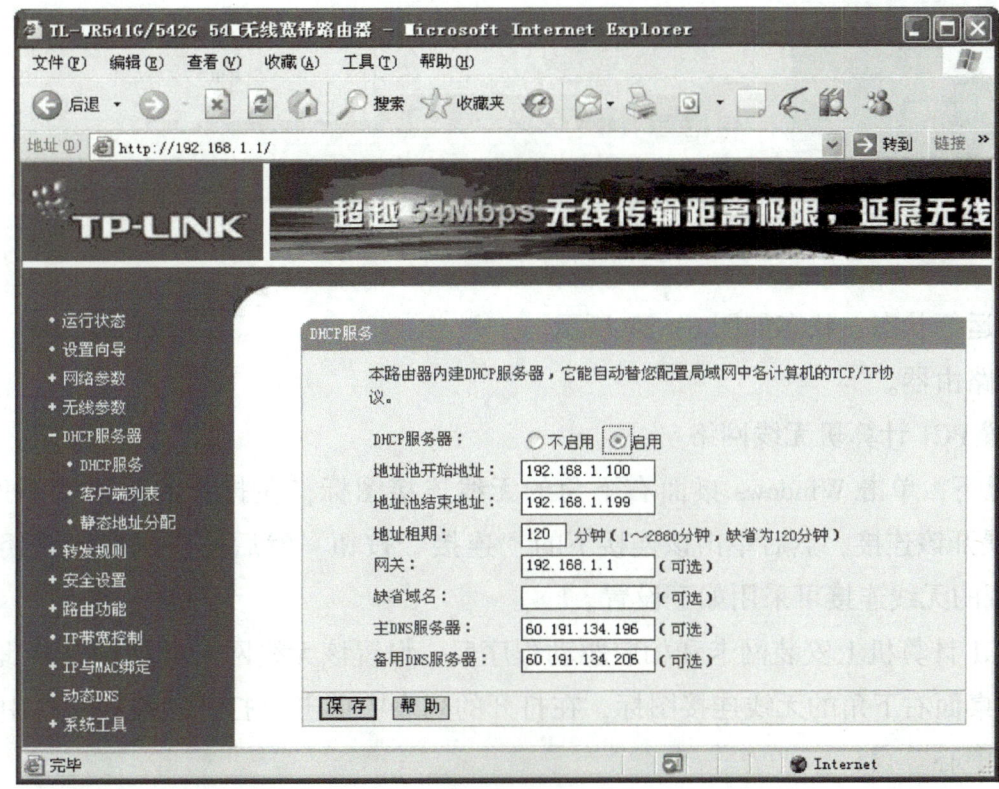

图 6-25 设置 DHCP 服务

7) 设置 SSID 号、安全类型等，如图 6-26 所示。

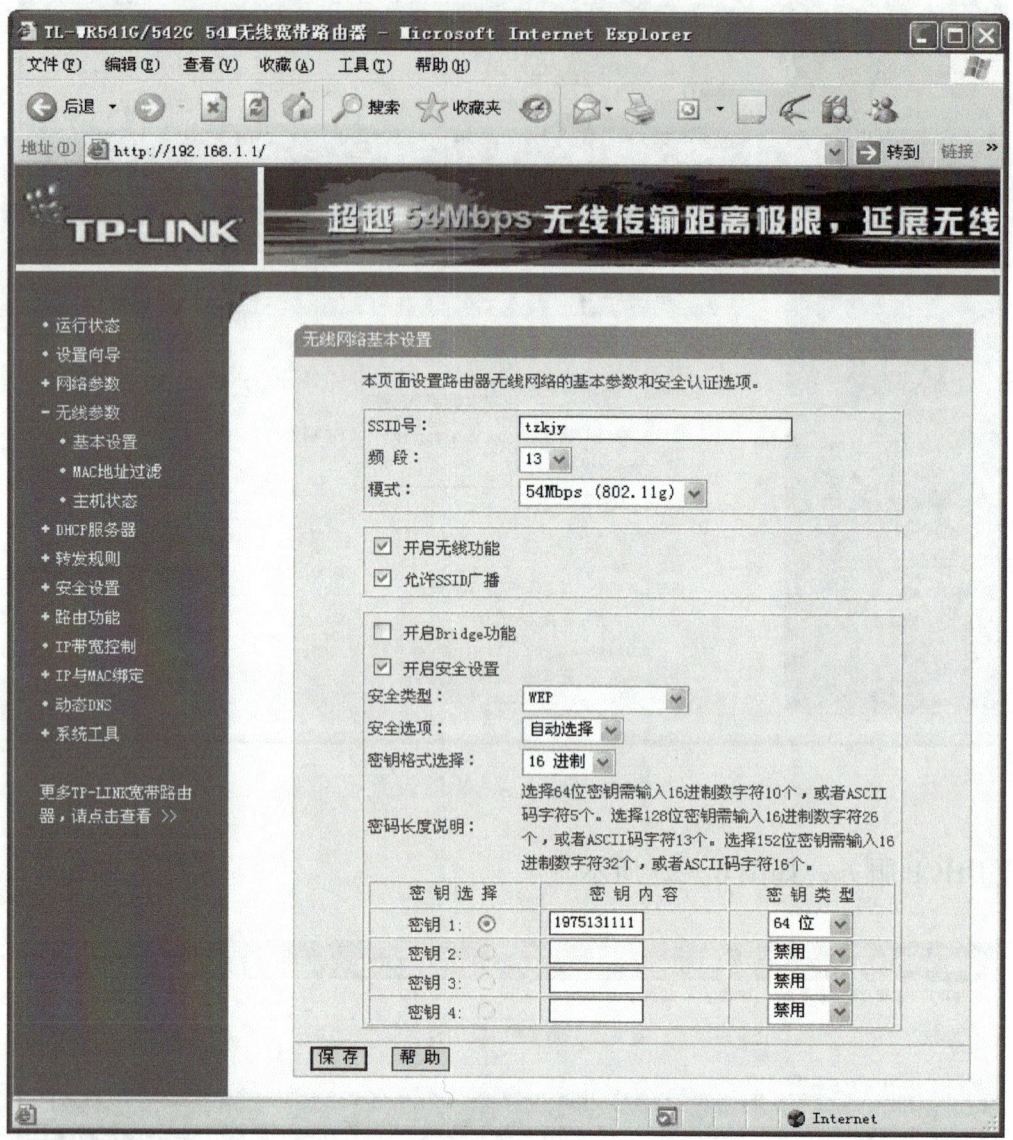

图 6-26　设置 SSID 号、安全类型

8) 查看运行状态，状态如图 6-27 所示。

9) 重启路由器。

(2) 配置 PC1 计算机无线网络

通常情况下，单击 Windows 桌面右下角的无线连接图标，在打开的无线网络列表中单击 tzkjy 连接，展开该连接，然后单击该连接下的"连接"按钮，然后按要求输入密钥就可以了。但是对于隐藏的无线连接可采用如下设置。

1) 在 PC1 计算机上安装网卡和相应驱动程序后，设置该无线网卡自动获得 IP 地址。

2) 单击桌面右下角的无线连接图标，在打开的列表中单击"打开网络和共享中心"，打开"网络和共享中心"窗口。

3) 单击"设置新的连接或网络"链接，打开"设置连接或网络"对话框，选择"手动连接到无线网络"。

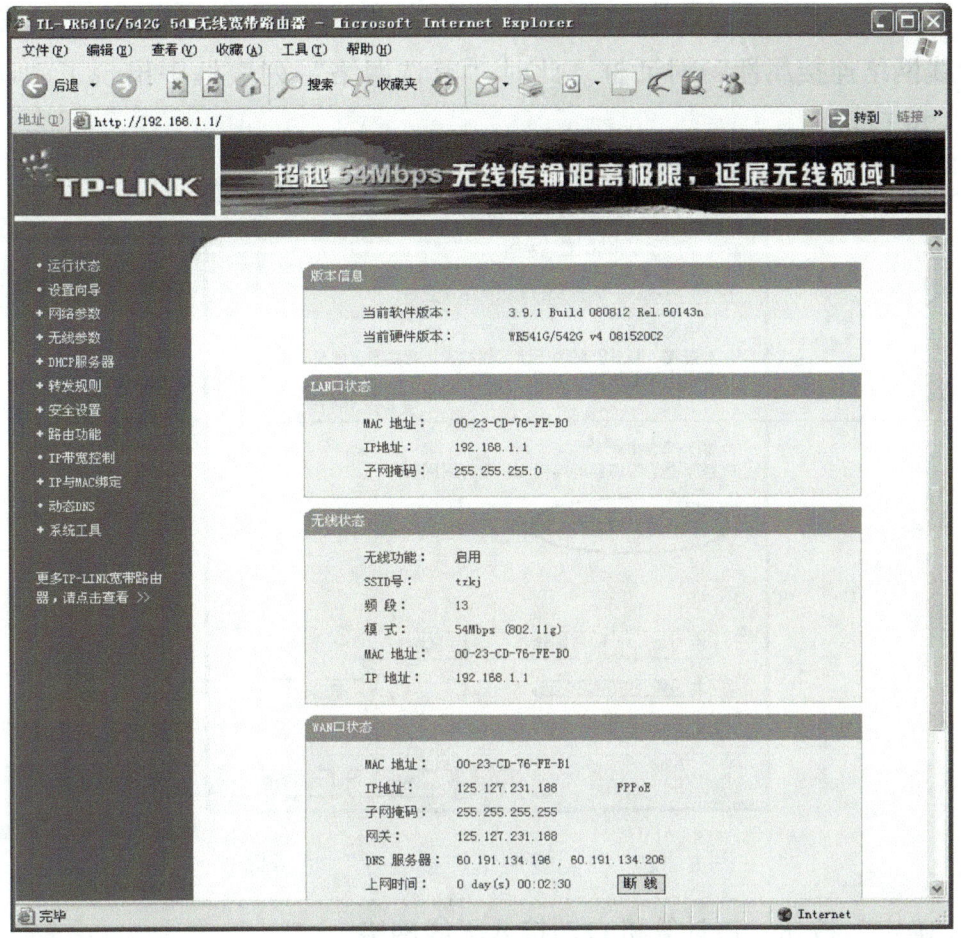

图 6-27　路由器信息

4）单击"添加"按钮，打开"无线网络属性"对话框。在"关联"选项卡中，设置"网络名（SSID）"为"tzkjy"，并选中"即使此网络未广播，也进行连接"复选框。选择"网络身份验证"为"开放式"，"数据加密"为"WEP"，取消选择"自动为我提供此密钥"复选框，在"网络密钥"和"确认网络密钥"文本框中输入密钥，如 1975131111。设置结果如图 6-28 所示。

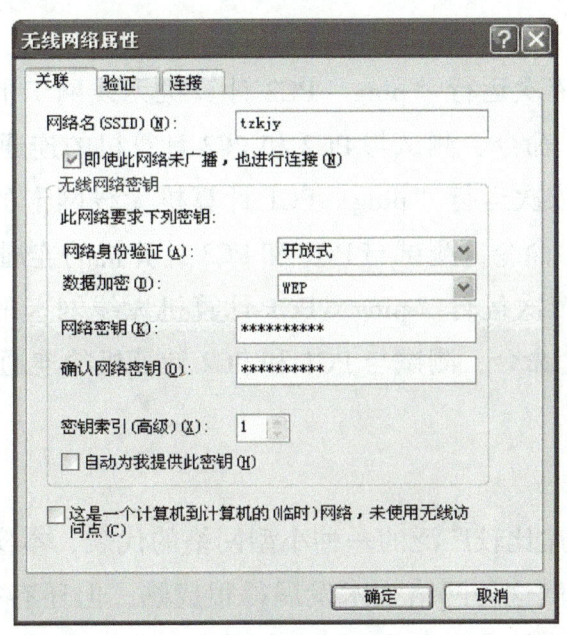

图 6-28　"无线网络属性"对话框

5)选择"连接"选项卡,选中"当此网络在区域内时连接"复选框,单击"确定"按钮,返回"无线网络连接属性"对话框。此时"首选网络"列表框中出现了"tzkjy(自动)"选项,如图6-29所示。

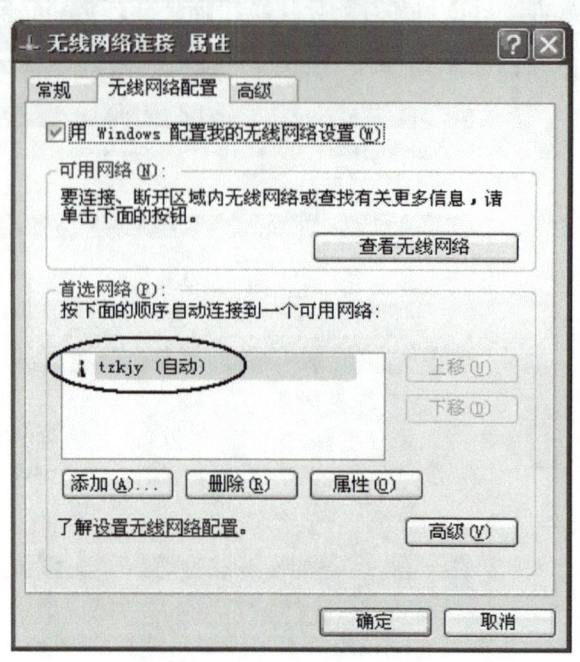

图6-29 "无线网络连接属性"对话框

6)单击"确定"按钮。该计算机自动接入无线网络。

(3)配置PC2、PC3计算机的无线网络

1)在PC2计算机上,重复上述步骤1)~步骤6),完成PC2计算机无线网络的设置。

2)在PC3计算机上,重复上述步骤1)~步骤6),完成PC3计算机无线网络的设置。

(4)连通性测试

1)在PC1、PC2和PC3计算机上运行"ipconfig"命令,查看并记录PC1、PC2和PC3计算机无线网卡的IP地址。

2)在PC1计算机上,依次运行"ping PC2计算机无线网卡的IP地址"和"ping PC3计算机无线网卡的IP地址"命令,测试与PC2和PC3计算机的连通性。

3)在PC2计算机上,依次运行"ping PC1计算机无线网卡的IP地址"和"ping PC3计算机无线网卡的IP地址"命令,测试与PC1和PC3计算机的连通性。

4)在PC3计算机上,依次运行"ping PC1计算机无线网卡的IP地址"和"ping PC2计算机无线网卡的IP地址"命令,测试与PC1和PC2计算机的连通性。

三、实训小结

家庭无线网络是目前用途比较广泛的一种小型网络的代表,本实训主要介绍的是无线网络应用到家庭的组建方法。虽然这种网络技术发展得很成熟,但还有很多问题尚待人们去解决。无线技术将来一定会成为网络技术的主流,给人们的生活带来越来越多的便捷。

习 题

1. 简述局域网的三种工作模式。
2. 简述 CSMA/CD 介质访问控制方式的工作流程。
3. 网卡有哪些分类方式?
4. 简述网卡的安装方法。
5. 组建中小型网络如何选择组网技术,一般需要哪些网络设备?

第 7 章

Internet 技术

> **学习目标**
>
> 1. 理解 Internet 的概念和应用。
> 2. 掌握 Internet 的主要功能。
> 3. 了解 Internet 的发展阶段。
> 4. 理解 Internet 地址的定义及管理。
> 5. 掌握 IP 地址的概念和划分方法。
> 6. 理解域名系统的定义及管理。
> 7. 理解 Internet 接入方式。
> 8. 学会拨号上网的设置方法。

第 1 节　Internet 概述

一、Internet 概念

互联网（internet），又称网际网路、因特网，是网络与网络之间相连而成的庞大网络，这些网络以一组通用的协定相连，形成逻辑上的单一巨大国际网络。这种将计算机网络互相连接在一起的方法可称为网络互联，在此基础上发展出覆盖全世界的全球性互联网络称为互联网，即互相连接一起的网络。互联网并不等同万维网（World Wide Web），万维网只是基于超文本相互链接而成的全球性系统，是互联网所能提供的服务之一。单独提起互联网，一般都是互联网或接入其中的某网络，有时将其简称为网或网络（Net）。

互联网，即广域网、局域网及单机按照一定的通信协议组成的国际计算机网络。互联网将两台计算机或者两台以上的计算机终端、客户端、服务端通过计算机信息技术的手段互相联系起来。人们通过互联网可以与远在千里之外的朋友相互发送邮件、共同完成一项工作、共同娱乐等。

互联网主要的应用场合有：通信（电邮、微信、QQ 等），社交（微博、空间、博客、论坛），网上贸易（网购、售票、工商贸易），云端化服务（网盘、笔记、资源、计算等），资源的共享（电子市场、门户资源、论坛资源、音视频媒体、文档、信息等）等。互联网在现实生活中应用很广泛，几乎成了人们生活的一部分。例如，在互联网上我们可以聊天、收发文件、查阅信息，也可以进行广告宣传和购物。互联网给我们的现实生活带来很大的方便。

网络的连接方式主要有：PSTN 拨号也称为拨号上网、综合业务数字网 ISDN、ADSL、DDN 专线、光纤接入、无线连接、有线电视网 HFC、公共电力网 PLC 等。

因特网是互联网的一种。因特网不是仅有两台机器组成的互联网，而是由上千万台设备组成的互联网。因特网使用的 TCP/IP 让不同的设备可以彼此通信。但使用 TCP/IP 的网络并不一定是因特网，一个局域网也可以使用 TCP/IP。判断自己是否接入的是因特网，首先要看计算机是否安装了 TCP/IP，其次看是否拥有一个公网地址（公网地址就是所有私网地址以外的地址）。国际标准的因特网写法是 Internet，字母 I 一定要大写！

因特网（Internet）是基于 TCP/IP 实现的，TCP/IP 由很多协议组成，不同类型的协议又被放在不同的层，其中，位于应用层的协议就有很多，如 FTP、SMTP、HTTP 等。只要应用层使用的是 HTTP，就称为万维网（World Wide Web）。例如，在浏览器里输入百度的网址，就能看见百度网提供的网页，是因为个人浏览器和百度网的服务器之间使用的是 HTTP 在交流。

二、Internet 的主要功能

1. 信息浏览

Gopher 曾经是 Internet 上一个非常有名的信息查找系统，它将 Internet 上的文件组织成某种索引，很方便地将用户从 Internet 的一处带到另一处。在 WWW 出现之前，Gopher 是 Internet 上主要的信息检索工具，Gopher 站点也是主要的站点，使用 TCP70 端口。但在 WWW 出现后，Gopher 使用的次数明显减少。

WWW 是因特网最基本的应用方式，WWW 的简单易用和强大功能极大地推动了因特网的发展和普及，它可以使一个从没有用过计算机的人，几分钟内就可以学会浏览网上丰富多彩的多媒体信息。用户只需要用鼠标单击相关题目和照片就可以从一个网站进入另一个网站，从一个国家进入另一个国家，坐在家中就可轻松漫游全球。

2. 电子邮件

电子邮件是计算机与通信相结合的产物，主要用于计算机用户之间交换信息和文件。发信方在计算机上输入信件内容，存入发信方信箱中，借助通信网络将放在发信方信箱中的信件传送到收信方信箱中，当收信方打开自己的计算机，借助通信网络便可打开收信方信箱，阅读发信方传来的信件。在互联网众多的应用中，电子邮件无疑是其中最受欢迎的一个。拥有电子信箱之后，用户还可以使用网络的新闻订阅服务，在电子信箱中获取国内、国外新闻，公众服务信息，娱乐信息，计算机网络业界信息，财政证券信息，热门话题等丰富的信息。

3. 文件传输

网上的很多应用软件、游戏、歌曲等文件都是可以下载的，用户只需登录相关网站，使用

FTP 就可下载所需的文件。

4. 远程登录

Internet 上的用户通过使用 TELNET 可以将自己的计算机仿真成一台远程计算机的终端，然后在它上面运行程序，或者使用它的软件和硬件资源。

5. 电子公告板

电子公告板（Bulletin Board System，BBS），是 Internet 上的一种电子信息服务系统。它提供一块公共电子白板，每个用户都可以在上面发布信息或提出看法。它是一种交互性强，内容丰富而即时的 Internet 电子信息服务系统。用户在 BBS 站点上可以获得信息、发布信息、进行讨论、聊天等。USENET 是一个世界范围的电子公告板，用于发布公告、新闻和各种文章供用户使用。USENET 的每个论坛又称为新闻组，如同报纸一样，每篇来稿被看成一篇文章，每个人都可以阅读，每个读过文章的人都可以根据自己的观点发表评论。

6. 广域网信息服务

WAIS 全称 Wide Area Information System，即广域信息查询系统。WAIS 是一个 Internet 系统，在这个系统中，需要在多个服务器上创建专用主题数据库，该系统可以通过服务器目录对各个服务器进行跟踪，并且允许用户通过 WAIS 客户端程序对信息进行查找。WAIS 用户可以获得一系列的分布式数据库，当用户输入一个对某一个数据库进行查询的信息时，客户端就会访问所有与该数据库相关的服务器。访问的结果提供给用户的是满足要求的所有文本的描述，用户可以根据这些信息得到整个文本文件。

三、Internet 的发展

互联网始于 1969 年，是美军在 ARPA（阿帕网，美国国防部研究计划署）制定的协定下将美国西南部的大学 UCLA（加利福尼亚大学洛杉矶分校）、Stanford Research Institute（斯坦福大学研究学院）、UCSB（加利福尼亚大学）和 University of Utah（犹他州大学）的四台主要的计算机连接起来。1969 年 12 月剑桥大学的 BBN 和 MA 开始联机。1970 年 6 月，MIT（麻省理工学院）、Harvard（哈佛大学）、BBN 和 Systems Development Corpin Santa Monica（加州圣达莫尼卡系统发展公司）加入进来。1972 年 1 月，Stanford（斯坦福大学）、MIT's Lincoln Labs（麻省理工学院的林肯实验室）、Carnegie Mellon University（卡内基梅隆大学）和 Case Western Reserve University 加入进来。紧接着的几个月内 NASA Ames（美国国家航空航天局艾姆斯研究中心）、Mitre、Burroughs、RAND（兰德公司）和 University of Illinois（伊利诺利州大学）也加入进来。1983 年，美国国防部将阿帕网分为军网和民网，渐渐扩大为今天的互联网。之后，有越来越多的公司加入。

最初的网络是给计算机专家、工程师和科学家使用的。那个时候还没有家庭和办公计算机，并且任何一个用它的人，无论是计算机专家、工程师还是科学家都不得不学习非常复杂的系统。以太网——大多数局域网的协议，出现在 1974 年，它是哈佛大学学生 Bob Metcalfe（鲍勃·麦特卡夫）在"信息包广播网"上的论文的副产品。这篇论文最初因为分析得不够而被学校驳回。后来他又加进一些因素，才被接受。

由于 TCP/IP 体系结构的发展，互联网在 20 世纪 70 年代迅速发展起来，这个体系结构最初是由 Bob Kahn（鲍勃·卡恩）在 BBN 提出来的，然后由史坦福大学的 Kahn（卡恩）、Vint Cerf（温特·瑟夫）和其他人进一步发展完善。20 世纪 80 年代，Defense Department（美国国防部）采用了这个结构。到 1983 年，整个世界普遍采用了这个体系结构。

1978 年，UUCP（UNIX 和 UNIX 拷贝协议）在贝尔实验室被提出来。1979 年，在 UUCP 的基础上新闻组网络系统发展起来。新闻组（集中某一主题的讨论组）为在全世界范围内交换信息提供了一个新的方法。然而，新闻组并不认为是互联网的一部分，因为它并不共享 TCP/IP，但它连接着遍布世界的 UNIX 系统，并且很多互联网站点都充分利用了新闻组。新闻组是网络世界发展中的一个非常重要的部分。

1981 年，BITNET（一种连接世界教育单位的计算机网络）连接到世界教育组织的 IBM 的大型机上，开始提供邮件服务。Listserv 软件和后来的其他软件被开发出来用于服务这个网络。网关被开发出来用于 BITNET 和互联网的连接，同时提供电子邮件传递和邮件讨论列表。这些 Listserv 软件和其他的邮件讨论列表形成了互联网发展中的又一个重要部分。

第一个互联网检索是在 1989 年发明出来的，是由 Peter Deutsch 和他的全体成员在 Montreal 的 McFill University 创造的，他们为 FTP 站点建立了一个档案，后来命名为 Archie。这个软件能周期性地到达所有开放的文件下载站点，列出文件并且建立一个可以检索的软件索引。检索 Archie 命令是 UNIX 命令，所以只有利用 UNIX 知识才能充分利用它的性能。

McFill University 拥有第一个 Archie，每天从美国到加拿大的通信中有一半的通信量访问 Archie。学校关心的是管理程序能否支持这么大的通信流量，因此只好关闭外部的访问。幸运的是当时有很多的 Archie 可以利用。

大约在同一时期，Brewster Kahle 在 Thinking Machines（智能计算机）公司发明了 WAIS（广域网信息服务）。WAIS 能够检索一个数据库下的所有文件。根据复杂程度和性能情况不同，WAIS 有很多版本，但最简单的版本可以让网上的任何人使用。在它的高峰期，智能计算机公司维护着在全世界范围内能被 WAIS 检索的超过 600 个数据库的线索，包括所有的在新闻组里的常见问题文件和所有的正在开发中的用于网络标准的论文文档等。和 Archie 一样，它的接口并不是很直观，所以要想很好地利用 WAIS 也得花费很大的工夫。

1989 年，在普及互联网应用的历史上又一个重大的事件发生了。Tim Berners 和其他来自欧洲粒子物理实验室的人提出了一个分类互联网信息的协议。这个协议基于超文本协议——在一段文字中嵌入另一段文字的连接的系统。当用户阅读这些页面时，可以随时选择一段文字链接。尽管它出现在 Gopher 之前，但发展十分缓慢。

由于最开始互联网是由政府部门投资建设的，所以它最初只限于研究部门、学校和政府部门使用。除了直接服务于研究部门和学校的商业应用之外，其他的商业行为是不允许的。直到 20 世纪 90 年代初，独立的商业网络开始发展起来，这种局面才被打破。使得从一个商业站点发送信息到另一个商业站点而不经过政府资助成为可能。

1991 年，第一个连接互联网的友好接口在 Minnesota 大学开发出来。当时学校只是想开发一个简单的菜单系统，可以通过局域网访问学校校园网上的文件和信息。紧跟着大型主机的追随者和支持客户—服务器体系结构的倡导者们的争论开始了。开始时大型主机系统的追随者占据了上风，但自从客户—服务器体系结构的倡导者们宣称他们可以很快建立起一个原型系统之后，大型主机的追随者们不得不承认失败。客户—服务器体系结构的倡导者们很快做了一个先进的示范系统，这个示范系统叫作 Gopher。Gopher 被证明是非常好用的，之后的几年里全世界范围内出现 10000 多个 Gopher。它不需要 UNIX 和计算机体系结构的知识。

当 University of Nevada（内华达州立大学）的 Reno 创造了 VERONICA（通过 Gopher 使用的一种自动检索服务），VERONICA 使 Gopher 的可用性大大加强了。VERONICA 是 Very Easy Rodent-Oriented Netwide Index to Computerized Archives 的首字母简称。遍布世界的 Gopher 像网一样搜集网络连接和索引。它如此的受欢迎，以致很难连接上他们，但尽管如此，为了减轻负荷大量的 VERONICA 被开发出来。类似的单用户的索引软件也被开发出来，称作 JUGHEAD。

国际科学基金会（NFS）放弃资助网络中枢和高等教育组织后，一方面开始建立 K-12 和当地公共图书馆建设，另一方面进行了改进网络高速连接的研究。

微软全面进入浏览器、服务器和互联网服务提供商（ISP）市场的转变已经完成，成为基于互联网的商业公司。1998 年 6 月，微软的浏览器和 Win98 很好地集成，显示出 Bill Gates（比尔·盖茨）在迅速成长的互联网上投资的决心。

随着 Internet 应用的深入，越来越多的领域需要应用 Internet，这对 Internet 也提出了新的要求。为满足人们对 Internet 的各种需求，Internet 将朝着无线互联网和宽带互联网发展。宽带技术的发展使得用户可以通过互联网传输大量的多媒体资料，突破原来互联网因传输速率带来的使用瓶颈。而无线互联网则由于可以利用便捷的通信工具直接上网，而倍受青睐，发展非常迅速。

第 2 节　Internet 地址

一、IP 地址及管理

（一）TCP/IP

所谓协议是一套用技术术语描述某些事务应该如何做的规则。Internet 是由众多的计算机网络交错连接形成的网际网，作为 Internet 成员的各种网络在通信中分别执行自己的协议。所谓 Internet 协议是指在 Internet 的网络之间以及各成员网内部交换信息时要求遵循的协议。TCP/IP 是 Internet 上使用的通用协议。

TCP/IP 的实际名字来源于两个重要的协议：TCP 与 IP，其中传输控制协议 TCP 对应于 OSI 参考模型的传输层协议；网络连接协议 IP 则对应于 OSI 参考模型的网络层协议。所以 TCP/IP

分别是 Internet 在传输层和网络层执行的协议。

在 Internet 内部，从主机传送到主机的信息不是一个恒定的流，而是把数据分解成小包，即数据包。例如，用户要发很长的电子邮件（E-mail）给一位朋友，TCP 就将该信息分成很多个数据包，每一个数据包用一序号和接收地址来标记。此外 TCP 还插入了一些纠错信息。接着数据包被传过网络，即把它们传送给远程的主机，这就是 IP 的工作。在另一端 TCP 接收数据并检查错误。如果有错误发生，TCP 就可以要求重发信息。换句话说，IP 的工作是把原始数据（数据包）从一端传送到另一端；TCP 的工作就是管理这种流动并确保其数据是正确的。

在 Internet 上，成员网 NSFnet 以及 MILnet 最早采用了 TCP/IP。当时同 Internet 连接的其他网络如果也执行 TCP/IP，就能方便地实现连接。但是有许多网络并不采用 TCP/IP，如 Esnet 采用 DECnet 协议，IBM 的网络采用 SNA（System Network Architecture）协议，等等。当这些执行不同协议的网络连接时就要通过网络连接的网关进行协议转换。网关把 Internet 网上非 TCP/IP 的信息形式转化为 TCP/IP 的信息形式，或者把 TCP/IP 的信息形式转变为其他协议的信息形式。这样就能实现与 Internet 相连接的异型网络间的通信任务。

习惯上，人们把 Internet 的通信协议笼统地称为 TCP/IP，也有人把 Internet 称为 TCP/IP 网或 TCP/IP Internet 网。在这种意义下，Internet 的 TCP/IP 可以说是基于四种模型的协议：应用层、传输层、网络层和网络访问层。其中网络访问层又分为网络接口层（数据链路层）和最基础的物理链路层。所以，也可以说 Internet 的网络协议是基于五层模型的协议，如图 7-1 所示。

应用层协议	Application（应用）	应用程序
端对端 TCP/IP 用户数据报文协议	Transmission（传输）	"过程"对"过程"
IP/Internet 控制报文协议	Internet（网络）	"主机"对"主机"
数据链路层协议	Data Link（数据链路）	网络访问
物理链路层协议	Physics Link（物理链路）	

图 7-1 Internet 网络协议模型

国际标准化组织根据 OSI 参考模型制定了 Internet 的整套正式协议。在网络传输层中，有 5 个标准协议：TP0、TP1、TP2、TP3 和 TP4。其中 TP4 与原来的 TCP 相似，对数据流、数据包丢失、数据包顺序等采用同样的处理规程。TCP/IP 是 Internet 所用的最重要的协议。可以看出，TCP/IP 和 OSI 网络标准协议之间是有一定差别的，这是由于 TCP/IP 的形成先于 OSI 标准协议，而 OSI 标准协议则是在 OSI 参考模型提出来之后才开发的。Internet 正在全世界迅速发展，无论在 Internet 的研究开发人员中，还是在计算机网络生产厂家中，都尽可能地采用或至少向国际标准靠拢，提高网络系统软件与硬件设备的兼容能力，以至于在一定程度上不惜牺牲 TCP/IP 目前提供的功能、性能和可靠性。

（二）IP 地址的结构

TCP/IP 为了在 Internet 网络环境中实现计算机之间的通信，网络中的任何一台计算机都必须有一个地址，而且同一个网上的地址不允许重复。在进行数据传输时，通信协议一般需要在所要传输的数据中增加某些信息，而其中最重要的就是发送信息的计算机的地址（源地址）和接收信息的计算机的地址（目标地址）。

Internet 上每台主机都被指定了一个主机号，主机号类似我们日常使用的电话号码，它由 32 位二进制数组成，如 10001100101110100101000010000011。为便于记忆，将 32 位代码分为 4 组，每组 8 位，然后转换为其对应的十进制代码。这样一来上面的数字就对应为 140.186.81.3。Internet 网络的主机号码分为两部分：第一部分是网络号码；第二部分是当地号码，即某一特定网络上的主机号码。例如，ChinaNet 成都结点的主机号是 202.98.99.34，那么它的网络号为 202.98，而在 Internet 上当地主机号码为 99.34。

Internet 网络上每台主机都必须有一个地址，称为 IP 地址。Internet 网络上每一台计算机可以相互通信就是由于它们共享一个唯一的 IP 地址（也称 IP 地址空间）。IP 地址是 Internet 主机的一种数字型标识。它由两部分组成：一部分是网络标识（Net ID）；一部分是主机标识（Host ID）。

目前所使用的 IPv4 版本规定 IP 的地址长度为 32 位（bit）。Internet 的网络地址可分为三类（A 类、B 类和 C 类），每类网络中 IP 地址的结构，即网络标识长度和主机标识长度有所不同。

IP 地址网络 ID 分类方法

IP 地址	×××××××	.	×××××××	.	×××××××	.	×××××××
A 类	0×××××××	.	主机 ID				
B 类	10××××××	.	×××××××	.	主机 ID		
C 类	110×××××	.	×××××××	.	×××××××	.	主机 ID
D 类	1110××××	.××.××.××=广播地址，无网络 ID 和主机 ID 之分					
E 类	1111××××	.××.××.××=实验地址					

图 7-2　IP 地址网络 ID 的分类方法

从图 7-2 中可以看出，如果用二进制数来表示 IP 地址的话，凡是以 0 开始的 IP 地址均属于 A 类网络，凡是以 10 开始的 IP 地址均属于 B 类网络，凡是以 110 开始的 IP 地址均属于 C 类网络。A 类网络的 IP 地址的网络标识长度为 7 位，主机标识长度为 24 位；B 类网络的 IP 地址的网络标识长度为 14 位，主机标识长度为 16 位；C 类网络的 IP 地址的网络标识长度为 21 位，主机标识长度为 8 位。很容易计算出整个的 Internet 网络的 IP 地址空间的各类网络的数目和每类网络（A 类、B 类或 C 类）地址中可以容纳的主机数目。由于二进制数字不容易记忆，因此常用 4 组 3 位的十进制数字来表示，中间用 . 分开。每组十进制数代表 8 位二进制数，其范围为 0~255。需要指出的是 0 和 255 这两个地址在 Internet 网络中有特殊的用途，因此实际上每组数字中真正可以使用的范围为 1~254。整个 Internet 的地址空间可以分为三类子空间：A 类网地址空间、B 类网地址空间和 C 类网地址空间。其中 A 类网络地址空间包括 126 个 A 类网络地址,每个 A 类网络地址包括 16 777 214 台主机;B 类网络地址空间包括 16382 个 B 类网络地址,每个 B 类网络地址包括 65534 台主机;C 类网络地址空间包括 209 万余个 C 类网络地址,每个 C 类网络地址包括 254 台主机。因此,整个 Internet 的 IP 地址空间包括 200 多万个各类大小不等的网络地址,总共可以容纳 36 亿多台主机。

从各类网络所容纳的主机数目可以得出这样的结论:A 类网络地址空间数量最少,可以用于主机数目多达 1600 多万台的大型网络;B 类网络地址空间适用于中等规模的网络;而 C 类网络地址空间则只适用于主机数目不多的小型网络。通常 Internet 网络信息中心 NIC(Network Information Center)在分配地址时是按照网络(严格地说是 Internet 子网)分配的,在谈到网络地址时才可以使用 A 类、B 类或 C 类地址的说法。在分配网络地址时,网络标识是固定的,而主机标识是可以在一定范围内变化的。

下面是三类网络地址的分配形式。

A 类地址:86.0.0.0

B 类地址:168.160.0.0

C 类地址:202.98.99.34

上面的地址中,每个 0 均可在 0~255 的范围内变化,由于 0 和 225 有特殊用途,实际可用范围为 1~254。由于 Internet 的发展速度过快,IP 地址逐渐不够使用,目前正将原来的 32 位地址(IPv4)拓展到 128 位地址(IPv6)。

二、域名系统

(一)域名系统(DNS)

域名系统(Domain Name System,DNS),即域名解析系统。1983 年,域名系统由保罗·莫卡派乔斯(Paul Mockapetris)发明。作为域名和 IP 地址相互映射的一个分布式数据库,域名系统能够使用户更方便地访问互联网,而不用去记住能够被机器直接读取的 IP 数串。通过主机名,最终得到该主机名对应的 IP 地址的过程叫作域名解析(或主机名解析)。DNS 协议运行在 UDP 之上,使用端口号 53。

以百度网站为例说明域名系统的工作过程。百度网站的域名为 www.baidu.com,它的 IP 地址:182.61.200.6。在浏览器中通过输入它的 IP 地址打开网站,但是 IP 地址相对域名来讲,难以记忆,让用户记住那么多网站的 IP 地址几乎是不可能的,然而记住网站的中文或者英文域名要简单很多。

在 Internet 上,域名与 IP 地址是一对一(或者多对一)的,域名虽然便于人们记忆,但机器之间只能互相认识 IP 地址,它们之间的转换工作称为域名解析,域名解析需要由专门的域名解析服务器来完成,DNS 就是进行域名解析的服务器。DNS 命名用于 Internet 等 TCP/IP 网络中,通过用户的名称查找计算机和服务。当用户在应用程序中输入 DNS 名称时,DNS 可以将此名称解析为与之相关的其他信息,如 IP 地址。上网时,只有输入的网址通过域名解析系统找到相对应的 IP 地址,才能访问到指定的网站。实际上,域名的最终指向是 IP 地址。

(二)域名系统的功能

每个 IP 地址都有一个主机名,主机名由一个或多个字符串组成,字符串之间用小数点隔开。有了主机名,没有必要记住每台设备的 IP 地址,只要记住相对直观的有意义的主机名就行了,这就是 DNS 协议所要完成的功能。

主机名到 IP 地址的映射有两种方式:

1)静态映射,每台设备上都配置主机到 IP 地址的映射,各设备独立维护自己的映射表,而且只供本设备使用。

图 7-3 中,由于网络设备 R-A 经常访问域名为 destination.com 的主机,可利用静态域名解析功能,实现通过 destination.com 主机名访问 IP 地址为 1.1.1.20/24 的主机,提高域名解析的效率。

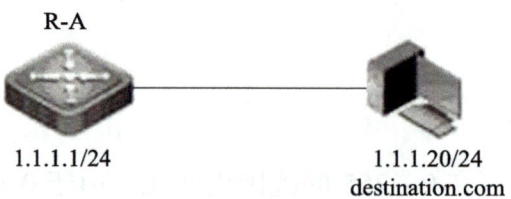

图 7-3 静态域名解析配置组网图

2)动态映射,建立一套域名解析系统(DNS),只在专门的 DNS 服务器上配置主机到 IP 地址的映射。网络上使用主机名通信时,首先需要到 DNS 服务器查询主机所对应的 IP 地址。

图 7-4 中,DNS 服务器的 IP 地址为 192.168.31.206/24,网络设备为 DNS 客户端,通过动态域名解析功能,实现通过 host.com 主机名访问 IP 地址为 10.1.1.2/24 的主机。

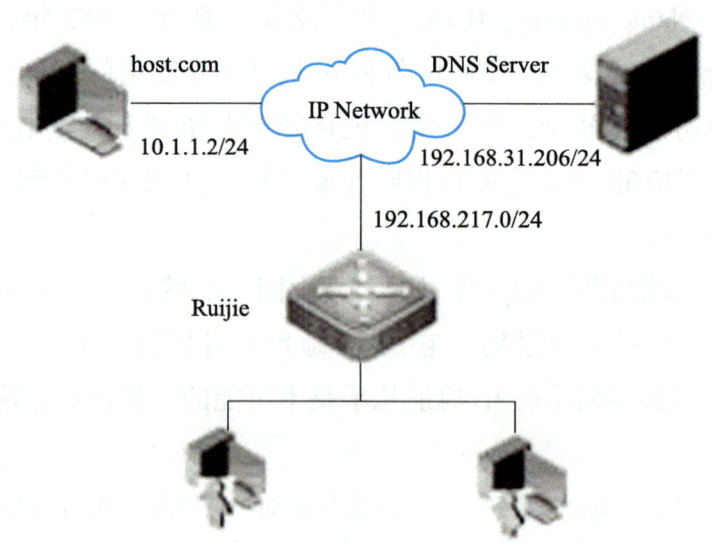

图 7-4 动态域名解析配置组网图

通过主机名,最终得到该主机名对应的 IP 地址的过程叫做域名解析(或主机名解析)。在解析域名时,主机先采用静态域名解析的方法,如果静态域名解析不成功,再采用动态域名解析的方法。用户可以将一些常用的域名放入静态域名解析表中,这样可以大大提高域名解析效率。

从技术角度看，DNS 解析是互联网实际应用的寻址方式；域名技术的发展以及基于域名技术的多种应用，丰富了互联网应用和协议。

从资源角度看，域名是互联网上的身份标识，是不可重复的唯一标识资源；互联网的全球化使得域名成为标识一国主权的国家战略资源。

为保证网络服务的高可用性，DNS 要求使用多台名称服务器冗余支持每个区域。

某个区域的资源记录通过手动或自动方式更新到单个主名称服务器（称为主 DNS 服务器）上，主名称服务器可以是一个或几个区域的权威名称服务器。

其他冗余名称服务器（称为辅 DNS 服务器）用作同一区域中主服务器的备份服务器，以防主服务器无法访问或异常。辅 DNS 服务器定期与主 DNS 服务器通信，确保它的区域信息保持最新。如果不是最新信息，辅 DNS 服务器就会从主 DNS 服务器获取最新区域数据文件的副本。这种将区域文件复制到多台名称服务器的过程称为区域复制，目的是保障网络服务的可靠性。

解析通常需要遍历多个名称服务器，找到所需要的信息。然而，一些功能简单的解析器只用一个名称服务器进行通信。这些功能简单的解析器通常依赖于一个递归名称服务器（称为存根解析器），执行为用户寻找信息的工作。

提供 DNS 服务的服务器是安装了 DNS 服务器端软件的计算机。服务器端软件既可以是基于类 Linux 操作系统的，也可以是基于 Windows 操作系统的。装好 DNS 服务器端软件后，用户可以在指定的位置创建区域文件。所谓区域文件就是包含了此域中名字到 IP 地址解析记录的一个文件。例如，文件的内容可能是 primary name server = dns2（主服务器的主机名）。

（三）域名结构

通常 Internet 主机域名的一般结构为：主机名.三级域名.二级域名.顶级域名。Internet 的顶级域名由 Internet 网络协会中负责域名注册查询和网络地址分配的委员会进行登记和管理，它为 Internet 的每一台主机分配唯一的 IP 地址。

Inter NIC（Internet's Network Information Center）统一负责全球 IP 地址的规划、管理。

固定 IP 地址：固定 IP 地址是长期固定分配给一台计算机使用的 IP 地址，一般特殊的服务器才拥有固定 IP 地址。

动态 IP 地址：因为 IP 地址资源非常短缺，通过电话拨号上网或普通宽带上网的用户一般不拥有固定 IP 地址，而是由 ISP 动态分配一个暂时的 IP 地址。用户一般不需要去了解动态 IP 地址，这些都是由计算机系统自动完成的。

公有地址（Public address）由 InterNIC 负责。这些 IP 地址分配给向 InterNIC 提出申请的组织机构。组织机构通过 IP 地址可以直接访问因特网。

私有地址（Private address）属于非注册地址，专门为组织机构内部使用。

常见域名有：.com、.cn、.top、.net、.org、.gov、.edu 等。

.com：表示商业机构。

.cn：表示中国的域名。

.top：表示高端、顶级的国际通用域名。

.net：表示网络服务机构。

.org：表示非营利性组织。

.gov：表示政府机构。

.edu：表示教育机构。

(四) DNS 解析故障与解决

如果 DNS 解析出现错误，如把一个域名解析成一个错误的 IP 地址，或者不知道某个域名对应的 IP 地址是什么时，就无法通过域名访问相应的站点了，这就是 DNS 解析故障。DNS 解析故障的表现形式是访问站点对应的 IP 地址没有问题，然而访问其域名就会出现错误。

1. 用 nslookup 命令（网路查询）来判断是否出现 DNS 解析故障

1）进入命令行模式。

2）输入"nslookup"命令后，按 < Enter > 键，进入 DNS 解析查询界面。

3）命令行窗口中会显示出当前系统所使用的 DNS 服务器地址。

4）输入无法访问的站点对应的域名。如果不能访问，则 DNS 解析不能正常进行，如果收到"DNS request timed out, timeout was 2 seconds"的提示信息，说明本地计算机确实出现了 DNS 解析故障。

如果 DNS 解析正常的话，会显示正确的 IP 地址。

2. 查询 DNS 服务器工作是否正常

明确本地计算机使用的 DNS 地址，并且查询其运行情况。

1）进入命令行模式。

2）输入"ipconfig/all"命令来查询网络参数。

3）在显示信息中能够看到 DNS SERVERS，这是本地的 DNS 服务器地址。如果使用外网 DNS 出现解析错误时，可以更换一个其他的 DNS 服务器地址即可解决问题。

4）如果在 DNS 服务器显示的是内部网络地址，则表明 DNS 解析工作是交给内部的 DNS 服务器来完成的，这时需要检查内部 DNS 服务器，在 DNS 服务器上进行 nslookup 操作，检查是否可以正常解析。

3. 清除 DNS 缓存信息法

1）进入命令行模式。

2）在命令行模式中，ipconfig 可以使用/flushdns 参数，这个就是清除 DNS 缓存信息的命令。

3）执行"ipconfig/flushdns"命令，当出现"successfully flushed the dns resolver cache"的提示时，就说明当前计算机的缓存信息已经被成功清除。

4）以后再访问域名时，DNS 服务器会获取最新解析地址，不会因为以前的缓存信息造成解析错误了。

4. 修改 HOSTS（主机）文件法

1）查找名叫 HOSTS 的文件。

可以直接进入 c:\Windows\System32\drivers\etc 目录中找到 HOSTS 文件。如果操作系统是 Windows 2000，到 c:\WINNT\System32\drivers\etc 目录中寻找 HOSTS 文件。

2）双击 HOSTS 文件，然后用"记事本"程序将其打开。

3）显示出 HOSTS 文件的所有内容，默认情况下只有一行内容，即"127.0.0.1 localhost"。

4）可以将 DNS 解析的条目添加到 HOSTS 文件中，格式是先写该域名对应的 IP 地址，然后空格后填写域名信息。

5）设置完成后，再访问网址时，系统就会自动根据域名是在内网还是外网来解析 IP 地址了。

第 3 节 Internet 接入方式

Internet 接入方式有 PSTN 方式、ISDN 方式、ADSL 方式、DDN 专线、卫星接入、光纤接入、无线接入、线缆调制解调器接入、无源光网络 PON 接入、LAN 接入等。

一、PSTN 方式

PSTN（Published Switched Telephone Network，公用电话交换网）技术是利用 PSTN 通过调制解调器拨号实现用户接入的方式。PSTN 拨号是以前使用最广泛的接入方式，是大家非常熟悉的一种接入方式。虽然最高的速率为 56kbit/s，但已经达到仙农定理确定的信道容量极限，这种速率远远不能够满足宽带多媒体信息的传输需求；但由于电话网非常普及，用户终端设备调制解调器很便宜，而且不用申请就可开户，只要家里有计算机，把电话线接入调制解调器就可以直接上网。

PSTN 方式比较经济，曾经是网络接入的主要手段。这种最容易实施的方法费用低廉，只要一条可以连接 ISP 的电话线和一个账号就可以。但缺点是传输速度低，线路可靠性差。PSTN 方式适合对可靠性要求不高的办公室以及小型企业。如果用户多，可以多条电话线共同工作，提高访问速度。

PSTN 方式随着宽带的发展和普及，这种接入方式使用的范围越来越小，已被淘汰。

二、ISDN 方式

ISDN（Integrated Service Digital Network，综合业务数字网）接入技术俗称一线通，采用数字传输和数字交换技术，将电话、传真、数据、图像等多种业务综合在一个统一的数字网络中进行传输和处理。用户利用一条 ISDN 用户线路，可以在上网的同时拨打电话、收发传真。ISDN 方式通话上网两不误，曾受到用户的广泛欢迎。

就像普通拨号上网要使用调制解调器一样，用户使用 ISDN 也需要专用的终端设备，主要由网络终端 NT1 和 ISDN 适配器组成。网络终端 NT1 为 ISDN 适配器提供接口和接入方式。ISDN 适配器分为内置和外置两类，内置的 ISDN 适配器一般称为 ISDN 内置卡或 ISDN 适配卡；外置的 ISDN 适配器则称之为 TA。

ISDN 基本速率接口有两条 64kbit/s 的信息通路和一条 16kbit/s 的信令通路，简称 2B + D，当有电话拨入时，它会自动释放一个 B 信道来进行电话接听。

用户采用 ISDN 方式接入需要申请开户，ISDN 的极限带宽为 128kbit/s。各种测试数据表明，双线上网速度并不能翻番。从发展趋势来看，窄带 ISDN 也不能满足宽带应用要求。

ISDN 方式接入曾在国内迅速普及，价格大幅度下降，有的地方甚至是免初装费用。两个信道 128kbit/s 的速率，快速的连接以及比较可靠的线路，可以满足中小型企业浏览以及收发电子邮件的需求，还可以通过 ISDN 和 Internet 组建企业 VPN，性能价格比很高，在国内大多数的城市都有 ISDN 接入服务。随着宽带技术的普及，ISDN 也被淘汰。

三、ADSL 方式

ADSL（Asymmetrical Digital Subscriber Line，非对称数字用户环路）是一种能够通过普通电话线提供宽带数据业务的技术。ADSL 素有"网络快车"之美誉，因其下行速率高、频带宽、性能优、安装方便、不需交纳电话费等特点而深受广大用户喜爱，成为继 ISDN 之后的一种全新的高效接入方式。

ADSL 接入技术示意图如图 7-5 所示。ADSL 方式的最大特点是不需要改造信号传输线路，完全可以利用普通铜质电话线作为传输介质，配上专用的调制解调器即可实现数据高速传输。ADSL 支持上行速率 640kbit/s ~ 1Mbit/s，下行速率 1 ~ 8Mbit/s，其有效的传输距离在 3 ~ 5km。在 ADSL 接入方案中，每个用户都有单独的一条线路与 ADSL 局端相连，它的结构可以看作是星形结构，数据传输带宽是由每一个用户独享的。ADSL 连接因特网示意图如图 7-6 所示。

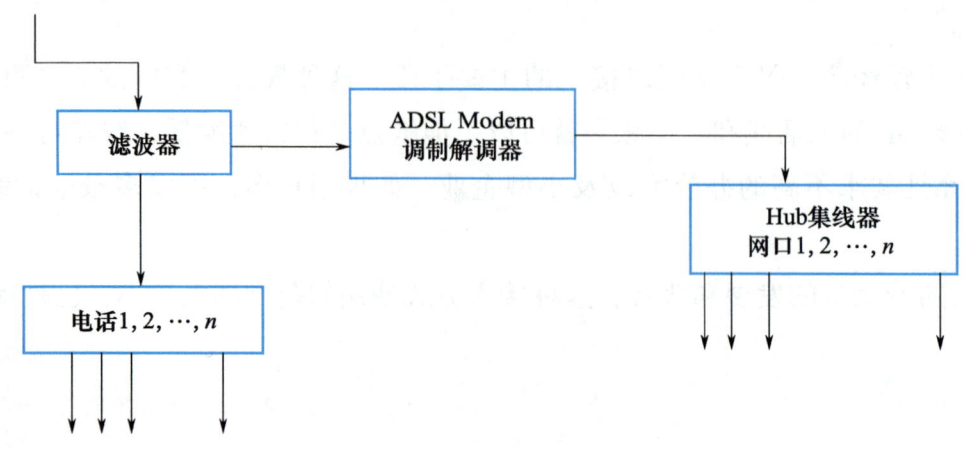

图 7-5　ADSL 接入技术示意图

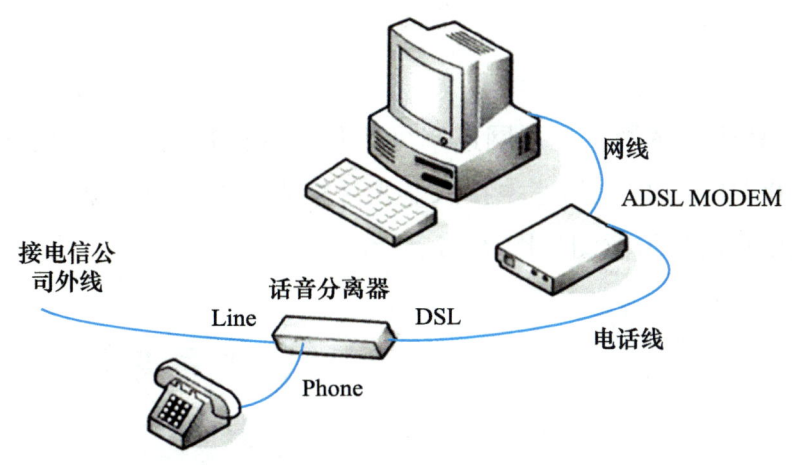

图 7-6 ADSL 连接因特网示意图

ADSL 可进行视频会议和影视节目传输，非常适合中、小企业。可是 ADSL 方式有一个致命的弱点：用户距离电信交换机房的线路距离不能超过 6km，这限制了它的应用范围。

四、DDN 专线

DDN 是英文 Digital Data Network 的缩写，是随着数据通信业务发展而迅速发展起来的一种新型网络。DDN 主干网的传输媒介有光纤、数字微波、卫星信道等，用户端多使用普通电缆和双绞线。DDN 将数字通信技术、计算机技术、光纤通信技术以及数字交叉连接技术有机地结合在一起，提供了高速度、高质量的通信环境，可以向用户提供点对点、点对多点透明传输的数据专线出租电路，为用户传输数据、图像、声音等信息。DDN 的通信速率可根据用户需要在 $N\times 64\text{kbit/s}(N=1\sim 32)$ 之间进行选择，当然速度越快租用费用也越高。

DDN 专线许多场合下面向的是集团企业，用户租用 DDN 需要申请开户。DDN 的收费一般采用包月制和计流量制，这与一般用户拨号上网的按时计费方式不同。DDN 按照不同的速率带宽收费也不同，它不适合社区住户的接入，但对社区商业用户有吸引力。

DDN 专线方式适合对带宽要求比较高的应用，如企业网站。它的特点是速率比较高，范围在 64kbit/s~2Mbit/s 之间。但是，由于整个链路被企业独占，所以费用很高，因此中小企业较少选择。

DNN 专线的优点很多：有固定的 IP 地址，可靠的线路运行，永久的连接等。但是性能价格比太低，除非用户资金充足，否则不推荐使用这种方法。

五、卫星接入

一些 Internet 服务提供商开展了卫星接入 Internet 的业务。这种接入方式适合偏远地方又需要较高带宽的用户。

卫星用户一般需要安装一个小口径终端（VSAT），包括天线和其他接收设备，下行数据的传输速率一般为 1Mbit/s，上行通过 PSTN 或者 ISDN 接入 ISP。终端设备和通信费用都比较低。

六、光纤接入

一些城市兴建了高速城域网，主干网速率可达几十吉比特每秒。光纤可以铺设到路边或者大楼，用户可以以 100Mbit/s 以上的速率接入。光纤接入适合大型企业。

城域宽带 IP 光纤网拓扑示意图如图 7-7 所示。

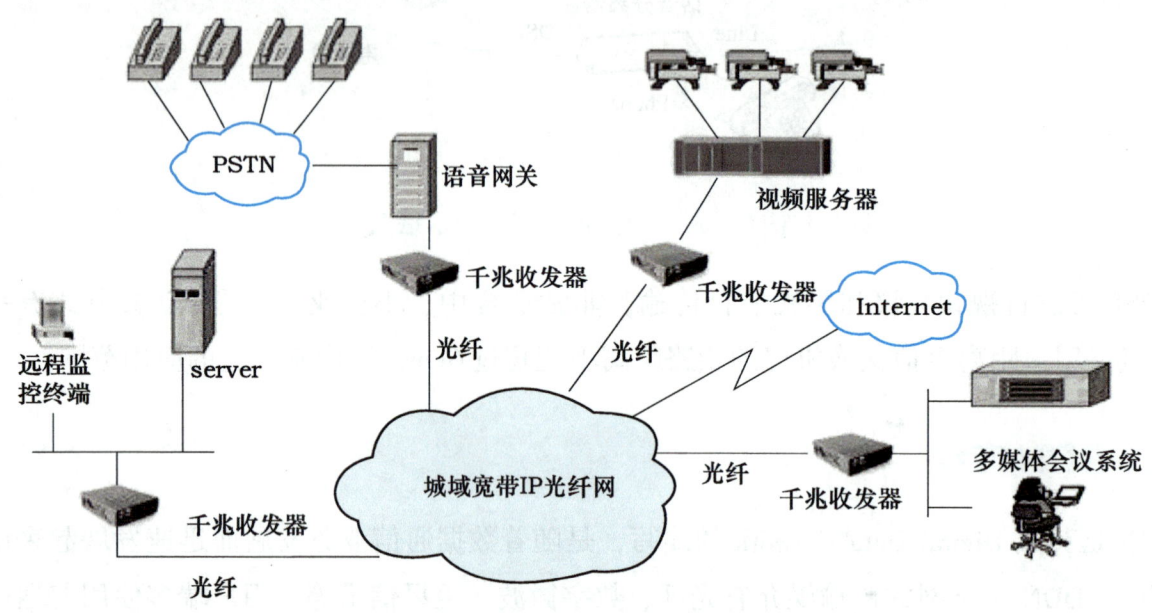

图 7-7　城域宽带 IP 光纤网拓扑示意图

七、无线接入

需要宽带接入的用户可采用无线接入。无线接入通过高频天线和 ISP 连接，距离在 10km 左右，带宽为 2～11Mbit/s，费用低廉，但是受地形和距离的限制，适合城市里距离 ISP 不远的用户，性能价格比很高。

LMDS（Local Multipoint Distribution Services，本地多点分配业务）是一种微波的宽带业务，工作于 20～40GHz 的微波频段，带宽 1.3GHz。LMDS 由多个枢纽站按照类似蜂窝的方式组成，枢纽站作为骨干网的 AP，通过光缆或同轴电缆与外界连接。枢纽站与服务区域内的多个用户站实现点到多点的无线链路连接。LMDS 通过使用方向性强的用户天线、相邻枢纽站服务区之间采用不同的极化方式等方法来实现频带复用，以提高频率利用效率。LMDS 可提供广播图像分配业务（含高清晰度电视）、电话、可视电话、ISDN 以及各种交换式宽带多媒体高速业务。

第一代 LMDS 是模拟系统，主要用于电视节目的传播，因此，也被称为无线 CATV 网。

第二代 LMDS 采用的是全数字的技术，不仅能够传播单向的电视节目，还能够升级为 WLL 中的全交互式双向交换型宽带网络。LMDS 支持的主要传输标准有 ATM、TCP/IP、MPEG-2 等。

LMDS 接入是一种可用于社区宽带接入的无线接入技术。在该接入方式中，一个基站可以覆盖直径 20km 的区域，每个基站可以负载 2.4 万用户，每个终端用户的带宽可达到 25Mbit/s。但是，它的带宽总容量为 600Mbit/s，每基站下的用户共享带宽，因此一个基站如果负载用户较多，那么每个用户所分到带宽就很小了。故这种技术对于社区用户的接入是不合适的，但它的用户端设备可以捆绑在一起，可用于宽带运营商的城域网互联。其具体做法是在汇聚点机房建一个基站，而汇聚机房周边的社区机房可作为基站的用户端，社区机房如果捆绑四个用户端，汇聚机房与社区机房的带宽就可以达到100Mbit/s。

采用这种方案的好处是可以使已建好的宽带社区迅速开通运营，缩短建设周期。

八、线缆调制解调器接入

我国有线电视网遍布全国，很多的城市提供线缆调制解调器接入Internet方式，速率可以达到10Mbit/s，但是线缆调制解调器的工作方式是共享带宽的，所以有可能在某个时间段出现速率下降的情况。

线缆调制解调器主要用于有线网络，是一种超高速调制解调器，它利用有线电视（CATV）网进行数据传输，是比较成熟的一种技术。随着有线电视网的发展壮大和人们生活质量的不断提高，通过线缆调制解调器利用有线电视网访问Internet已成为越来越受业界关注的一种高速接入方式。

由于有线电视网采用的是模拟传输协议，因此网络需要用一个调制解调器来协助完成数字数据的转化。线缆调制解调器与以往的调制解调器在原理上都是将数据进行调制后在电缆的一个频率范围内传输，接收时进行解调，传输机理与普通调制解调器相同，不同之处在于线缆调制解调器是通过有线电视CATV的某个传输频带进行调制解调的。

线缆调制解调器连接方式可分为两种：对称速率型和非对称速率型。前者的数据上传速率和数据下载速率相同，都在500kbit/s～2Mbit/s之间；后者的数据上传速率在500kbit/s～10Mbit/s之间，数据下载速率在2～40Mbit/s之间。

线缆调制解调器接入方式原理如图7-8所示。

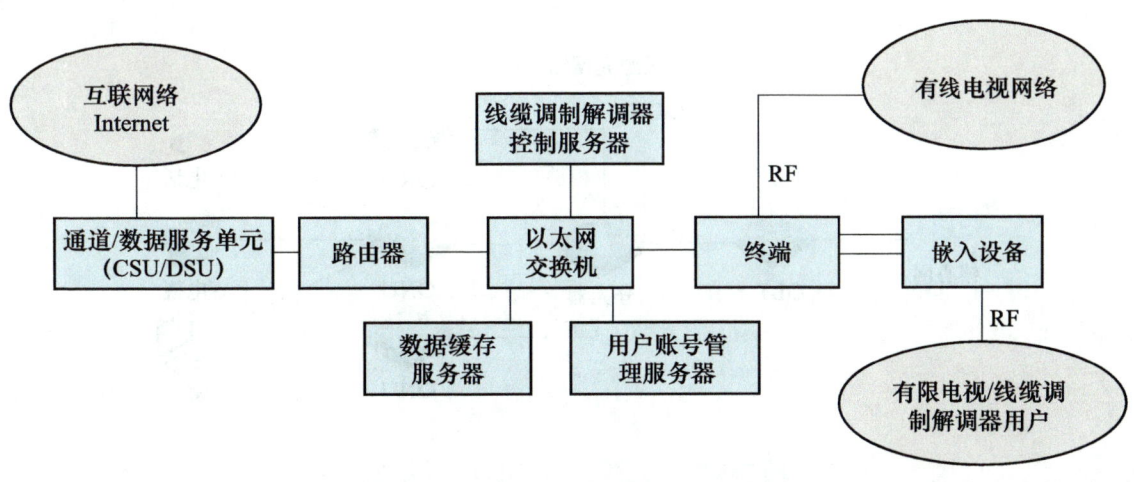

图7-8　线缆调制解调器接入方式原理图

采用线缆调制解调器上网的缺点是由于线缆调制解调器模式采用的是相对落后的总线型网络结构，这就意味着网络用户共同分享有限带宽；除此之外，购买线缆调制解调器和初装费也都不算很便宜，这些因素阻碍了线缆调制解调器接入方式在国内的普及。但是，它的市场潜力是很大的,毕竟中国 CATV 网已成为世界第一大有线电视网,其用户已达到 8000 万。

另外,线缆调制解调器技术主要是在广电部门原有线电视线路上进行改造时采用的。线缆调制解调器接入方式实例如图 7-9 所示。

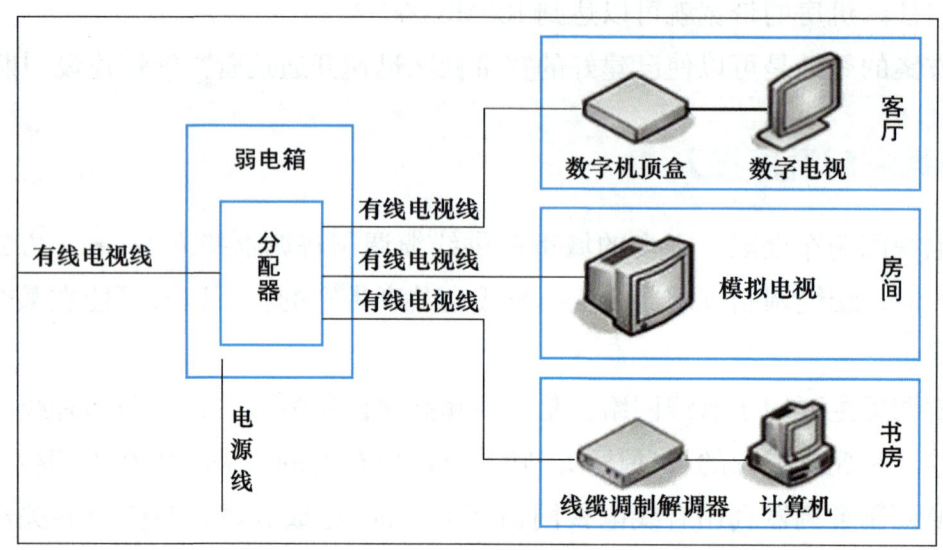

图 7-9　线缆调制解调器接入方式实例

九、无源光网络 PON 接入

无源光网络 PON(Passive Optical Network)技术是一种点对多点的光纤传输接入技术,下行采用广播方式,上行采用时分多址方式,可以灵活地组成树形、星形、总线型等拓扑结构。在光分支点不需要结点设备,无源光网络 PON 只需要安装一个简单的分光器即可,具有节省光缆资源、共享带宽资源、节省机房投资、设备安全性高、建网速度快、综合建网成本低等优点。无源光网络 PON 的组成如图 7-10 所示。

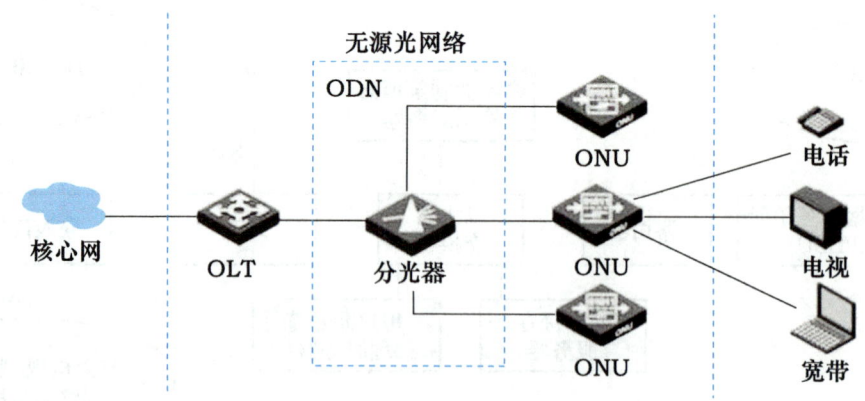

图 7-10　无源光网络 PON 的组成

PON 包括 ATM-PON(APON,基于 ATM 的无源光网络)和 Ethernet-PON(EPON,基于以太网的无源光网络)两种。ATM-PON 技术发展得比较早,具有综合业务接入、QoS 服务质量保证等独有的特点,ITU-T 的 G.983 建议规范了 ATM-PON 的网络结构、基本组成和物理层接口,我国原信息产业部也已制定了完善的 ATM-PON 技术标准。

无源光网络 PON 接入设备主要由 OLT、ONT、ONU 组成，由无源光分路器件将 OLT 的光信号分到树形网络的各个 ONU。一个 OLT 可接 32 个 ONT 或 ONU，一个 ONT 可接 8 个用户，而一个 ONU 可接 32 个用户，因此，一个 OLT 最大可负载 1024 个用户。PON 技术的传输介质采用单芯光纤，局端到用户端最大距离为 20km，接入系统总的传输容量上行和下行各为 155Mbit/s，每个用户使用的带宽可以从 64kbit/s～155Mbit/s 灵活划分，一个 OLT 上所接的用户共享 155Mbit/s 带宽。例如，富士通 EPON 产品的 OLT 设备有 A550，ONT 设备 A501、A550 最多有 12 个 PON 口，每个 PON 中下行至每个 A501 是 100Mbit/s 带宽；而每个 PON 口上所接的 A501 上行带宽是共享的。

据测算和分析，采用 EPON 技术与 LAN 技术的社区成本投入比较，一个社区如果上网率为 80%，采用 EPON 方案相比 LAN 方案（室内布线进行了优化）在成本上没有优势，但在以后的维护上会节省维护费用。而室内布线采用优化和没有采用优化的 LAN 方案在建设成本上差距较大。出现这种差距的原因是优化方案节省了室内布线的材料，相对施工费也降低了，另外，由于采用集中管理方式，交换机的端口利用率大大增加，从而减少了楼道交换机的数量，相应也就降低了在设备上的投资。

十、LAN 接入

LAN 接入是利用以太网技术，采用光缆+双绞线的方式对社区进行综合布线。具体实施方案是从社区机房敷设光缆至用户单元楼，楼内布线采用五类双绞线敷设至用户家里，双绞线总长度一般不超过 100m，用户家里的计算机通过五类跳线接入墙上的五类模块就可以实现上网。社区机房的出口通过光缆或其他介质接入城域网。

采用 LAN 接入可以充分利用小区局域网的资源优势，为居民提供 10Mbit/s 以上的共享带宽，并可根据用户的需求升级到 100Mbit/s 以上。

以太网技术成熟、成本低、结构简单、稳定性、可扩充性好、便于网络升级，同时可实现实时监控、智能化物业管理、家庭自动化（如远程遥控家电、可视门铃等），可提供智能化、信息化的办公与家居环境，满足不同层次的人们对信息化的需求。社区采用以太网方式接入，每户的线路成本可以大大降低，这比其他的入网方式要经济许多。

在接入网中，目前可供选择的接入方式主要有 PSTN 方式、ISDN 方式、ADSL 方式、DDN 专线、卫星接入、光纤接入、无线接入、线缆调制解调器、无线光源网络 PON 接入、LAN 接入等多种，它们各有各的优缺点，分别在不同的场合中发挥作用。

实训　建立名称为"校园联通"的拨号连接并拨号上网

一、实训目的

掌握计算机用宽带连接拨号上网的方法。

二、实训步骤

1）把计算机和调制解调器（宽带网线）连接起来。

2）找到并打开"控制面板"中的"网络和共享中心"窗口，如图7-11所示。

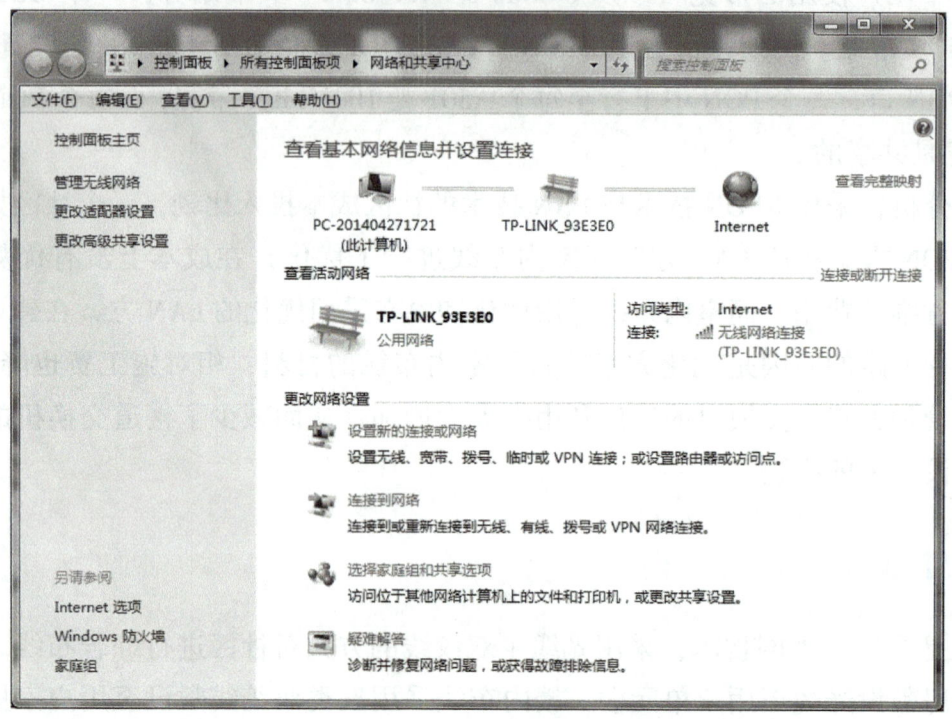

图7-11 "控制面板"中的"网络和共享中心"窗口

3）在"网络和共享中心"窗口中，单击"设置新的连接或网络"，出现图7-12所示的对话框，选中"设置拨号连接"选项，单击"下一步"按钮，打开图7-13所示的对话框。

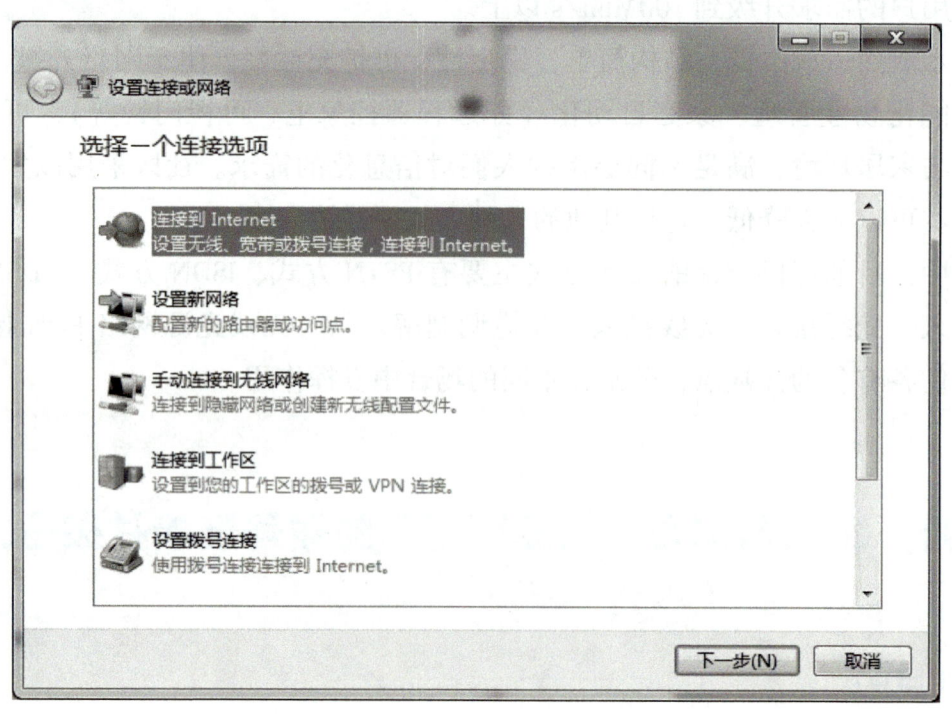

图7-12 "设置连接或网络"对话框

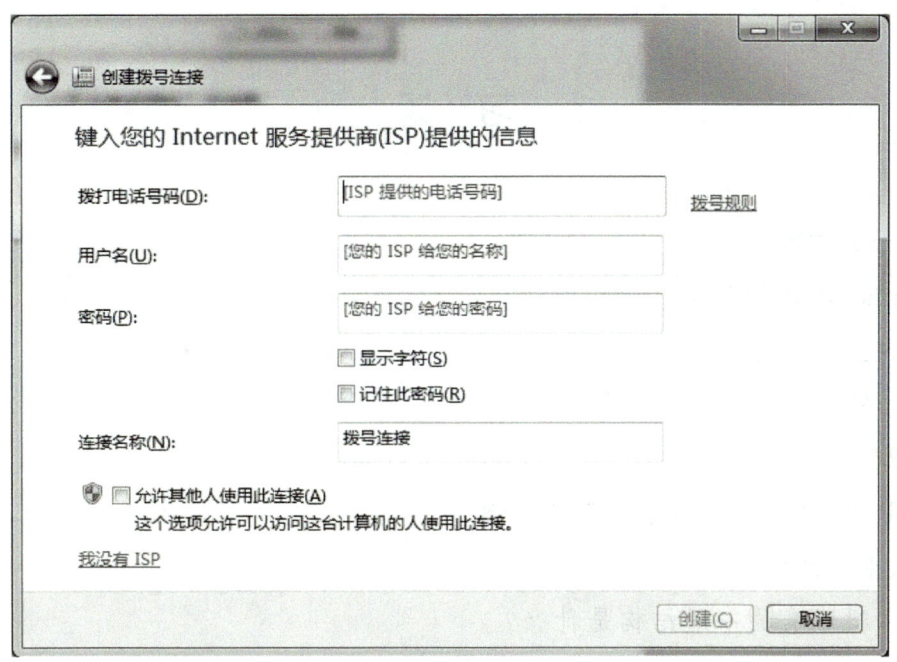

图 7-13 "创建拨号连接"对话框

4) 在"创建拨号连接"对话框中,输入拨打电话号码、用户名、密码,设置"连接名称"为"校园联通"。

5) 在"创建拨号连接"对话框中,单击"创建"按钮,显示设置完成对话框,如图 7-14 所示。

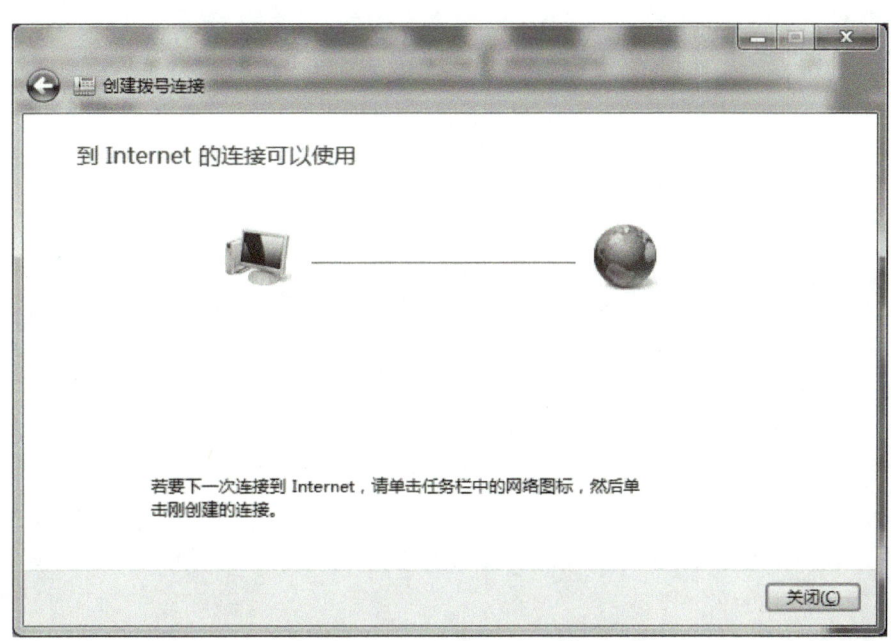

图 7-14 设置完成对话框

6) 打开任务栏中的网络图标,单击创建的"校园联通",连接上网。

三、实训小结

写出实训报告,总结接入网络的方式。

习 题

1. 简述 Internet 的概念。
2. 简述 Internet 的应用场合。
3. Internet 的主要功能有哪些？
4. Internet 的发展经历了哪几个阶段？
5. 简述 TCP/IP 的含义。
6. 什么是 IP 地址？IP 地址的网络 ID 分哪几类？
7. 什么是域名系统？
8. Internet 主机域名的一般结构是什么？
9. 常用的 Internet 接入方式有哪些？
10. 试述拨号上网的设置步骤。

第 8 章

网络服务与应用技术

学习目标

1. 理解 WWW 的概念。
2. 了解 WWW 的发展与应用。
3. 理解 HTTP 与 HTML 的含义和应用。
4. 掌握 Internet Explorer 的使用和设置。
5. 了解电子邮件系统的工作原理。
6. 理解电子邮件的传输协议。
7. 掌握收发电子邮件的方法。
8. 掌握 FTP 的概念和功能。
9. 了解 FTP 的工作原理。
10. 了解 FTP 的基本命令。
11. 理解 DHCP 的含义。
12. 了解 DHCP 服务器的配置。

第 1 节 WWW 服务

一、WWW 概述

(一) WWW 的概念

World Wide Web 简称 WWW，中文译为万维网。1994 年 6 月，华夏文摘将 World Wide Web 称为"万维网"。"万维网"这一名称后来被广泛采用。提供万维网服务的公司一般称作域名主机服务商。万维网服务示意图如图 8-1 所示。

超文本（Hypertext）由一个叫作网页浏览器（Web browser）的程序显示。网页浏览器从网页服务器取回称为"文档"或"网页"的信息并显示，通常在计算机显示器上显示。用户可以跟随网页上的超链接（Hyperlink），取回信息，甚至也可以提交数据给服务器。顺着超链接查看信息的行为称为浏览网页。

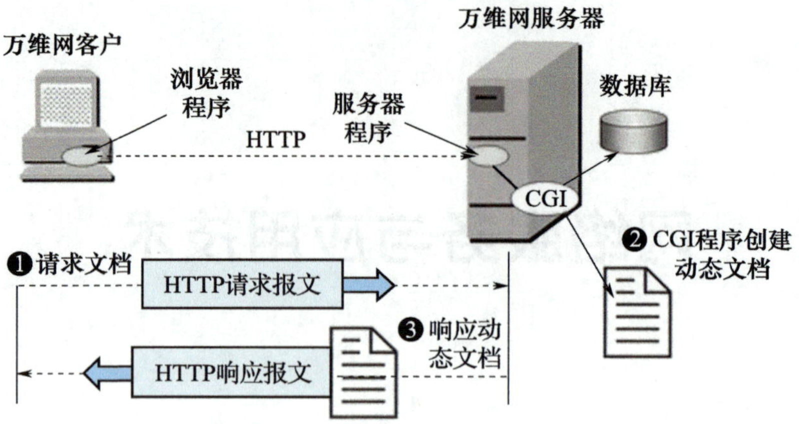

图 8-1　万维网服务示意图

网络世界通过超文本协议链接组成一个广大虚拟网络的时候,在浏览器中键入网页的统一资源定位符(Uniform Resource Locator),或者通过超链接方式,用户可以链接到相应的网页或网络资源。访问网络的过程,首先是 URL 的服务器名部分,被名为域名系统的分布于全球的因特网数据库解析,并根据解析结果进入相应 IP 地址(IP address);其次向所要访问的 IP 地址对应的服务器发送一个 HTTP 请求,一般情况下,HTML 文本、图片和构成该网页的其他文件很快会被逐一请求并发送回用户;然后,浏览器把 HTML、CSS 和其他接收到的文件所描述的内容,加上图像、链接和其他资源,显示给用户。这些就构成了用户所看到的网页。

大多数的网页自身包含有超链接,并指向其他相关网页。像这样通过超链接,把有用的相关资源组织在一起的集合,就形成了一个所谓的信息的"网"。这个网在因特网上被方便使用,就构成了蒂姆·伯纳斯·李所说的万维网。

(二) WWW 使用的技术

万维网的核心部分是由三个标准构成的:

统一资源标识符(URL),这是一个统一的为资源定位的系统。

超文本传送协议(HTTP),规定客户端和服务器怎样互相交流。

超文本标记语言(HTML),定义超文本文档的结构和格式。

万维网在技术上的使用了 SUN 公司的 Java 编程语言。它最初的作用是使网络服务器可以在传给客户端的信息中直接嵌入叫 applet 的小程序,这些小程序可以直接在终端用户的计算机上使用,可以令用户交互更快更丰富。后来,Java 语言逐渐发展成一种在服务器端生成复杂的即时内容的工具。

处理网页时用到一种脚本语言 JavaScript,其标准版本是 ECMAScript,由网景通讯公司提交给欧洲标准协会制订。它和 Java 编程语言的语法都是从 C 语言发展而来,JavaScript 类似C++,是一种面向对象的语言,与 Java 不同但和 C++ 相同的是它允许混合代码,即面向对象的和基于过程的代码可以同时存在。在网页浏览器中,JavaScript 与文档对象模型(Document Object Model)紧密结合,能够很好地处理网页。

（三）WWW 的产生和发展

最早的万维网构想可以追溯到蒂姆·伯纳斯·李（Tim Berners-Lee）构建的 ENQUIRE 项目。这是一个类似维基百科的超文本在线编辑数据库。尽管这与我们现在使用的万维网大不相同，但是其中有许多相同的核心思想。

1989 年 3 月，蒂姆·伯纳斯·李撰写了《关于信息化管理的建议》一文，文中提及 ENQUIRE 并且描述了一个更加精巧的管理模型。1990 年 11 月，他和罗伯特·卡里奥合作提出了一个更加正式的关于万维网的建议。之后，他在一台 NeXT 工作站上写了第一个网页以实现文章中的想法。当年，蒂姆·伯纳斯·李制作了网络工作所必需的所有工具：第一个万维网浏览器（同时也是编辑器）和第一个网页服务器。1991 年 8 月，他在 alt.hypertext 新闻组上贴了万维网项目简介的文章。这一天也标志着因特网上万维网公共服务的首次亮相。

万维网中至关重要的概念——超文本起源于 20 世纪 60 年代的项目，泰德·尼尔森的仙那都项目和道格拉斯·英格巴特的 NLS。这两个项目的灵感都是来源于万尼瓦尔·布什在其 1945 年的论文《和我们想的一样》中为微缩胶片设计的"记忆延伸"系统。

蒂姆·伯纳斯·李的另一个重大突破是将超文本嫁接到因特网上。在《编织网络》一书中，他提出这两种技术的结合是可行的，虽然没有任何人响应他的建议，但是他自己实现了这个计划，同时发明了一个全球网络资源唯一认证的系统，即统一资源标识符。

万维网使得任何人可以在资源拥有者不做任何限制的情况下链接该资源，使得服务器和客户端能够独立地发展和扩展，而不受许可限制。

蒂姆·伯纳斯·李于 1994 年 10 月在麻省理工学院计算机科学实验室创建了万维网联盟（World Wide Web Consortium，简称 W3C），又称 W3C 理事会，这个组织的作用是使万维网上不同形式的信息间进行更有效的储存和通信。

（四）万维网的影响

万维网使得全世界的人们以史无前例的巨大规模相互交流，相距遥远的人们可以通过网络进行交流，实现数据共享。万维网的信息保存方式是数字储存，信息的传播由万维网和因特网来实现，而不受时间和空间的限制，使用数字储存方式的优点是相对于查阅图书馆或者书籍，用户可以更方便更有效率地查询网络上的信息资源，更加快速地获得信息。

万维网是一个广泛的传播媒介，其影响是十分深远的。它可以使用户和分布于地球上不同地区的人方便快捷地相互联系，这是其他媒体难以达到的，其使用的人数远远超过通过具体接触或其他所有已经存在的通信媒介的总和所能达到的数目。

二、HTTP 与 HTML

（一）HTTP（超文本传输协议）

HTTP 即超文本传输协议（HyperText Transfer Protocol）是互联网上应用最为广泛的一种网

络协议。所有的 WWW 文件都必须遵守这个标准。设计 HTTP 最初的目的是为了提供一种发布和接收 HTML 页面的方法。20 世纪 60 年代，泰德·尼尔森构思了一种通过计算机处理文本信息的方法，并称之为超文本（Hypertext），这成为超文本传输协议标准架构的发展根基。泰德·尼尔森组织协调万维网联盟（World Wide Web Consortium）和互联网工程工作小组（Internet Engineering Task Force）共同合作研究，最终发布了一系列的 RFC，其中著名的 RFC 2616 定义了 HTTP 1.1。

1. 技术架构

HTTP 是一个客户端和服务器端请求和应答的标准 TCP（Transfer Control Protocol 传输控制协议）。客户端是终端用户，服务器端是网站。通过使用 Web 浏览器，客户端可以发起一个到服务器上指定端口（默认端口为 80）的 HTTP 请求。客户端也叫用户代理（User Agent）。应答服务器上存储着资源，如 HTML 文件和图像。应答服务器也叫源服务器（Origin Server）。在用户代理和源服务器中间可能存在多个中间层，如代理、网关或者隧道（Tunnels）。尽管 TCP/IP 是互联网上最流行的协议，HTTP 并没有规定必须使用它和它支持的层。事实上，HTTP 可以在任何其他互联网协议上，或者在其他网络上实现。HTTP 只假定其下层协议提供可靠的传输，任何能够提供这种保证的协议都可以被其使用。

通常，由 HTTP 客户端发起一个请求，建立一个到服务器指定端口（默认是 80 端口）的 TCP 连接。HTTP 服务器则在那个端口监听客户端发送过来的请求。一旦收到请求，服务器向客户端发回一个状态行和消息，消息的消息体可能是请求的文件、错误消息或者其他一些信息。

HTTP 使用 TCP 而不是 UDP（User Datagram Protocol 用户数据报协议）的原因在于打开一个网页必须传送很多数据，而 TCP 提供的传输控制、按顺序组织数据和错误纠正的功能能确保数据传输的准确性。通过 HTTP 或者 HTTPS 请求的资源由统一资源标示符（Uniform Resource Identifiers）来标识。

2. 协议功能

HTTP 是用于从 WWW 服务器传输超文本到本地浏览器的传输协议。它可以使浏览器更加高效，使网络传输减少。它不仅保证计算机正确快速地传输超文本文档，还确定传输文档中的哪一部分，以及哪部分内容首先显示（如文本先于图形）等。

HTTP 是客户端浏览器或其他程序与 Web 服务器之间的应用层通信协议。在 Internet 上，Web 服务器存放超文本信息，客户端需要通过 HTTP 传输所要访问的超文本信息。HTTP 包含命令和传输信息，不仅可用于 Web 访问，也可以用于其他因特网/内联网应用系统之间的通信，从而实现各类应用资源超媒体访问的集成。

在浏览器的地址栏里输入的网站地址叫作 URL（Uniform Resource Locator，统一资源定位符）。就像门牌地址一样，每个网页都有一个 Internet 地址。在浏览器的地址框中输入 URL 或是单击一个超级链接时，URL 就确定了要浏览的地址。浏览器通过超文本传输协议（HTTP），将 Web 服务器上站点的网页代码提取出来，并翻译成网页。

3. 运作方式

在 WWW 中，客户与服务器是一个相对的概念，只存在于一个特定的连接期间，即在某个连接中的客户在另一个连接中可能作为服务器。基于 HTTP 的客户/服务器模式的信息交换过程分四个环节：建立连接、发送请求信息、发送响应信息、关闭连接，如图 8-2 所示。

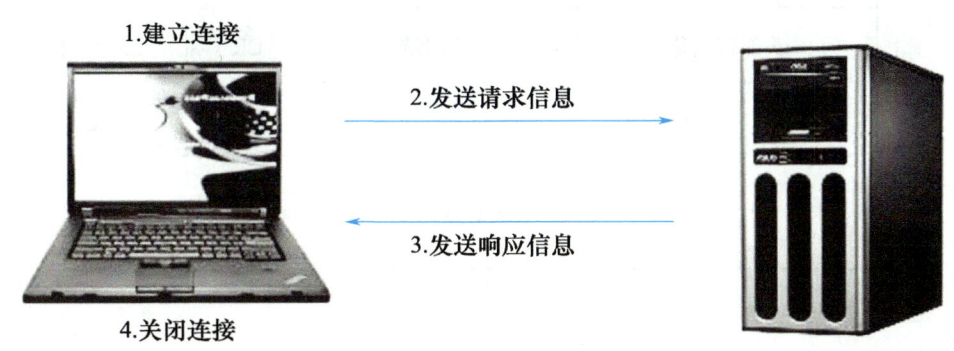

图 8-2　基于 HTTP 的信息交换过程

HTTP 是基于请求/响应范式的。客户机与服务器建立连接后，发送一个请求给服务器，请求方式的格式为统一资源标识符、协议版本号，后边是 MIME 信息（包括请求修饰符、客户机信息和可能的内容）。服务器接到请求后，给予相应的响应信息，其格式为一个状态行（包括信息的协议版本号）、一个成功或错误的代码，后边是 MIME 信息（包括服务器信息、实体信息和可能的内容）。

服务器除了包括 HTML 文件以外，还包括一个 HTTP 驻留程序，用于响应用户请求。浏览器向服务器发送请求。当浏览器中输入了一个开始文件或单击了一个超级链接时，浏览器就向服务器发送了 HTTP 请求，此请求被送往由 IP 地址指定的 URL。驻留程序接收到请求，在进行必要的操作后回送所要求的文件。在这一过程中，网络上发送和接收的数据被分成一个或多个数据包（packet），每个数据包包括：传送的数据；控制信息，即告诉网络怎样处理数据包。TCP/IP 决定了每个数据包的格式。许多 HTTP 通信是由一个用户代理初始化的，并且包括一个申请源服务器上资源的请求。最简单的情况可能是在用户代理（UA）和源服务器（O）之间通过一个单独的连接来完成。

当一个或多个中介出现在请求/响应链中时，情况就变得复杂一些。中介有三种：代理（Proxy）、网关（Gateway）和通道（Tunnel）。用户代理根据 URI 的绝对格式来接受请求，重写全部或部分消息，通过 URI 的标识把已格式化过的请求发送到服务器。网关是一个接收代理，作为一些其他服务器的上层，可以把请求翻译给下层的服务器。一个通道作为不改变消息的两个连接之间的中继点。当通信需要通过一个中介（如防火墙等）或者不能识别消息内容的中介时，通道经常被使用。

4. 报文格式

HTTP 报文由从客户机到服务器的请求和从服务器到客户机的响应构成。请求报文格式如图 8-3 所示。

方法	空格	URL	空格	HTTP版本	CR	LF
头部域名称		:	头部域值		CR	LF
...						
头部域名称		:	头部域值		CR	LF
CR	LF					
请求数据						

图 8-3　请求报文格式

请求行以方法字段开始，后面分别是 URL 字段和 HTTP 版本字段，并以 CR LF 结尾。除了在最后的 CR LF 序列中 CR 和 LF 是必需的之外，其他都可以不要。

应答报文格式如图 8-4 所示。

版本	空格	状态码	空格	原因分析	CR	LF
头部域名称		:	头部域值		CR	LF
...						
头部域名称		:	头部域值		CR	LF
CR	LF					
应答正文						

图 8-4　应答报文格式

状态码由三位数字组成，表示请求是否被理解或被满足。原因分析是对原文的状态码做简短的描述，状态码用来支持自动操作，而原因分析用来供用户使用。客户机无须检查或显示语法。

5．工作过程

一次 HTTP 操作称为一个事务，其工作过程可分为以下几步：

1) 域名服务器将域名转换为 IP 地址，HTTP 根据 IP 地址连接到服务器。
2) 发送请求（post 或 get）。
3) 服务器进行响应，返回被请求的资源。
4) 浏览器接收文件，解释并最终呈现给用户。

如果以上过程的某一步出现错误，那么产生错误的信息将返回到客户端，由显示屏输出。对于用户来说，这些过程是由 HTTP 完成的，用户只要用鼠标单击相应位置，等待信息显示就可以了。

在 Internet 上，HTTP 通信通常发生在 TCP/IP 连接之上。默认端口是 TCP 80，但其他的端口也是可用的。但这并不预示着 HTTP 在 Internet 或其他网络的其他协议之上才能完成。HTTP 只预示着一个可靠的传输。

（二）HTML（超文本标记语言）

HTML 即超文本标记语言（HyperText Markup Language），是标准通用标记语言下的一个应用。超文本就是指页面内可以包含图片、链接，甚至音乐、程序等非文字元素。超文本标记语言的结构包括"头"部分（Head）和"主体"部分（Body），其中"头"部分提供关于网页的信息，"主体"部分提供网页的具体内容。HTML 结构示意图如图 8-5 所示。

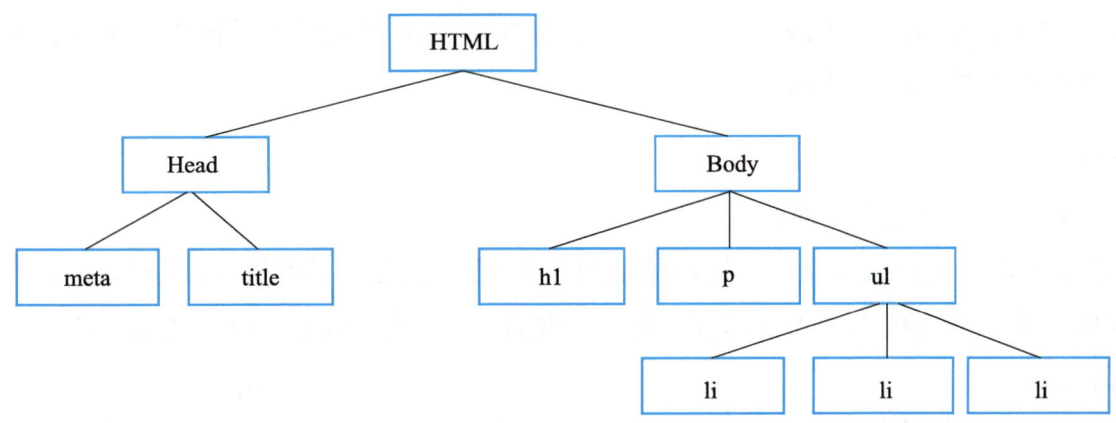

图 8-5　HTML 结构示意图

1. HTML 与网页

超文本标记语言（HTML）是为网页创建和其他可在网页浏览器中看到的信息设计的一种标记语言。万维网上，一个超媒体文档被称为一个页面（Page）。一个组织或者个人在万维网上放置开始点的页面称为主页（Homepage）或首页，主页中通常包括指向其他相关页面或其他结点的指针（超级链接）。所谓超级链接，就是一种统一资源定位器（Uniform Resource Locator，URL）指针，通过激活（单击）它，可使浏览器方便地获取新的网页。这是 HTML 获得广泛应用的最重要的原因之一。在逻辑上将视为一个整体的一系列页面的有机集合称为网站（Website 或 Site）。

网页的本质就是超文本标记语言，通过结合使用其他的 Web 技术（如脚本语言、公共网关接口、组件等），可以创造出功能强大的网页。因而，超文本标记语言是万维网（WWW）编程的基础，也就是说万维网是建立在超文本基础之上的。超文本标记语言之所以称为超文本标记语言，是因为文本中包含了超级链接点。

浏览器通过标记符号来标记要显示的网页中的各个部分。网页文件本身是一种文本文件，通过在文本文件中添加标记符，可以告诉浏览器如何显示其中的内容（如文字如何处理，画面如何安排，图片如何显示等）。浏览器按顺序阅读网页文件，然后根据标记符解释，显示其标记的内容，但对书写出错的标记将不指出其错误，且不停止其解释执行过程，编制者只能通过显示效果来分析出错原因和出错部位。需要注意的是，不同的浏览器对同一标记符可能会有不完全相同的解释，因而可能会有不同的显示效果。

2．HTML 的语言特点

超文本标记语言文档制作简单，功能强大，支持不同数据格式的文件嵌入，促使万维网（WWW）盛行，其主要特点有：

1）简易性。超文本标记语言版本升级采用超集方式，从而更加灵活方便。

2）可扩展性。超文本标记语言采取子类元素的方式，为系统扩展带来保证。

3）平台无关性。虽然个人计算机大行其道，但使用 MAC 等其他机器的也大有人在，超文本标记语言可以在广泛的平台上使用，这也是万维网（WWW）盛行的原因。

4）通用性。另外，HTML 是网络的通用语言，一种简单、通用的全置标记语言。它允许网页制作者建立文本与图片相结合的复杂页面，这些页面可以被网上任何人浏览到，无论使用的是什么类型的计算机或浏览器。

3．HTML 编辑器

HTML 编辑器可以分为三种：

1）基本文本、文档编辑软件，使用微软自带的记事本或写字板就可以编写，或用 WPS 等文字处理软件来编写也可以。不过保存文件时需使用 .htm 或 .html 作为扩展名，便于浏览器识别并解释执行。

2）半所见即所得软件，如 FCK-Editer、E-webediter 等在线网页编辑器，Sublime Text 代码编辑器等。

3）所见即所得软件，使用最广泛，不懂 HTML 的知识也可以做出网页，如万维网联盟的 Amaya、微软公司的 Frontpage、Adobe 公司的 Dreamweaver 等。所见即所得软件与半所见即所得的软件相比，开发速度更快，效率更高，且直观的表现更强。任何地方进行修改只需要刷新即可显示。缺点是生成的代码结构复杂，不利于大型网站的多人协作和精准定位等高级功能的实现。

Adobe Dreamweaver CS5 中文版界面如图 8 - 6 所示。

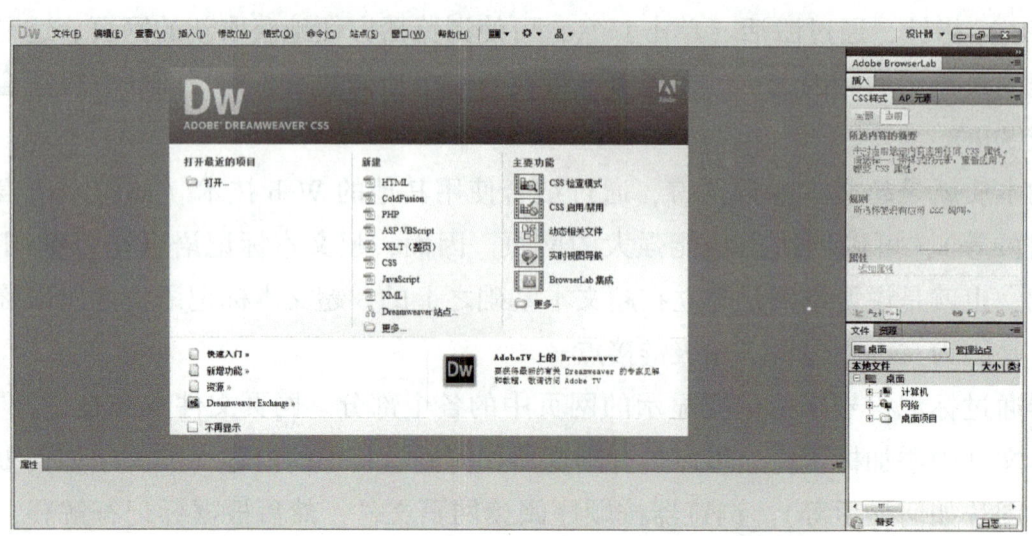

图 8 - 6　Adobe Dreamweaver CS5 中文版界面

4. HTML 整体结构

标准的超文本标记语言文件都具有一个基本的整体结构,标记一般都是成对出现(部分标记除外,如 <br/>),即超文本标记语言文件的开头与结尾标志。有三个双标记符用于页面整体结构的确认。

标记符 <html>,说明该文件是用超文本标记语言来描述的,它是文件的开头;而 </html> 则表示该文件的结尾,它们是超文本标记语言文件的开始标记和结尾标记。

标记符 <head> </head>,分别表示头部信息的开始和结尾。头部中包含的标记是页面的标题、序言、说明等内容,本身不作为内容来显示,但影响网页显示的效果。头部中最常用的标记符是标题标记符和 meta 标记符,其中标题标记符用于定义网页的标题,它的内容显示在网页窗口的标题栏中,网页标题可被浏览器用作书签和收藏清单。

实体标记符 <body> </body>,网页中显示的实际内容均包含在这两个正文标记符之间。

三、Internet Explorer 的使用和设置

Internet Explorer 是微软公司推出的一款网页浏览器,简称 IE。Internet Explorer 中文直译为网络探路者,俗称为 IE 浏览器。

IE 浏览器页面如图 8-7 所示。

图 8-7　IE 浏览器页面

(一) Internet Explorer 的发展

IE 开发计划开始于 1994 年夏天,微软要在 Windows 中开发适合自己的浏览器。但微软并没有时间从零开始,因此微软和 Spyglass 合作使 IE 从早期一款商业性的专利网页浏览器 Spyglass Mosaic 派生出来。1995 年,微软从 Spyglass 中取得了 Spyglass Mosaic 的源代码和授权,从

而使 IE 逐渐成为微软专属软件。1995 年 8 月，微软推出 IE 1.0 浏览器。最初 IE 浏览器以软件包的形式单独为相应的 Windows 提供选择安装，从 IE 4.0 开始，IE 集成在所支持的 Windows 中作为默认浏览器，并且为其能支持的早期的 Windows 提供安装程序进行升级。

除了作为 Windows 默认浏览器外，IE 2 至 IE 6 均支持苹果 Mac OS/OS X，IE 4 和 IE 5 支持 X Window System、Solaris 和 HP-UX UNIX，不过自 IE 7 开始，仅支持 Windows。此外，IE 不支持移动终端，移动终端上的 IE 实际上是 Internet Explorer Mobile（简称 IE Mobile），IE Mobile 其实采用完全不同的内核。2013 年，微软发布了 IE 11 浏览器，除了 Windows 8.1，Windows 7 及以上的系统版本也都可以安装。

（二）Internet Explorer 的使用

1. 打开 Internet Explorer

双击桌面上的 IE 快捷方式或者单击任务栏上的 IE 图标，可以打开 IE 浏览器。在 IE 浏览器的地址栏中输入 http://www.163.com，就可以打开网易首页，如图 8-8 所示。

图 8-8　网易首页

IE 浏览器标题与菜单栏如图 8-9 所示。

图 8-9　IE 浏览器标题与菜单栏

IE 浏览器的菜单如图 8-10、图 8-11、图 8-12、图 8-13、图 8-14 所示。

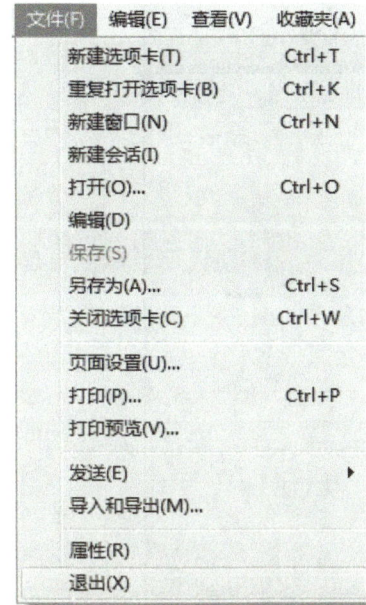
图 8-10 "文件"菜单

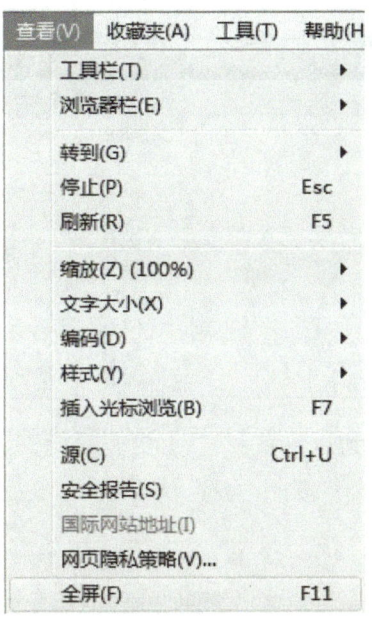
图 8-11 "查看"菜单

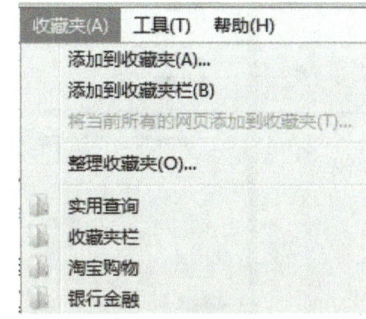
图 8-12 "收藏夹"菜单

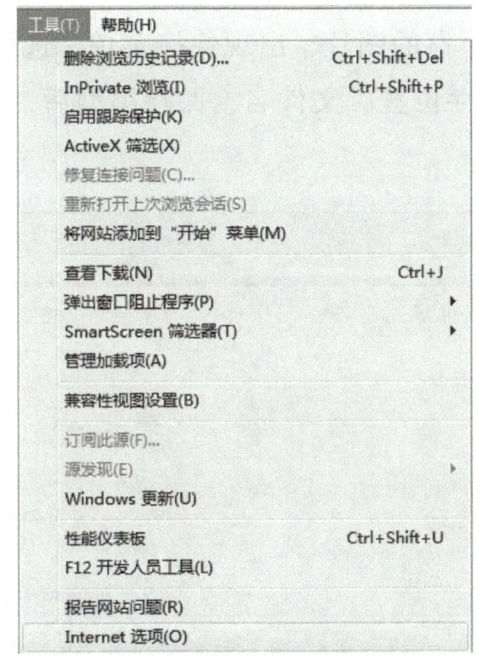
图 8-13 "工具"菜单

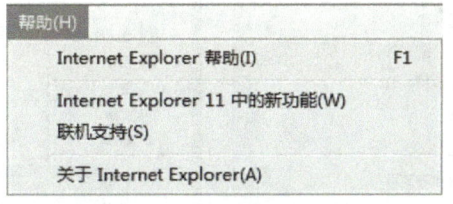
图 8-14 "帮助"菜单

2. 保存网页内容

（1）保存完整的网页　在 Internet Explorer 中，可以通过选择"文件"菜单的"另存为"命令将页面的内容保存到硬盘上，既能以 HTML 文档（.htm/.html）或文本文件（.txt）的格式存盘，又能实现完整网页的保存。在"文件名"框中键入网页的文件名，在"保存类型"下拉列表中选择"Web 网页，全部（ *.htm； *.html）"选项，选择该选项可将当前 Web 页面中的图像、框架和样式表全部保存，并将所有当前页显示的图像文件一同下载并保存到一个"文件名 .file"目录下，而且 Internet Explorer 将自动修改 Web 页中的连接，以方便离线浏览。设置好后，单击"保存"按钮，如图 8-15 所示。

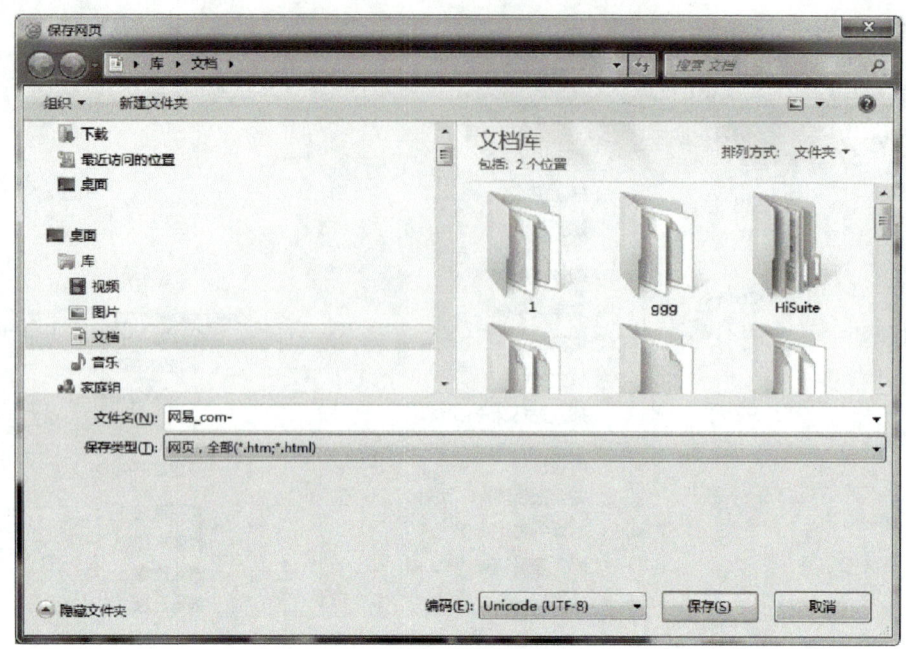

图 8-15 保存网页对话框

（2）保存网页图片　在网页中，右击所要保存的图片，出现快捷菜单，选择"图片另存为"命令，弹出"保存图片"对话框，设置保存位置、文件名、保存类型后，单击"保存"按钮，如图 8-16、图 8-17 所示。

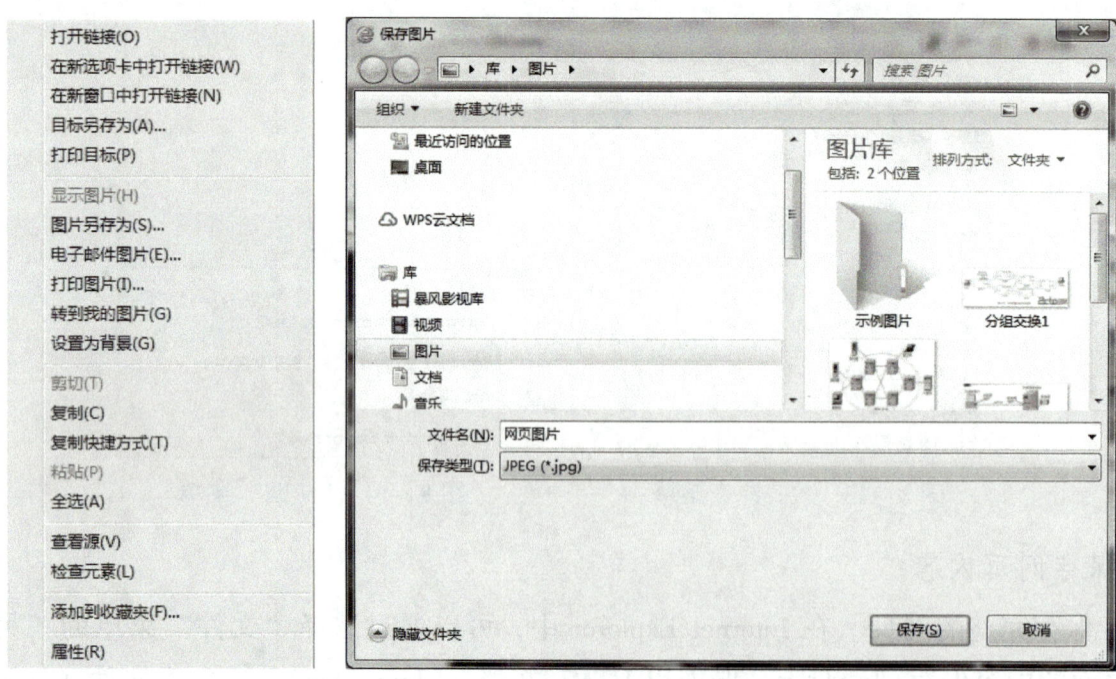

图 8-16　快捷菜单　　　　　　图 8-17　"保存图片"对话框

（3）保存文本　选定文本，右击鼠标，选择"复制"命令，打开记事本，选择"粘贴"命令，即可把文本内容复制到记事本中。

3．地址栏的作用

在 IE 地址栏中输入网址可以访问网站。除此之外，地址栏还有一些其他功能。

1）在 IE 地址栏中输入"我的电脑",按 <Enter> 键后即可打开"我的电脑"。

2）在 IE 地址栏中输入文件夹路径即可打开文件夹。

3）在 IE 地址栏中输入"控制面板",按 <Enter> 键后即可进入"控制面板"设置窗口。

4）在 IE 地址栏中输入 mailto:电子邮件地址,按 <Enter> 键后就可以启动电子邮件程序来进行电子邮件的发送。

4. 使用收藏夹

用户可以把经常需要访问的网站添加到收藏夹中,在"收藏夹"中单击已经收藏的网址就可以迅速打开需要访问的网站。

单击"收藏"菜单,选择"添加到收藏夹"命令,打开"添加收藏"对话框,设置名称和创建位置后,单击"添加"按钮,即可将网页添加为收藏,如图 8-18 所示。

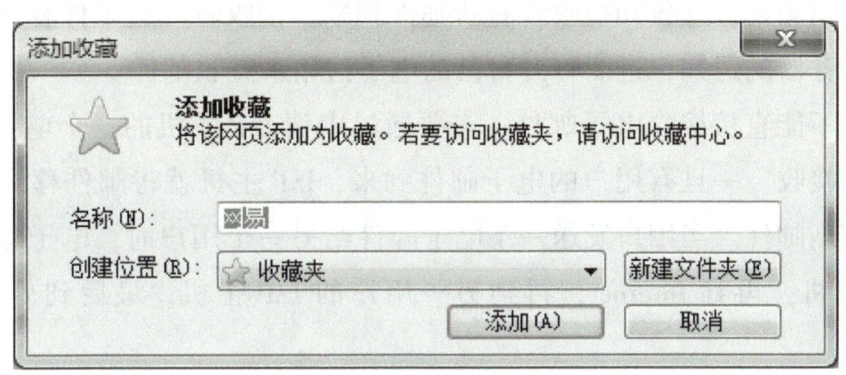

图 8-18 "添加收藏"对话框

单击"收藏"菜单,选择"整理收藏夹"命令,打开"整理收藏夹"对话框,即可对收藏的网页进行编辑、删除等操作。

第 2 节 电子邮件

电子邮件是一种用电子手段进行信息交换的通信方式,是互联网应用最广的服务之一。通过网络的电子邮件系统,用户可以迅速地把邮件发送到世界上任何指定的地方,极大地节省了时间和费用。

电子邮件可以是文档、图像、声音等多种形式,用户可以非常方便地获取免费的信息,电子邮件的存在极大地方便了人们之间的沟通与交流,给人们的生活带来了极大的便利。

一、电子邮件系统的工作原理

电子邮件在 Internet 上发送和接收的原理,可以很形象地用我们日常生活中邮寄包裹来形容:当我们要寄一个包裹时,首先要找到任何一个有这项业务的邮局,在填写完收件人姓名、地址等之后,包裹就寄到了收件人所在地的邮局,那么收件人取包裹的时候就必须去这个邮局才能取出。同样的，当我们发送电子邮件时，电子邮件由邮件发送服务器发出，并根据收信人的地址判断对方的邮件接收服务器而将电子邮件发送到该服务器上，收信人访问这个服务器，即可收取邮件。

电子邮件地址的格式由三部分组成。第一部分"User"代表用户信箱的账号，对于同一个邮件接收服务器来说，这个账号必须是唯一的；第二部分"@"是分隔符；第三部分是用户信箱的邮件接收服务器域名，用以标志其所在的位置。

电子邮件的工作过程遵循客户—服务器模式。每封电子邮件的发送都要涉及发送方与接收方，发送方构成客户端，而接收方构成服务器，服务器含有众多用户的电子信箱。发送方通过邮件客户程序，将编辑好的电子邮件向邮局服务器（SMTP 服务器）发送。邮局服务器识别接收者的地址，并向管理该地址的邮件服务器（POP3 服务器）发送消息。邮件服务器将消息存放在接收者的电子信箱内，并告知接收者有新邮件到来。接收者通过邮件客户程序连接到服务器后，就会看到服务器的通知，进而打开自己的电子信箱来查收邮件。

个人用户一般不能直接接收电子邮件，需要通过申请 ISP 主机的一个电子信箱，由 ISP 主机负责电子邮件的接收。一旦有用户的电子邮件到来，ISP 主机就将邮件移到用户的电子信箱内，并通知用户有新邮件。当用户发送一条电子邮件给另一个用户时，电子邮件首先从用户计算机发送到 ISP 主机，再到 Internet，再到另一用户的 ISP 主机，最后到另一用户的个人计算机。

ISP 主机起着"邮局"的作用，管理着众多用户的电子信箱。每个用户的电子邮件信箱都要占用 ISP 主机一定容量的硬盘空间，由于这一空间是有限的，因此用户要定期查收和阅读电子信箱中的邮件，以便腾出空间来接收新的邮件。

二、电子邮件的传输协议

常见的电子邮件协议有以下几种：SMTP（简单邮件传输协议）、POP（邮局协议）、IMAP（Internet 邮件访问协议）。这几种协议都是由 TCP/IP 定义的。

SMTP（Simple Mail Transfer Protocol）：主要负责底层的邮件系统，将邮件从一台机器传至另外一台机器。

POP（Post Office Protocol）：把邮件从电子邮箱传输到本地计算机的协议。

IMAP（Internet Message Access Protocol）：POP 的一种替代协议，提供了邮件检索和邮件处理的功能，增强了电子邮件的灵活性。

三、电子邮件工具

（一）Outlook Express

Outlook Express 窗口如图 8-19 所示。

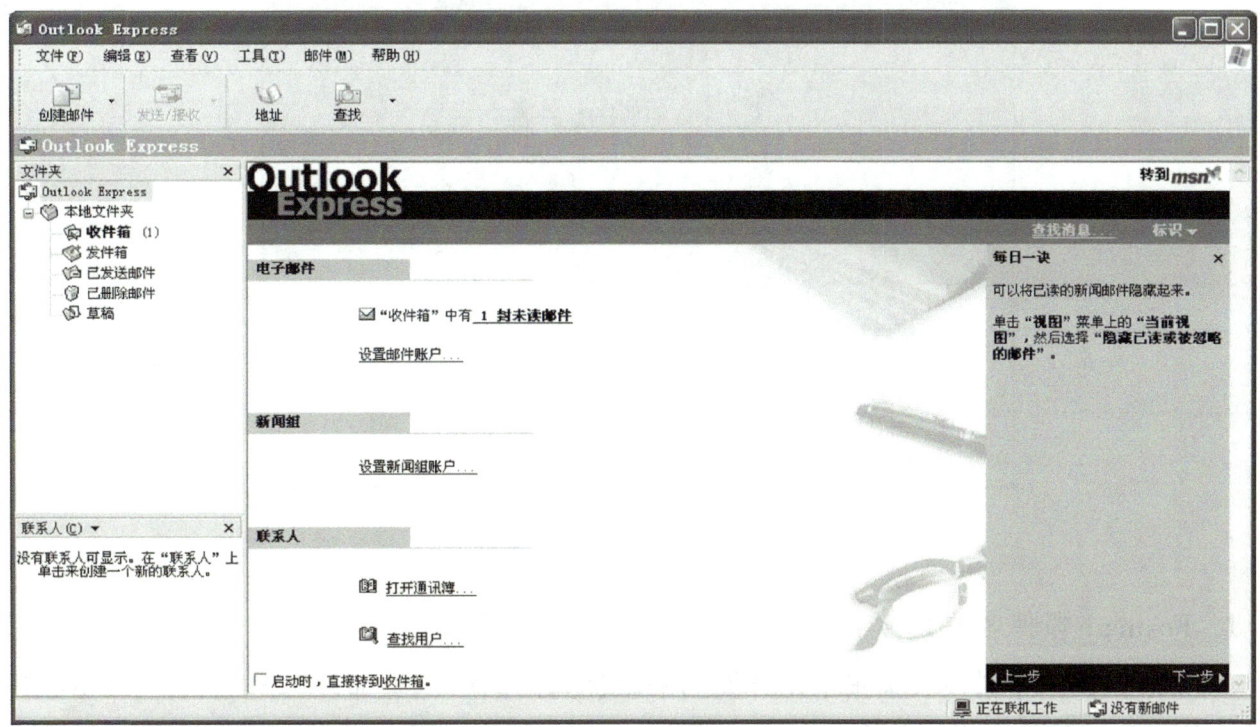

图 8-19 Outlook Express 窗口

1. Outlook Express 的概述

Outlook Express 是微软办公软件套装的组件之一,它对 Windows 的功能进行了扩充。Outlook Express 的功能有收发电子邮件、管理联系人信息、记日记、安排日程、分配任务等。

2. Outlook Express 操作方法

1)打开 Outlook Express 后,单击工具里的账号进行设置。

2)打开账号以后,单击添加,再选邮件。

3)在"显示名"栏中输入让别人能看到的自己的名字。

4)输入确切真实有效的邮箱。

5)输入接收邮件服务器和发送邮件服务器的地址。

6)设置完成以后,输入用户名和密码。

7)在账户里找到添加的邮箱,然后单击属性。

8)选择"服务器",选中"我的服务器要求身份验证",然后单击"设置"。

9)建立通讯簿,打开通讯簿以后就可以编辑联系人与设置分组。

完成以上设置之后就可以用 Outlook Express 进行邮件的发送与接收了。

(二)Foxmail 邮件客户端软件

Foxmail 邮件客户端软件,是著名的软件产品之一,中文版用户众多,英文版用户遍布 20 多个国家。Foxmail 通过和 U 盘的授权捆绑形成了安全邮、随身邮等一系列产品。Foxmail 7.2 的安装界面如图 8-20 所示。

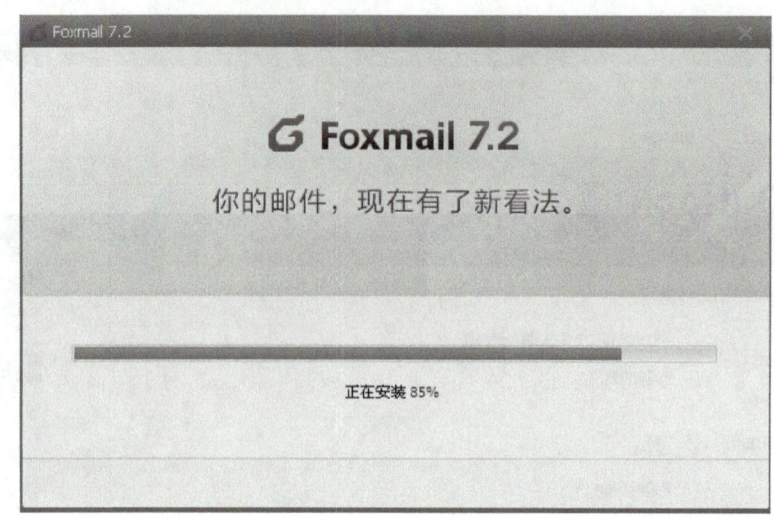

图 8-20　Foxmail 7.2 安装界面

1. Foxmail 邮件客户端软件的功能

Foxmail 是由华中科技大学张小龙开发的一款优秀的国产电子邮件客户端软件，Foxmail 具备强大的反垃圾邮件功能。它使用多种技术对邮件进行判别，能够准确识别垃圾邮件与非垃圾邮件。垃圾邮件会被自动分捡到垃圾邮件箱中，有效地降低垃圾邮件对 Foxmail 用户的干扰，最大限度地减少用户因为处理垃圾邮件而浪费的时间。数字签名和加密功能可以确保电子邮件的真实性和保密性，Foxmail 通过安全套接层（SSL）协议收发邮件使得电子邮件所传输的数据经过严格的加密，能有效防止黑客窃听。Foxmail 邮件客户端软件的功能包括：阅读和发送国际邮件（支持 Unicode）、地址簿同步、通过安全套接层（SSL）协议收发邮件、收取 yahoo 邮箱邮件、支持名片（vCard）、以嵌入方式显示附件图片、本地邮箱邮件搜索等。

2. Foxmail 邮件客户端软件的操作

Foxmail 登录界面如图 8-21 所示。

图 8-21　Foxmail 登录界面

1) 打开 Foxmail 软件,登录账号。

2) 主页面(见图 8-22)中,单击右上角的选项按钮,单击"设置",打开"系统设置"页面。

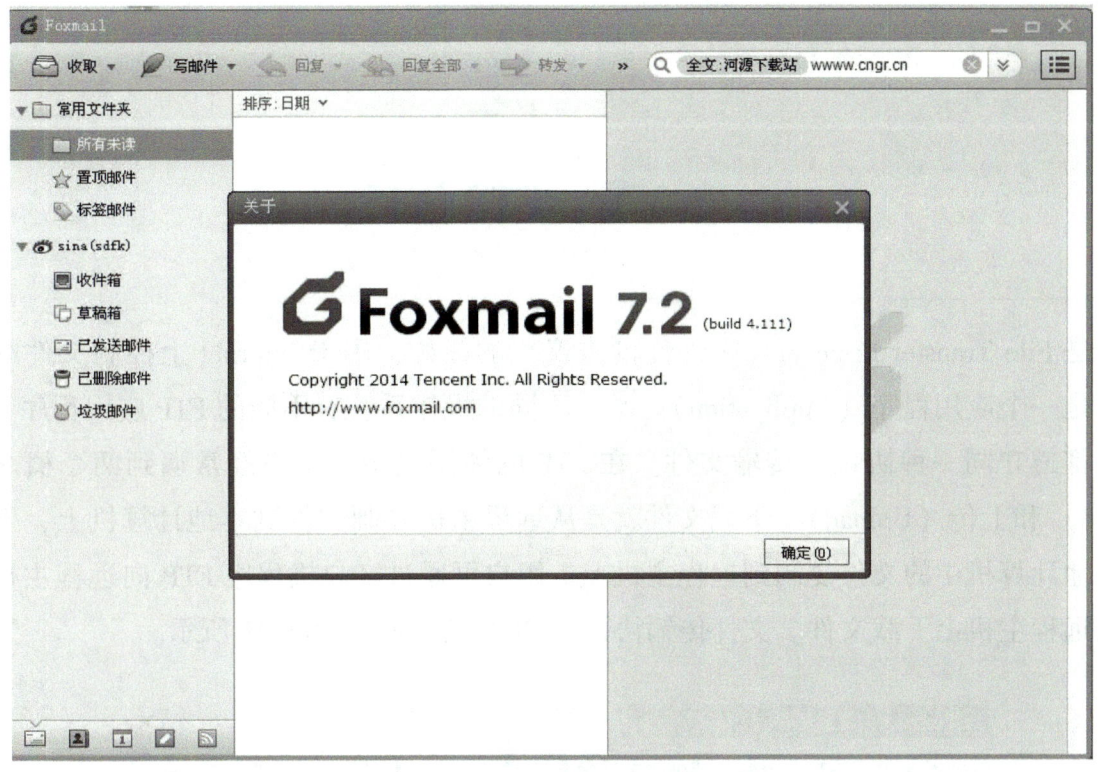

图 8-22　Foxmail 主页面

3) 在"系统设置"页面,单击"账号"选项卡,单击"新建"按钮。

4) 输入邮箱地址及密码,单击"手动设置"。

5) 在弹出的窗口中对接收服务器类型及端口进行设置:

①从 POP3、IMAP、Exchange 三种类型中选择接收服务器的类型。

②设置邮件账号及密码,邮件账号为邮箱地址,包括域名。

③设置 POP 服务器(选择 POP3 类型)为 pop.exmail.qq.com,使用 SSL 加密,端口号为 995。

④设置 SMTP 服务器为 smtp.exmail.qq.com,使用 SSL 加密,端口号为 465。

设置好后单击"创建"按钮完成创建。

6) 在创建的邮箱端,即可进行查阅邮件、回复邮件、删除邮件等操作。

(三) 把 Foxmail 设置为系统默认的邮件程序

在"系统设置"页面中选择"常用"选项卡中的"设置 Foxmail 为系统默认邮件客户端"选项。

(四) 把发件人地址添加到地址簿中

在 Foxmail 的邮件列表窗口中,右击要添加地址的邮件,然后从弹出的快捷菜单中执行"更多操作"→"将发件人添加到地址簿"命令,此时系统会要求用户对地址簿进行选择。另外,用户也可以利用 Ctrl 或 Shift 键同时选择多个邮件,然后执行上述添加地址簿的操作。

第3节 FTP 服务

FTP 是 File Transfer Protocol(文件传输协议)的简称,用于 Internet 上控制文件的双向传输,它也是一个应用程序(Application)。基于不同的操作系统有不同的 FTP 应用程序,而所有应用程序都遵守同一种协议以传输文件。在 FTP 的使用当中,用户经常遇到两个概念:下载(Download)和上传(Upload)。下载文件就是从远程主机复制文件到本地计算机上;上传文件就是将本地计算机中的文件复制到远程主机上。用户可通过客户机程序 FTP 向远程主机上传文件或者从远程主机上下载文件。文件传输协议(FTP)服务如图 8-23 所示。

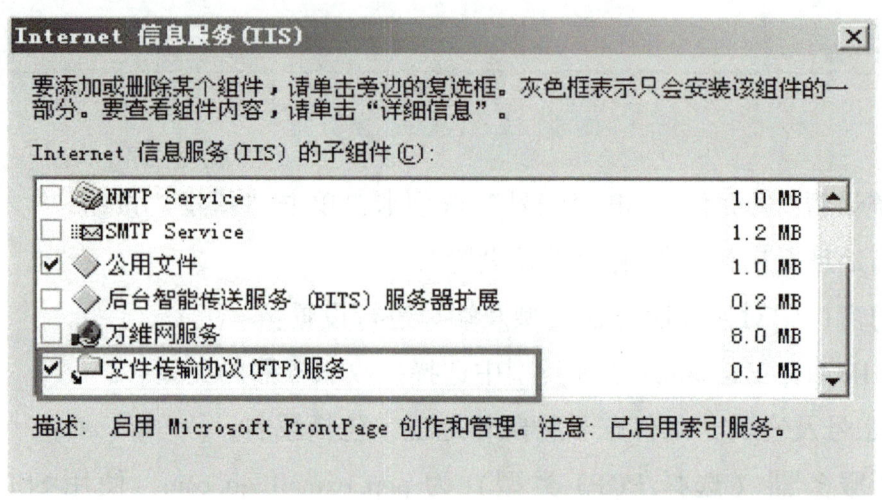

图 8-23 文件传输协议(FTP)服务

一、FTP 及其功能

FTP 是一个客户机/服务器系统。用户通过一个支持 FTP 的客户机程序,连接到远程主机上的 FTP 服务器程序。用户通过客户机程序向服务器程序发出命令,服务器程序执行用户所发出的命令,并将执行的结果返回到客户机。例如,用户发出一条命令,要求服务器向用户传送某一个文件,服务器会响应这条命令,将指定文件送至用户的机器上。客户机程序接收到这个文件,将其存放在用户目录中。

FTP 连接示意图如图 8-24 所示。

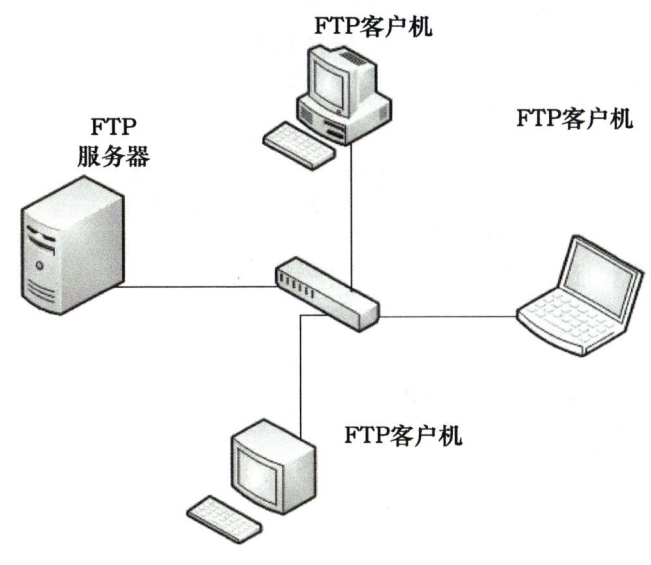

图 8-24　FTP 连接示意图

二、FTP 工作原理

TCP/IP 中，FTP 使用命令端口号为 21，主动方式数据端口为 20。FTP 的任务是从一台计算机将文件传送到另一台计算机，不受操作系统的限制。

需要进行远程文件传输的计算机必须安装和运行 FTP 客户程序。在 Windows 操作系统的安装过程中，通常都安装了 TCP/IP 软件，其中就包含了 FTP 客户程序。但是该程序是字符界面的，这就必须以命令行的方式进行操作，很不方便。

启动 FTP 客户程序的另一途径是使用 IE 浏览器。用户只需要在 IE 浏览器的地址栏中输入如下格式的 url 地址：ftp://［用户名：口令@］ftp 服务器域名：［端口号］。

通过 IE 浏览器启动 FTP 的方法尽管可以使用，但是速度较慢，还会将密码暴露在 IE 浏览器中而不安全。因此一般都安装并运行专门的 FTP 客户程序。

使用 FTP 客户程序的步骤如下：

1）在本地计算机上登录国际互联网。

2）搜索有文件共享的主机或者个人计算机（一般在专门的 FTP 服务器网站上公布，上面有进入该主机或个人计算机的名称、口令和路径）。

3）当与远程主机或者对方的个人计算机建立连接后，用对方提供的用户名和口令登录到该主机或对方的个人计算机。

4）在远程主机或对方的个人计算机登录成功后，就可以上传想跟别人分享的东西或者下载别人授权共享的东西（这里的东西是指能放到计算机里且能在显示屏上看到的内容）。

5）完成工作后关闭 FTP 客户程序，切断连接。

三、FTP 命令

FTP 命令的用途是在本地计算机和远程主机之间传送文件。FTP 有关命令如图 8-25 所示。

```
ncftp / > pwd                              #查看当前路径
ftp://ftp.kernel.org                       #当前路径为根目录
ncftp / > ls                               #查看当前目录列表
bin/  for_mirrors_only/  pub/
dev/  lib/  usr@
etc/  lost+found/  welcome.msg@
ncftp / > cd pub                           #切换目录到pub 子目录
Directory successfully changed.
ncftp /pub > ls                            #查看pub 的目录列表
dist/  media/  scm/
index.html  RCS/  site/
linux/  README  software/
lost+found/  README_ABOUT_BZ2_FILES  tools/
ncftp /pub > get README                    #下载README 文件
README: 1.87 KB 10.39 KB/s
ncftp /pub > quit                          #离开ncftp
```

图 8-25 FTP 有关命令

1. 语法

FTP 的命令行格式为：ftp[-q[-C]] [-d] [-g] [-i] [-n] [-v] [-f] [-k realm] [HostName [Port]]。

2. 参数描述

-q 允许用户指定：send_file 子例程必须用于在网络上发送文件。只有当文件在无保护的情况下以二进制方式发送时此标志才适用。

-C 允许用户指定：通过 send_file 命令发出的文件必须在网络高速缓冲区（NBC）中经过缓存处理。此标志必须在指定了-q 标志的情况下使用。只有当文件在无保护的情况下以二进制方式发送时此标志才适用。

-d 将有关 FTP 命令操作的调试信息发送给 syslogd 守护进程。如果用户指定-d 标志，必须编辑/etc/syslog.conf 文件。

-g 禁用文件名通配符。

-i 关闭多文件传送中的交互式提示。需参考 prompt、mget、mput 和 mdelete 子命令，以取得多文件传送中的提示的描述。

-n 防止自动登录。

-v 显示远程服务器的全部响应，并提供数据传输的统计信息。当 FTP 命令的输出是到终端（如控制台）时，此显示方式是默认方式。

-f 导致转发凭证。如果 Kerberos 5 不是当前认证方法，则此标志将被忽略。

-k realm 如果远程站的域不同于本地系统的域，系统将允许用户指定远程站的域。因此，域和 DCE 单元是同义的。如果 Kerberos 5 不是当前认证方法，则此标志将被忽略。

3. FTP 命令处理规则

FTP 命令使用"文件传送协议"（FTP）在本地和远程主机或远程主机之间传送文件。
FTP 允许在使用不同文件系统的主机之间进行数据传送。

用户可以在 FTP> 提示符后输入子命令，执行的任务主要有：列出远程目录、更改当前的本地目录和远程目录、在单一请求中传送多个文件、创建和除去目录，以及转义到执行 shell 命令。

执行 FTP 命令而不为远程主机指定 HostName 参数，FTP 命令会立即显示 FTP> 提示符，等待 FTP 子命令。要连接远程主机，应执行 open 子命令。当 FTP 命令连接到远程主机时，FTP 命令在再次显示提示符 FTP> 之前会提示输入登录名和密码。

FTP 命令解释器可以处理在 FTP> 提示符处输入的全部子命令，能提供大多数文件传送程序没有的性能。

第 4 节 DHCP 服务

DHCP（Dynamic Host Configuration Protocol，动态主机配置协议）通常被应用在大型的局域网络环境中，主要集中管理、分配 IP 地址，使网络环境中的主机能动态获得 IP 地址、Gateway 地址、DNS 服务器地址等信息，并能够提升地址的使用效率。

DHCP 采用客户端/服务器模型，主机地址的动态分配任务由网络主机驱动。当 DHCP 服务器接收到来自网络主机申请地址的信息时，才会向网络主机发送相关的地址配置等信息，以实现网络主机地址信息的动态配置。

一、DHCP 服务

1. DHCP 服务的概述

DHCP 是一个局域网的网络协议，使用 UDP 工作，主要有两个用途：给内部网络或网络服务供应商自动分配 IP 地址，给用户或者内部网络管理员提供对所有计算机做中央管理的手段。DHCP 有 3 个端口，其中 UDP67 和 UDP68 为正常的 DHCP 服务端口，分别作为 DHCP Server 和 DHCP Client 的服务端口；546 号端口用于 DHCPv6 Client。DHCP 的连接如图 8-26 所示。

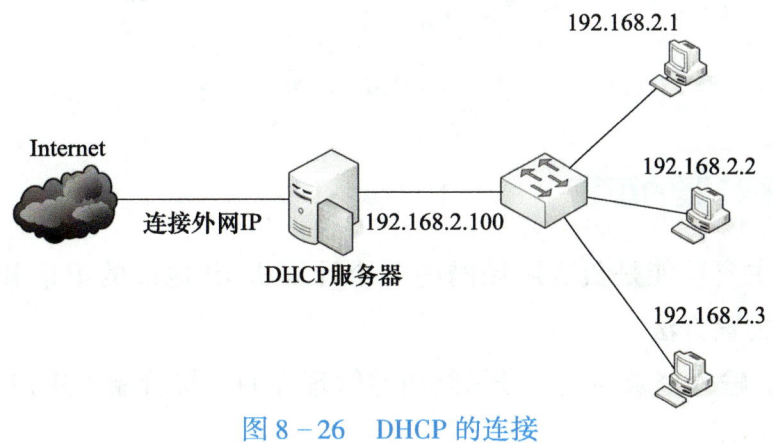

图 8-26　DHCP 的连接

2. DHCP 的功能

DHCP 能保证任何 IP 地址在同一时刻只能由一台 DHCP 客户机使用。DHCP 可以给用户分配永久固定的 IP 地址，DHCP 可以与已获得 IP 地址的主机共存（如手工配置 IP 地址的主机），DHCP 服务器可以向现有的 BOOTP 客户端提供服务。

3. DHCP 分配 IP 地址的三种机制

（1）自动分配方式（Automatic Allocation） DHCP 服务器为主机指定一个永久性的 IP 地址，一旦 DHCP 客户端第一次成功从 DHCP 服务器端租用到 IP 地址，就可以永久使用该地址。

（2）动态分配方式（Dynamic Allocation） DHCP 服务器给主机指定一个临时性的 IP 地址，时间到期或主机放弃该地址时，该地址可以被其他主机使用。

（3）手工分配方式（Manual Allocation） 客户端的 IP 地址是由网络管理员指定的，DHCP 服务器只是将指定的 IP 地址告诉客户端主机。

DHCP 分配网段示意图如图 8－27 所示。

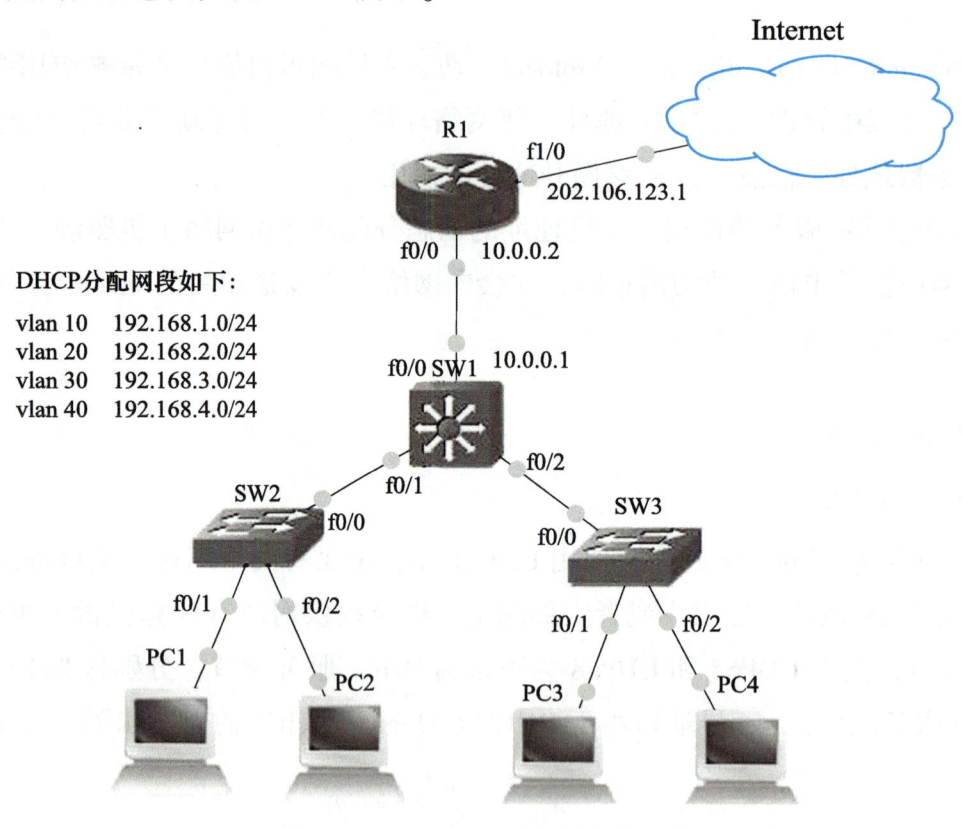

图 8－27　DHCP 分配网段示意图

二、DHCP 服务器的配置

DHCP 服务器的主要功能是负责局域网内各个计算机 IP 地址的申请和分配管理。下面是 DHCP 服务器具体的配置方法。

1）打开浏览器，输入登录地址，登录路由器管理界面，接着输入用户名和密码进行登录。登录界面如图 8－28 所示。

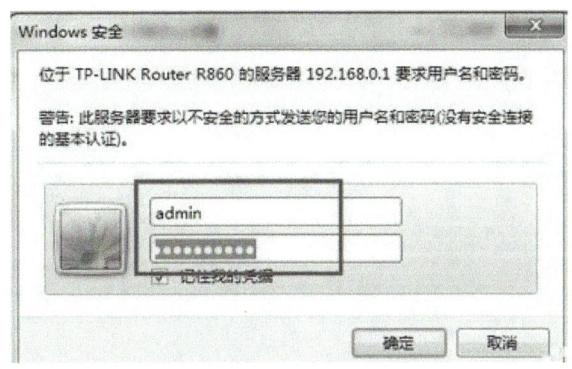

图 8-28　登录界面

2）在路由器管理界面单击"DHCP 服务器"选项，然后勾选"启用 DHCP 服务器"，接着输入"地址池开始地址"和"地址池结束地址"。设置完成后，单击"保存"按钮，重启路由器即可生效。

3）对计算机进行设置，打开"控制面板"，依次单击"网络和共享中心"→"更改适配器设置"按钮，如图 8-29 所示。

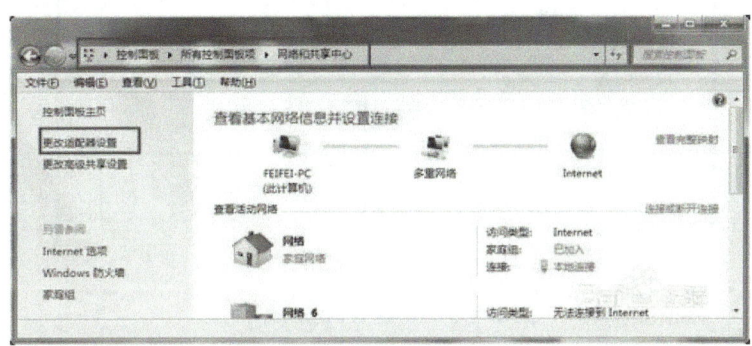

图 8-29　适配器设置

4）右击"本地连接"，选择"属性"，在打开的本地连接属性窗口中，找到并选中"Internet 协议（TCP/IP）"复选框。

在 Internet 协议（TCP/IP）属性对话框中，选择"自动获取 IP 地址"和"自动获得 DNS 服务器地址"，如图 8-30 所示。至此，DHCP 服务器配置完成。

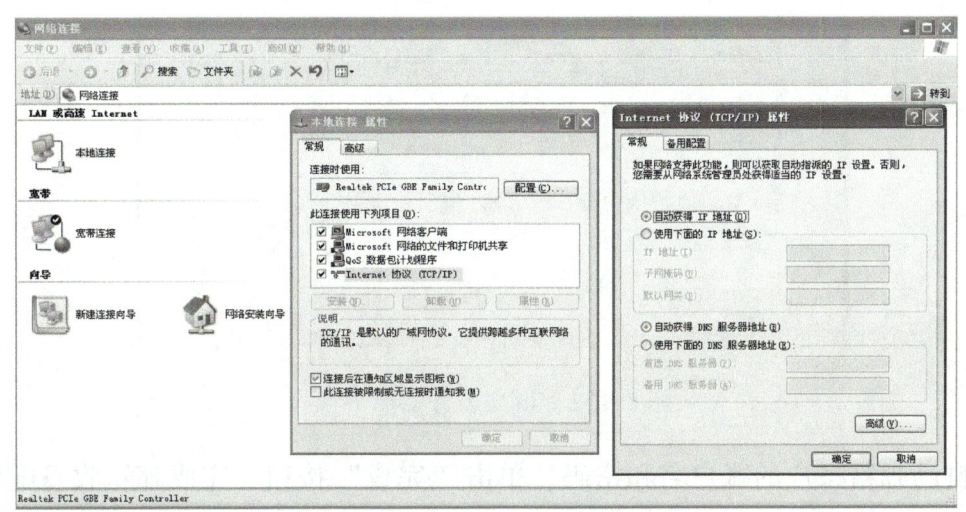

图 8-30　本地连接属性设置

实训 使用 Outlook Express 收发电子邮件

一、实训目的

掌握 Outlook Express 收发电子邮件的方法和技巧。

二、实训步骤

1）启动 Outlook Express 软件，单击"工具"，选择"账户"→"添加"。

2）填写用户名后，继续填写邮箱账户，如图 8-31 所示。

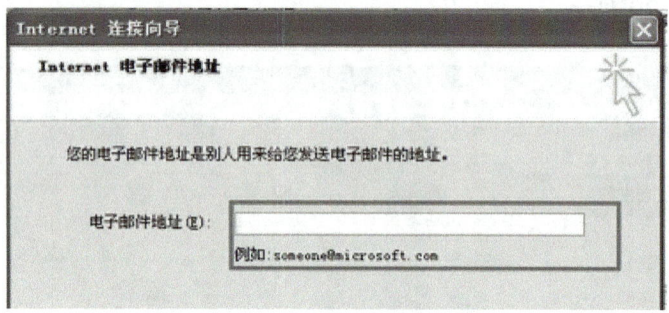

图 8-31 填写邮箱账户

3）选择服务器类型，选择"POP3"服务器，输入接收邮件和发送邮件的服务器地址后，单击"下一步"按钮；将接收邮件服务器设置为 pop.163.com，发送邮件服务器设置为 smtp.163.com。填写服务器名界面如图 8-32 所示。

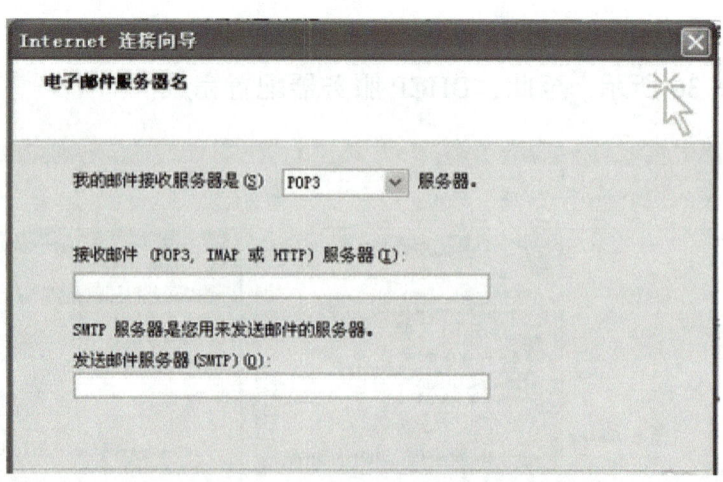

图 8-32 填写服务器名界面

4）填写自己邮箱账户的账户名和密码，单击"完成"按钮，完成邮箱收发配置。

5）完成收发配置之后，到添加的邮箱账户中更改邮箱账户的相关属性。如图 8-33 所示，选中邮箱账户,单击"属性"按钮,选择"服务器"标签,然后在"发送邮件服务器"处,选中"我的服务器要求身份验证"选项,并单击右边"设置"标签,选中"使用与接收邮件服务器相同的设置"。

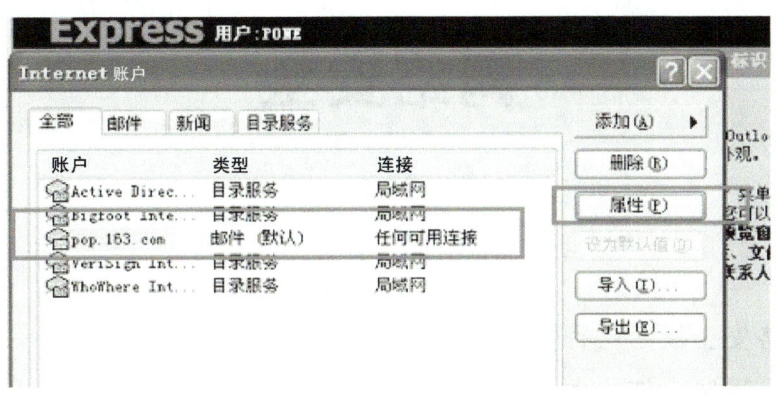

图 8-33 账户属性设置

6) 邮箱配置全部完成后,用户就可以使用 Outlook Express 软件收发邮件了。

三、实训小结

归纳 Outlook Express 收发电子邮件的方法和技巧,写出实训报告。

习　题

1. 解释 WWW 的含义。
2. 简述 WWW 的应用场合。
3. 解释 HTTP 与 HTML 的含义。
4. 简述在 Internet Explorer 中保存网页和图片的方法。
5. 简述电子邮件系统的工作原理。
6. 电子邮件的传输协议有哪些?
7. 常用的电子邮件工具有哪些?
8. 解释 FTP 的含义。
9. 简述 FTP 的功能。
10. 解释 DHCP 的含义。
11. DHCP 分配 IP 地址有哪几种机制?
12. 简述 DHCP 服务器的配置方法。

第 9 章

网络安全

> **学习目标**
> 1. 了解网络安全概念及特性。
> 2. 了解并应用防火墙技术。
> 3. 掌握计算机病毒及其种类。

第 1 节　网络安全概述

一、计算机网络概述

计算机网络是利用通信设备和线路将地理位置不同、功能独立的多个计算机系统互联起来，以功能完善的网络软件实现网络中资源共享和信息传递的系统。计算机的互联实现了计算机之间的通信，从而实现了计算机系统之间的信息、软件和设备资源的共享以及协同工作等功能，其本质特征在于提供计算机之间的各类资源的高度共享，便捷地交流信息和交换思想。

（一）计算机网络的特点

计算机网络是由网络硬件和网络软件组成的。在计算机网络中，硬件的选择对网络起着决定性的作用，而网络软件则是挖掘网络潜力的工具。

1）计算机网络建立的主要目的是实现计算机资源的共享。计算机资源主要是指计算机硬件、软件与数据。

2）互联的计算机是分布在不同的地理位置的多台独立的"自治计算机"。联网的计算机既可以为本地用户提供服务，也可以为远程用户提供网络服务。

3）联网计算机之间遵循共同的网络协议。

（二）计算机网络的功能

1. 资源共享

资源共享是基于网络的资源分享。众多的网络爱好者不求利益，把自己收集的一些数据资源通过平台共享给大家,但是随着网络和经济社会的发展,资源共享在社会中也暴露出了一些问题。

(1) 数据和应用程序共享服务(见图9-1)

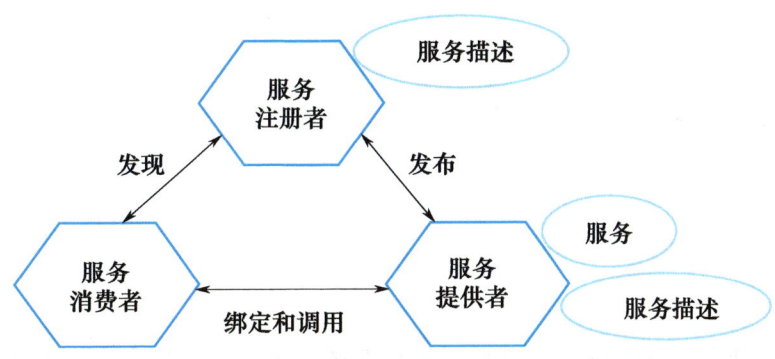

图9-1 数据和应用程序共享服务

1) 打印共享。在局域网内建立一台打印服务器,可以为局域网所有用户提供打印服务。

2) 邮件功能。邮件服务器可以提供基于用户名的邮件转发、分发、抄送等服务,并且可以在服务器上完成方便的管理、备份、删除、收回、恢复等工作。

3) 网络会议。最常见的应用程序有 Whiteboard、Netmeeting、WebEx 等,可以实时、快速地实现位于不同物理位置的用户之间的语音、视频交流。

4) 实时消息。例如,QQ、微信等应用程序,可以实现局域网、互联网范围内的消息转发。

5) 数据库。数据库服务器是局域网内部重要的组成部分,可以实现数据共享、减少冗余度、集中存储和管理、提供可维护性和安全性。

(2) 文件共享服务 网络存储常见的便是文件共享服务,采用 FTP 和 TFTP 服务,使用户能够在工作组计算机上方便而且安全地访问共享服务器上的资源,而且 FTP 资源大多是免费的。

(3) 资源备份服务 随着网络攻击和病毒的发展,资源备份成为资源共享当中不可或缺的一部分,现代企业大都采取实时高效的资源备份方式,以便在网络崩溃的时候能够最大限度地保护企业信息,以及在灾难恢复的时候起到最大的作用。

(4) 人脉关系共享服务 包括共享客户资源、能力资源等。

(5) 设备共享服务

2. 数据通信

数据通信是通信技术和计算机技术相结合而产生的一种新的通信方式。在两地间传输信息必须有传输信道,根据传输媒体的不同,有有线数据通信与无线数据通信之分。但它们都是通过传输信道将数据终端与计算机联结起来,而使不同地点的数据终端实现软件、硬件和信息资源的共享。

(1) 按信息类型分

1) 电话通信系统。

2）数据通信系统。

3）有线电视系统。

（2）按调制方式分

1）基带传输。

2）调制传输。

（3）按传输信号特征分

1）模拟通信系统。

2）数字通信系统。

3．远程传输

远程传输实现相互间不同地域、不同时间的资源共享，也就是信息共享，信息交流极其便捷，因而网络获得了空前的发展，远程传输也得到了普遍使用。

4．集中管理

"集中管理"不等于"集权管理"。集中管理根本上是信息的集中，处理权仍在不同的成员。其效果和用一个遥控器管理家中所有电器一样简单，可大大简化管理员的管理工作。

集中管理是基于实现管理方面的需要，具备统一报告制度、统一管理制度的一种信息采集的管理理念和模式。集中管理的基础是信息集中，实现信息的集中监控，达到成员之间资源共享、合作共赢、共同发展。

要实现集中管理必须认真分析当前存在的问题，明确需要解决的关键问题，然后制定相应的目标。

5．实现分布式处理

分布式处理系统与并行处理系统都是计算机体系结构。并行处理系统是利用多个功能部件或多个处理机同时工作来提高系统性能或可靠性的计算机系统，这种系统至少包含指令级或指令级以上的并行。并行处理系统的研究与发展涉及计算理论、算法、体系结构、软硬件多个方面，但它与分布式处理系统有密切的关系。随着通信技术的发展，两者的界限越来越模糊。广义上说，分布式处理也可以认为是一种并行处理形式。分布式处理系统将不同地点的或具有不同功能的或拥有不同数据的多台计算机用通信网络连接起来，在控制系统的统一管理控制下，协调地完成信息处理任务。一般认为，集中在同一个机柜内或同一个地点的紧密耦合多处理机系统或大规模并行处理系统是并行处理系统，而用局域网或广域网连接的计算机系统是分布式处理系统。松散耦合并行计算机中的并行操作系统有时也称为分布式处理系统。

6．负荷均衡

负荷均衡建立在现有网络结构的基础上，它提供了一种廉价有效透明的方法来扩展网络设备和服务器的带宽、增加吞吐量、加强网络数据处理能力、提高网络的灵活性和可用性。负荷均衡就是将工作任务分摊到多个操作单元上执行，如 Web 服务器、FTP 服务器、企业关键应用服务器和其他关键任务服务器等，从而共同完成工作任务。

(三) 计算机网络的要素

1) 计算机系统：工作站（终端设备，或称客户机，通常是 PC 机）、网络服务器（通常是高性能计算机）。

2) 网络通信设备（网络交换设备、互联设备和传输设备）：网卡、网线、集线器（Hub）、交换机、路由器等。

3) 网络外部设备：高性能打印机、大容量硬盘等。

4) 网络软件：网络操作系统（如 Unix、NetWare、Windows NT 等）、客户连接软件（包括基于 DOS、Windows、Unix 操作系统的软件等）、网络管理软件等。

(四) 计算机网络的接口界面

网络系统必须与现有系统及有关线路传输系统有良好的衔接，保证互联互通。互联系统有上层的应用系统，底层的 DDN、FR、ISDN 线路接口，光纤接口，布线系统等。接口界面可分为传输层界面、网络层界面和应用层界面。

1) 传输层界面：主要是传输设备和布线系统的接口，计算机网络的设备支持标准接口，对于网络设备接口与传输层不一致的地方，提供转接线缆。

局域网的布线上，交换机端口应符合标准的以太网接口；对于公共数据通信网 DDN/FR/ISDN/PSTN、线路末端设备出口应符合国家电信通信标准。

2) 网络层界面：互联互通，支持标准的通信协议，实现统一管理。

3) 应用层界面：支持 TCP/IP，提供良好的服务质量管理功能。

二、计算机网络安全概述

（1）计算机网络安全的定义　是指利用管理控制和技术措施，保证在一个网络环境里，信息数据的机密性、完整性及可用性受到保护。

（2）计算机网络安全的目标　保密性、完整性、可用性、不可否认性、可控性。

（3）P2DR 模型的结构　P2DR 包含四个部分，Policy（安全策略）、Protection（防护）、Detection（检测）、Response（响应）。防护、检测、响应组成了一个完整的、动态的安全循环。网络安全系统在整个安全策略的控制和指导下，在综合运用防护工具的同时，利用检测工具掌握系统的安全状态，然后通过适当的响应将网络系统调整到"最安全"或"风险最低"的状态。

（4）网络安全的主要技术　网络安全的主要技术有物理安全措施、数据传输安全技术、内外网隔离技术、入侵检测技术、访问控制技术、审计技术、安全性检测技术、防病毒技术、备份技术、终端安全技术。

三、网络面临的安全性威胁

网络面临的安全性威胁有窃听、重传、篡改、拒绝服务攻击、行为否认、电子欺骗、非授权访问、传播病毒等。

（1）窃听　攻击者通过监视网络数据获得敏感信息，从而导致信息泄密。主要表现为网络上的信息被窃听，这种仅窃听而不破坏网络中传输信息的网络侵犯者被称为消极侵犯者。恶意攻击者往往以此为基础，再利用其他工具进行更具破坏性的攻击。

（2）重传　攻击者事先获得部分或全部信息，并将此信息发送给接收者。

（3）篡改　攻击者对合法用户之间的通信信息进行修改、删除、插入，再将伪造的信息发送给接收者，这就是纯粹的信息破坏，这样的网络侵犯者被称为积极侵犯者。积极侵犯者截取网上的信息包，并对其进行更改使其失效，或者故意添加一些有利于自己的信息，起到信息误导的作用。积极侵犯者的破坏作用最大。

（4）拒绝服务攻击　攻击者通过某种方法使系统响应减慢甚至瘫痪，阻止合法用户获得服务。

（5）行为否认　通信实体否认已经发生的行为。

（6）电子欺骗　通过假冒合法用户的身份来进行网络攻击，从而达到掩盖攻击者真实身份，嫁祸他人的目的。

（7）非授权访问　没有预先经过同意，就使用网络或计算机资源被看作非授权访问。它主要有以下几种形式：假冒、身份攻击、非法用户进入网络系统进行违法操作、合法用户以未授权方式进行操作等。

（8）传播病毒　通过网络传播计算机病毒，其破坏性非常高，而且用户很难防范。众所周知的CIH病毒、爱虫病毒、红色代码、尼姆达病毒、求职信、欢乐时光病毒等都具有极大的破坏性，严重的可使整个网络陷入瘫痪。

四、计算机网络的不安全因素

对计算机网络构成不安全的因素很多，其中包括人为因素、自然因素和偶发因素。其中，人为因素是指一些不法之徒利用计算机网络存在的漏洞，或者潜入计算机机房，盗用计算机系统资源，非法获取重要数据、篡改系统数据、破坏硬件设备、编制计算机病毒。人为因素是对计算机网络安全威胁最大的因素。垃圾邮件和间谍软件也都在侵犯着计算机网络。计算机网络不安全因素主要表现在以下几个方面：

1. 互联网的不安全性

互联网是对全世界都开放的网络，任何单位或个人都可以在网上方便地传输和获取各种信息。互联网这种开放性、共享性、国际性的特点就对计算机网络安全提出了挑战。互联网的不安全性主要有以下几项：

1）网络的开放性，网络的技术是全开放的，使得网络所面临的攻击来自多方面。或是来自物理传输线路的攻击，或是来自对网络协议的攻击，以及对计算机软件、硬件的漏洞的攻击。

2）网络的国际性，意味着对网络的攻击不仅是来自于本地网络的用户，还可以是互联网上其他国家的黑客,所以,网络的安全面临着国际化的挑战。

3) 网络的自由性,大多数的网络对用户的使用没有技术上的约束,用户可以自由地上网、发布和获取各类信息。

2. 操作系统存在的安全问题

操作系统作为一个支撑软件,是程序或别的应用在上面正常运行的一个环境。操作系统提供了很多的管理功能,主要是管理系统的软件资源和硬件资源。操作系统软件自身的不安全性,操作系统开发设计的不周而留下的破绽,都给网络安全留下隐患。

1) 操作系统结构体系的缺陷。操作系统本身有内存管理、CPU 管理、外设管理,每个管理都涉及一些模块或程序,如果这些程序存在问题,如外部网络的一个连接刚好连接到一个有缺陷的模块,可能出现的情况是计算机系统会因此崩溃。所以,有些黑客往往是针对操作系统的不完善进行攻击,使计算机系统,特别是服务器系统立刻瘫痪。

2) 操作系统支持在网络上传送文件、加载或安装程序,包括可执行文件,这些功能也会带来不安全因素。网络很重要的一个功能就是文件传输功能,如 FTP,这些安装程序经常会带一些可执行文件,这些可执行文件都是人为编写的程序,如果某个地方出现漏洞,那么系统可能就会造成崩溃。在远程调用、文件传输过程中,如果生产厂家或个人安装了间谍程序,那么用户的整个传输过程、使用过程都会被别人监视到,所有的这些传输文件、加载的程序、安装的程序、执行文件,都可能给操作系统带来安全的隐患。所以,建议尽量少使用一些来历不明,或者无法证明其安全性的软件。

3) 操作系统不安全的一个原因在于它可以创建进程,支持进程的远程创建和激活,支持被创建的进程继承创建的权利,这些机制提供了在远端服务器上安装间谍软件的条件。若将间谍软件以打补丁的方式"打"在一个合法用户上,特别是"打"在一个特权用户上,系统进程与作业的监视程序就监测不到黑客或间谍软件的存在。

4) 操作系统中,有些守护进程是一些系统进程,总是在等待某些事件的出现。所谓守护进程,比如说用户有没按键盘或鼠标,或者别的一些处理。一些监控病毒的监控软件也是守护进程,这些进程是好的,如防病毒程序,一有病毒出现就会被捕捉到。但是有些守护进程是病毒,一碰到特定的情况,比如 5 月 1 日,病毒就会把用户的硬盘格式化,这些进程就是很危险的守护进程,平时它可能不起作用,可是在某些条件发生,它才发生作用。如果操作系统的守护进程被人破坏掉就会出现这种不安全的情况。

5) 操作系统会提供一些远程调用功能,所谓远程调用就是一台计算机可以调用远程大型服务器里面的程序,可以提交程序给远程服务器执行,如 telnet。远程调用要经过很多的环节,中间的通信环节可能会出现被人监控等安全的问题。

6) 操作系统的后门。后门是指那些绕过安全控制而获取对程序或系统访问权的方法。在软件开发阶段,程序员利用软件的后门程序得以便利修改程序设计中的不足。一旦后门被黑客利用,或在发布软件前没有删除后门程序,后门就很容易被黑客当成漏洞进行攻击,造成信息泄密和丢失。此外,操作系统的无口令的入口,也是信息安全的一大隐患。

7）操作系统的漏洞。尽管操作系统的漏洞可以通过版本的不断升级来克服，但是系统的某一个安全漏洞可能会使得系统的所有安全控制毫无价值。在发现漏洞到升级这段时间，一个小小的漏洞就足以使用户的整个网络瘫痪掉。

3. 数据库存储的内容存在的安全问题

大量的信息存储在各种各样的数据库里，包括我们上网看到的所有信息。数据库主要考虑的是信息方便存储、利用和管理，但在安全方面考虑得比较少，因此存在一定的安全问题。例如，授权用户超出了访问权限进行数据的更改活动；非法用户绕过安全内核，窃取信息。数据库的安全就是要保证数据的安全可靠和正确有效，即确保数据的安全性、完整性。数据的安全性是防止数据库被破坏和非法的存取；数据库的完整性是防止数据库中存在不符合语义的数据。

4. 防火墙的脆弱性

防火墙是一个由软件和硬件设备组合而成、在内部网和外部网之间、专用网与公用网之间构造的保护屏障。它是一种硬件和软件的结合，使 Internet 与 Intranet 之间建立起一个安全网关（Security Gateway），从而保护内部网免受非法用户的侵入。防火墙如图 9-2 所示。

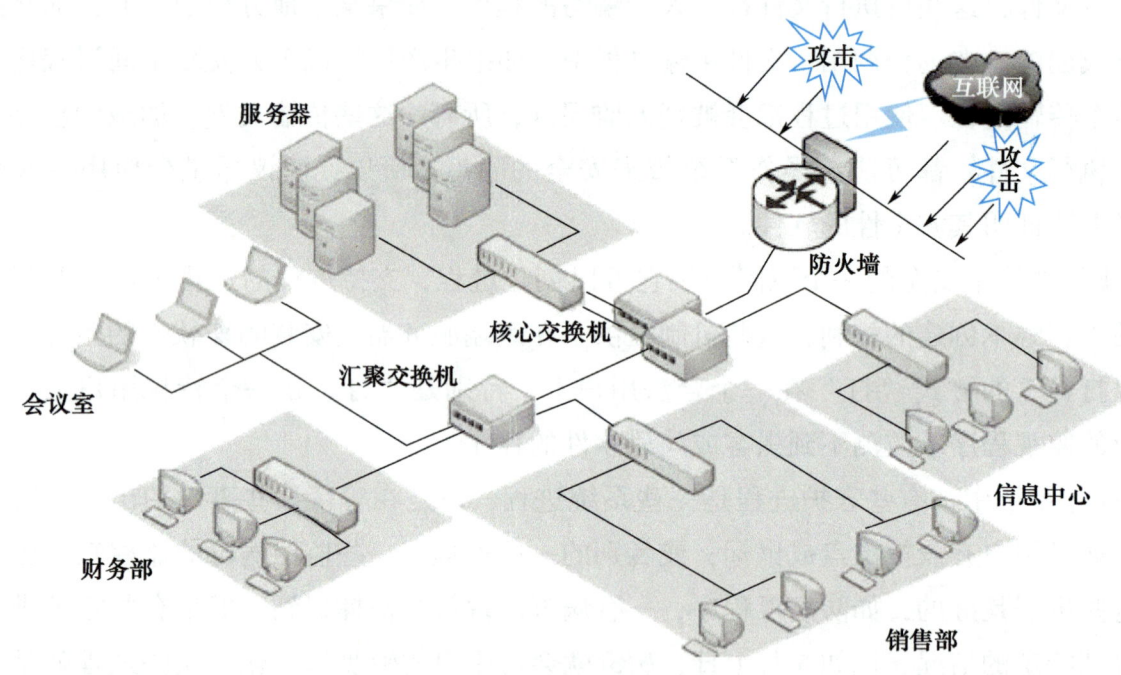

图 9-2　防火墙

但防火墙只能提供网络的安全性，不能保证网络的绝对安全，也难以防范网络内部的攻击和病毒的侵犯。防火墙自身并不能够给予计算机安全。防火墙能保护计算机免受一类攻击的威胁，但是却不能防止从 LAN 内部的攻击，若是内部的人和外部的人联合起来，即使防火墙再强，也是没有优势的。它甚至不能保护计算机免受所有它能检测到的攻击。随着技术的发展，一些破解的方法也给防火墙造成一定隐患。这就是防火墙的局限性。

5. 其他方面的因素

计算机系统硬件和通信设施极易遭受到自然的影响，如各种自然灾害（地震、泥石流、水灾、风暴等）构成的威胁。一些偶发性因素，如电源故障、设备的机能失常、软件开发过程中留下的某些漏洞等，也对计算机网络构成严重威胁。此外，规章制度不健全、安全管理水平较低、操作失误、渎职行为等都会对计算机信息安全造成威胁。

五、计算机网络安全的对策

计算机网络安全的对策包括以下几个方面。

1. 技术层面对策

在技术层面，计算机网络安全技术主要有实时扫描技术、实时监测技术、防火墙、完整性保护技术、病毒情况分析报告技术和系统安全管理技术。综合起来，技术层面可以采取以下对策：

1）建立安全管理制度。提高包括系统管理员和用户在内的人员的技术素质和职业修养。对重要部门和信息，严格做好开机查毒、及时备份数据的工作。

2）网络访问控制。访问控制是网络安全防范和保护的主要策略。它的主要任务是保证网络资源不被非法使用和访问。访问控制涉及的技术比较广，包括入网访问控制、网络权限控制、目录级控制以及属性控制等多种手段。

3）数据库的备份与恢复。数据库的备份与恢复是数据库管理员维护数据安全性和完整性的重要操作。备份是保护数据库最容易的方法。恢复是在意外发生后利用备份来恢复数据的操作。数据库主要有三种备份策略：只备份数据库、备份数据库和事务日志、增量备份。

4）应用密码技术。应用密码技术是信息安全核心技术，密码手段为信息安全提供了可靠保证。基于密码的数字签名和身份认证是保证信息完整性的最主要方法之一。密码技术主要包括古典密码体制、单钥密码体制、公钥密码体制、数字签名以及密钥管理。

5）切断途径。切断途径包括对感染病毒的硬盘和计算机进行彻底杀毒处理，不使用来历不明的U盘和程序，不随意下载网络可疑信息。

6）提高网络反病毒技术能力。通过安装病毒防火墙，进行实时过滤。对网络服务器中的文件进行频繁扫描和监测，在工作站上采用防病毒卡，加强网络目录和文件访问权限的设置。

7）研发并完善高安全的操作系统。研发具有高安全的操作系统，不给病毒得以滋生的温床才能更安全。

2. 管理层面对策

计算机网络的安全管理，不仅要看所采用的安全技术和防范措施，而且要看它所采取的管理措施和执行计算机安全保护法规的力度。只有将两者紧密结合，才能使计算机网络安全确实有效。

计算机网络的安全管理，包括确保计算机用户的安全、建立相应的安全管理机构、不断完善和加强计算机的管理功能、加强计算机及网络的立法和执法力度等方面。加强计算机安全管理，加强用户的法律、法规和道德观念，提高计算机用户的安全意识，对防止计算机犯罪、抵制黑客攻击和防止计算机病毒干扰十分重要。

对计算机用户进行的法制教育须明确计算机用户和系统管理人员应履行的权利和义务，使其自觉遵守合法信息系统原则、合法用户原则、信息公开原则、信息利用原则和资源限制原则，自觉地和一切违法犯罪的行为做斗争，维护计算机及网络系统的安全，维护信息系统的安全。除此之外，计算机用户和全体工作人员应自觉遵守为维护系统安全而建立的一切规章制度，包括人员管理制度、运行维护和管理制度、计算机处理的控制和管理制度、各种资料的管理制度、机房保卫管理制度、专机专用和严格分工的管理制度等。

3．安全层面对策

要保证计算机网络系统的安全、可靠，必须保证系统实体有安全的物理环境。这个安全的物理环境是指机房及其设施，主要包括以下内容。

1）计算机系统的环境条件。计算机系统的环境条件，包括温度、湿度、空气洁净度、腐蚀度、虫害、振动和冲击、电气干扰等方面，要有具体的要求和严格的标准。

2）机房场地环境的选择。给计算机系统选择一个合适的安装场所十分重要。它直接影响到系统的安全性和可靠性。选择计算机机房场地，要注意其外部环境的安全性、可靠性，场地的抗电磁干扰性，避开强振动源和强噪声源，并避免设在建筑物高层和用水设备的下层或隔壁。

3）机房的安全防护。机房的安全防护如图9-3所示。

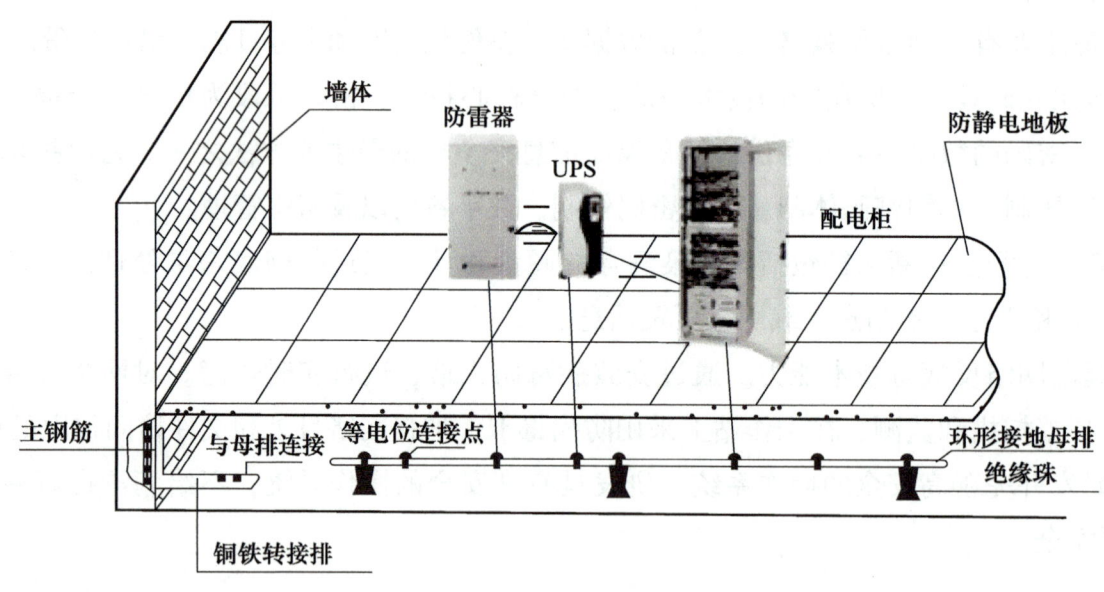

图9-3　机房安全防护

机房的安全防护是针对环境的物理灾害，防止未授权的个人或团体破坏、篡改或盗窃网络设施、重要数据而采取的安全措施和对策。为做到机房的安全防护，首先，应考虑物理访问控制来识别访问用户的身份，并对其合法性进行验证；其次，对来访者必须限定其活动范围；第三，要在计算机系统中心设备外设多层安全防护圈，以防止非法暴力入侵；第四，设备所在的建筑物应具有抵御各种自然灾害的设施。

第 2 节　防火墙技术

一、防火墙概述

1. 防火墙的优点

1）防火墙能强化安全策略。

2）防火墙能有效地记录 Internet 上的活动，作为访问的唯一点，防火墙能在被保护的网络和外部网络之间进行记录。

3）防火墙限制暴露用户点，能够防止影响一个网段的问题通过整个网络传播。

4）防火墙是一个安全策略的检查站，使可疑的访问被拒绝于门外。

2. 防火墙的缺点

1）防火墙可以阻断攻击，但不能消灭攻击源。

2）防火墙不能抵抗最新的未设置策略的攻击漏洞。

3）防火墙的并发连接数限制容易导致拥塞或者溢出。

4）防火墙对服务器合法开放的端口的攻击大多无法阻止。

5）防火墙对待内部主动发起的攻击一般无法阻止。

6）防火墙本身也会出现问题和受到攻击，依然有着漏洞和 Bug。

7）防火墙不能处理病毒。

3. 防火墙的功能

1）防火墙最基本的功能就是在计算机网络中，控制不同信任程度区域间传送的数据流。

2）防火墙具有很好的保护作用：入侵者必须首先穿越防火墙的安全防线，才能接触目标计算机；可以将防火墙配置成许多不同保护级别，高级别的保护可能会禁止一些服务，如视频流等。

防火墙可以防止 Internet 上的危险（病毒、资源盗用）传播到网络内部

3）防火墙能强化安全策略：通过以防火墙为中心的安全方案配置，能将所有安全软件（如口令、加密、身份认证、审计等）配置在防火墙上。

4）防火墙能有效记录 Internet 上的活动。

5）防火墙可限制暴露用户点，防止内部信息的外泄：通过利用防火墙对内部网络的划分，可实现内部网重点网段的隔离，从而限制了局部重点或敏感网络安全问题对全局网络造成的影响。

6）防火墙是安全策略的检查点。

二、防火墙的分类

从防火墙的软、硬件形式来分,防火墙可以分为软件防火墙、硬件防火墙以及芯片级防火墙。

1．软件防火墙

软件防火墙运行于特定的计算机上,它需要计算机操作系统的支持,一般来说这台计算机就是整个网络的网关,俗称"个人防火墙"。软件防火墙就像其他的软件产品一样需要先在计算机上安装并做好配置才可以使用。使用软件防火墙,需要网管对所工作的操作系统平台比较熟悉。

2．硬件防火墙

硬件防火墙与芯片级防火墙最大的差别在于是否基于专用的硬件平台。市场上大多数防火墙都是硬件防火墙,基于 PC 架构。值得注意的是,由于硬件防火墙采用的依然是别人的内核,因此会受到 OS(操作系统)本身的安全性影响。

传统硬件防火墙至少应具备三个端口,分别接内网、外网和 DMZ 区(非军事化区),现在一些新的硬件防火墙往往扩展了端口,常见的四端口防火墙一般将第四个端口作为配置口、管理端口。很多防火墙还可以进一步扩展端口数目。

3．芯片级防火墙

芯片级防火墙基于专门的硬件平台,没有操作系统。专有的 ASIC 芯片促使它们比其他种类的防火墙速度更快,处理能力更强,性能更高。做这类防火墙最出名的厂商有 NetScreen、FortiNet、Cisco 等。这类防火墙由于采用专用 OS(操作系统),因此防火墙本身的漏洞比较少,不过价格相对比较高昂。

三、防火墙的局限性

防火墙有十大局限性:

1)防火墙不能防范不经过防火墙的攻击。没有经过防火墙的数据,防火墙无法检查。

2)防火墙不能解决来自内部网络的攻击和安全问题。防火墙可以设计为既防外也防内,谁都不可信,但绝大多数单位不要求防火墙防内。

3)防火墙不能防止策略配置不当或错误配置引起的安全威胁。防火墙是一个被动的安全策略执行设备,就像门卫一样,要根据政策规定来执行安全策略,而不能自作主张。

4)防火墙不能防止可接触的人为或自然的破坏。防火墙是一个安全设备,但防火墙本身必须存在于一个安全的地方。

5)防火墙不能防止利用标准网络协议中的缺陷进行的攻击。一旦防火墙准许某些标准网络协议,防火墙就不能防止利用该协议中的缺陷进行的攻击。

6）防火墙不能防止利用服务器系统漏洞所进行的攻击。黑客通过防火墙准许的访问端口对该服务器的漏洞进行攻击时，防火墙不能防止。

7）防火墙不能防止受病毒感染的文件的传输。防火墙本身并不具备查杀病毒的功能，即使集成了第三方的防病毒的软件，也没有一种软件可以查杀所有的病毒。

8）防火墙不能防止数据驱动式的攻击。当有些表面看来无害的数据邮寄或拷贝到内部网的主机上并被执行时，可能会发生数据驱动式的攻击。防火墙无法防止此类攻击。

9）防火墙不能防止内部的泄密行为。当防火墙内部的一个合法用户主动泄密时，防火墙是无能为力的。

10）防火墙不能防止本身的安全漏洞的威胁。没有厂商能绝对保证防火墙不会存在安全漏洞。因此对防火墙也必须提供某种安全保护。

一般防火墙都是通过端口来进行访问控制的，但这样有一个问题，只要用户打开一个端口，如 80 端口，就会有利用这一端口漏洞的攻击进来。此外，理论上所有应用都可以开在 80 端口，或者通过 80 端口建立 http 隧道，所以效果是有限的。

第 3 节　计算机病毒防护

一、计算机病毒概述

1．系统病毒

系统病毒的前缀为 Win32、PE、Win95、W32、W95 等。这些病毒公有的特性是可以感染 Windows 操作系统的 *.exe 和 *.dll 文件，并通过这些文件进行传播，如 CIH 病毒。

2．蠕虫病毒

蠕虫病毒的前缀是 Worm。这种病毒的公有特性是通过网络或者系统漏洞进行传播，大部分的蠕虫病毒都有向外发送带毒邮件，阻塞网络的特性，如冲击波（阻塞网络）、小邮差（发带毒邮件）等。

3．木马病毒、黑客病毒

木马病毒的前缀是 Trojan，黑客病毒的前缀一般为 Hack。木马病毒的公有特性是通过网络或者系统漏洞进入用户的系统并隐藏，然后向外界泄露用户的信息。而黑客病毒则有一个可视的界面，能对用户的计算机进行远程控制。木马病毒、黑客病毒往往是成对出现的，即木马病毒负责侵入用户的计算机，而黑客病毒则会通过木马病毒控制用户计算机。现在这两种类型的病毒越来越趋向于整合。一般的木马病毒有 QQ 消息尾巴木马 Trojan.QQ3344，还有针对网络游戏的木马病毒如 Trojan.LMir.PSW.60。这里补充一点，病毒名中有 PSW 或者 PWD 表示这个病毒有盗密码的功能（这些字母一般都为密码的英文"password"的缩写）。黑客病毒有网络枭雄（Hack. Nether. Client）等。

4. 脚本病毒

脚本病毒的前缀是 VBS、Js（表明是何种脚本编写的），如欢乐时光（VBS. Happytime）、十四日（Js. Fortnight. c. s）等。脚本病毒的公有特性是使用脚本语言编写，通过网页进行传播，如红色代码（. Redlof）。

5. 宏病毒

宏病毒是脚本病毒的一种，由于它的特殊性，因此在这里单独算成一类。宏病毒的第一前缀是 Macro，第二前缀是 Word、Word97、Excel、Excel97 其中之一。凡是只感染 Word97 及以前版本 Word 文档的病毒采用 Word97 作为第二前缀，格式是 Macro. Word97；凡是只感染 Word97 以后版本 Word 文档的病毒采用 Word 作为第二前缀，格式是 Macro. Word；凡是只感染 Excel97 及以前版本 Excel 文档的病毒采用 Excel97 作为第二前缀，格式是 Macro. Excel97；凡是只感染 Excel97 以后版本 Excel 文档的病毒采用 Excel 作为第二前缀，格式是 Macro. Excel。宏病毒的公有特性是能感染 Office 系列文档，然后通过 Office 通用模板进行传播，如著名的美丽莎（Macro. Melissa）。

6. 后门病毒

后门病毒的前缀是 Backdoor。后门病毒的公有特性是通过网络传播，给系统开后门，给用户计算机带来安全隐患，如 IRC 后门 Backdoor. IRCBot。

7. 病毒种植程序病毒

这类病毒的公有特性是运行时会从体内释放出一个或几个新的病毒到系统目录下，由释放出来的新病毒产生破坏。如冰河播种者（Dropper. BingHe2. 2C）、MSN 射手（Dropper. Worm. Smibag）等。

8. 破坏性程序病毒

破坏性程序病毒的前缀是 Harm。这类病毒的公有特性是本身具有好看的图标来诱惑用户点击，当用户点击这类病毒的图标时，病毒便会直接对用户计算机产生破坏，如格式化 C 盘（Harm. formatC. f）、杀手命令（Harm. Command. Killer）等。

9. 玩笑病毒

玩笑病毒的前缀是 Joke，也称恶作剧病毒。这类病毒的公有特性是本身具有好看的图标来诱惑用户点击，当用户点击这类病毒的图标时，病毒会做出各种破坏操作来吓唬用户，其实病毒并没有对用户计算机进行任何破坏，如女鬼（Joke. Girlghost）病毒。

10. 捆绑机病毒

捆绑机病毒的前缀是 Binder。这类病毒的公有特性是病毒作者会使用特定的捆绑程序将病毒与一些应用程序如 QQ、IE 捆绑起来，表面上看是一个正常的文件，当用户运行这些捆绑病毒时，会表面上运行这些应用程序，然后隐藏运行捆绑在一起的病毒，从而给用户造成危害。

如捆绑 QQ (Binder. QQPass. QQBin)、系统杀手 (Binder. killsys) 等。

除了比较常见的病毒前缀，有时候我们还会看到一些其他的病毒前缀，但比较少见，这里简单提一下。

DoS：针对某台主机或者服务器进行 DoS 攻击。

Exploit：自动通过溢出对方或者自己的系统漏洞来传播自身，或者本身就是一个用于 Hacking 的溢出工具。

HackTool：黑客工具，也许本身并不破坏用户计算机，但是会被黑客加以利用，用用户作替身去破坏别人的计算机。

二、计算机病毒的防治

做好计算机病毒的预防，是防治计算机病毒的关键。计算机病毒的危害如图 9-4 所示。

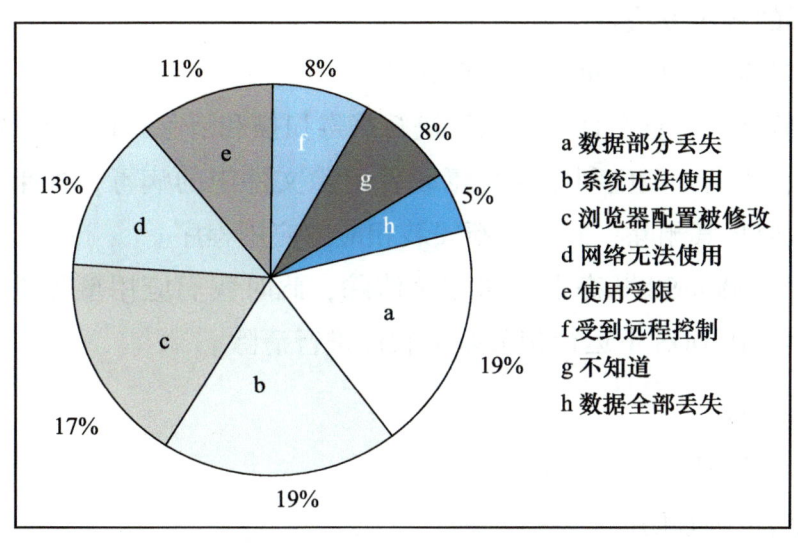

图 9-4 计算机病毒的危害

1. 常见的计算机病毒预防措施

1) 不使用盗版或来历不明的软件，特别不能使用盗版的杀毒软件。

2) 安装真正有效的防毒软件，并经常进行升级。

3) 新购买的计算机在使用之前首先要进行病毒检查，以免机器带毒。

4) 准备一张干净的系统引导盘，并将常用的工具软件拷贝到该盘上，然后妥善保存。此后一旦系统受到病毒侵犯，我们就可以使用该盘引导系统，进行检查、杀毒等操作。

5) 对外来程序要使用查毒软件进行检查，未经检查的可执行文件不能拷入硬盘，更不能使用。

6) 将硬盘引导区和主引导扇区备份下来，并经常对重要数据进行备份。

2. 及早发现计算机病毒，是有效控制病毒危害的关键

检查计算机有无病毒主要有两种途径：一种是利用反病毒软件进行检测，另一种是观察计算机出现的异常现象。

下列现象可作为检查病毒的参考：
1）屏幕出现一些无意义的显示画面或异常的提示信息。
2）屏幕出现异常滚动而与运行同步无关。
3）计算机系统出现异常死机和重启现象。
4）系统不承认硬盘或硬盘不能引导系统。
5）机器喇叭自动产生鸣叫。
6）系统引导或程序装入时速度明显减慢，或异常要求用户输入口令。
7）文件或数据无故地丢失，或文件长度自动发生变化。
8）磁盘出现坏簇或可用空间变小，或不识别磁盘设备。
9）编辑文本文件时，频繁地自动存盘。

3．发现计算机病毒应立即清除，将病毒危害减少到最低

发现计算机病毒的解决方法：
1）在清除病毒之前，先备份重要的数据文件。
2）启动反病毒软件，对整个计算机系统进行病毒扫描和清除，使系统或文件恢复正常。
3）发现病毒后，我们一般应利用反病毒软件清除文件中的病毒，如果可执行文件中的病毒不能被清除，一般应将其删除，然后重新安装相应的应用程序。
4）某些病毒在 Windows98 状态下无法完全清除，此时我们应用事先准备好的干净的系统引导盘引导系统，然后在 DOS 下运行相关杀毒软件进行清除。

4．防治计算机病毒

防治计算机病毒可以从三个方面入手：
1）做好计算机病毒的预防。
2）及时检查发现计算机病毒。
3）发现计算机病毒应立即清除。

实训　使用网络扫描和监视软件

一、实训目的

会使用网络扫描和监视软件，以确保计算机和网络安全。

二、实训要求

1．网络扫描

通过网络扫描发现对方的信息是进行网络攻防的前提。通过该实训，了解网络扫描的作

用，掌握主机漏洞扫描、端口扫描、操作系统类型扫描软件的使用方法，能够通过网络扫描发现对方的信息和是否存在漏洞，来获取目标主机的信息。

2. sniffer 网络监视工具的使用

使用 sniffer 进行网络监视；使用 sniffer 捕获报文；分析捕获的数据包。

三、实训小结

平时做好计算机病毒的预防，及时检查发现并清除计算机病毒，经常用网络扫描和监视工具软件以确保计算机和网络安全。

习 题

1. 网络安全包括哪几方面？
2. 你认为应如何防范病毒的入侵？
3. 防火墙有何作用？有了防火墙是否就能保证网络一定安全？

参考文献

[1] 顾可明,王晓丹. 计算机网络技术[M]. 北京:机械工业出版社,2017.
[2] 孙波,曾振东. 计算机网络技术[M]. 2版. 北京:机械工业出版社,2021.
[3] 范云. 计算机网络基础[M]. 北京:机械工业出版社,2022.